RUGBY,
OÙ SONT TES VALEURS ?

LAURENT BÉNÉZECH

RUGBY, OÙ SONT TES VALEURS ?

Éditions de La Martinière

Photo de couverture : © Fabienne Noury « Tout Shoot »

ISBN 978-2-7324-6387-2

Préface

Panem et circenses

C'est une relation commune qui m'a suggéré de rencontrer M. Laurent Bénézech. J'ai dû vaincre une certaine réticence car, issus d'un univers de stars où les Ego sont souvent exagérés, je crains les personnages qui, même après leur retraite sportive, cherchent à garder une certaine notoriété par tous les moyens possibles. En fait, je me suis rapidement rendu compte que j'étais en face d'un ancien rugbyman international qui avait totalement réussi sa reconversion dans la vie « civile » mais, aussi, gardé un grand amour pour son sport et craignait de le voir abimé par un accompagnement médical abusif. Il n'est pas le premier car j'ai le souvenir de deux dirigeants de cette fédération qui étaient intervenus au début des années 2000 devant le Collège du tout nouveau CPLD* pour exprimer leurs inquiétudes sur l'évolution des conditions d'exercice de ce sport récemment professionnalisé.

Plus que la tricherie, ce qui inquiète Laurent Bénézech c'est la santé future de ses jeunes congénères s'ils étaient effectivement soumis à une assistance pharmacologique

* *CPLD : Conseil de prévention et de lutte contre le dopage, ancêtre de l'Agence française de lutte contre le dopage (AFLD)*

inappropriée. Notons cependant que le *suivi biologique longitudinal*, couvert par le secret médical, et dont il met en doute l'efficacité, n'a pas pour but de lutter contre le dopage mais de surveiller l'état de santé des athlètes. Évidemment, effet pervers, il peut aussi servir de « contrôle technique » afin de vérifier qu'aucun des sportifs soumis à cette surveillance ne franchi la ligne jaune au delà de laquelle il existerait un risque de positivité en cas d'un vrai contrôle antidopage.

Le Rugby est une belle discipline qui sollicite et fortifie la puissance musculaire, l'endurance et le mental des joueurs mais, pas plus que les autres sports, il n'est à l'abri de débordements. Fort de son expérience, les interrogations de Laurent Bénézech argumentées par un certain nombre de ses constatations ne sont pas illégitimes. Certes elles n'apportent pas d'éléments décisifs mais autant la preuve est nécessaire lorsqu'il s'agit de sanctionner, autant le doute suffit lorsqu'il s'agit de mettre en garde.

Néanmoins, la situation des lanceurs d'alerte n'est pas confortable, certains en ont payé le prix fort comme Christophe Bassons dans le cyclisme. L'objectif premier est de les faire taire et surtout de dissuader d'autres éventuels témoignages afin d'éviter cet effet « domino » grâce auquel Lance Armstrong a été confondu.

Pourtant de sombres perspectives s'ouvrent devant nous. Les progrès convergents de la génétique, des nanobiotechnologies et de l'informatique, si bénéfiques pour les malades, ne risqueront-ils pas d'apporter une augmentation artificielle des capacités physiologiques des sportifs. La tentation sera grande. Les conséquences désastreuses. En effet, dans ces conditions le sportif perdrait son humanité et son identité. Transformé en animal d'expérience, il serait la vitrine du savoir faire des équipes scientifiques comme les mannequins sont la vitrine du génie des grands couturiers. Quelle signification revêtirait alors la performance sportive ? Que représenterait ce champion avec tout son attirail technologique, non seulement pour le public, mais aussi pour lui-même ? Qui devrait monter sur le podium : le chercheur, l'industriel ou le sportif... les trois peut-être !

Le danger est d'autant plus grand qu'actuellement on sent bien que la lutte contre le dopage s'essouffle, qu'elle ne constitue pas l'arme infaillible qu'elle est supposée être : la dynamique s'épuise, l'intérêt s'éteint. La démarche s'embourbe dans une glue réglementaire qui fait les délices des avocats et des juristes alors qu'elle protège les fraudeurs. Interrogeons-nous : La Puissance publique a t'elle conservé l'ardeur initiale qui fut, en son temps, à l'origine des lois de 1999 et de 2005 ? Toutes les Fédérations sportives s'investissent-elles également dans ce combat ?

Pour mon compte ce que je retiens de la lecture de cet ouvrage c'est ce message : *Pitié pour nos enfants qui aiment le sport, n'offrons pas à leur innocente admiration un modèle frelaté dangereux pour leur santé future !*

Malheureusement... on peut craindre que le cri d'alarme lancé par Laurent Bénézech ne se dissolve dans le désert glacé de l'indifférence collective.

Pr Michel Rieu
(Ancien conseiller scientifique de l'AFLD)

If my children were hesitating between rock music and professional sport, then I would tell them to go for rock music. There are drugs in the music industry but you don't necessarily need to take them to succeed !

UN PÈRE ANONYME[1]

1. « Si mes enfants hésitaient entre le rock et le sport, alors je leur dirais de choisir le rock. Il y a des drogues dans l'industrie de la musique, mais vous n'avez pas nécessairement besoin d'en prendre pour réussir ! »

Avant-propos

J'ai, à l'arrière de mon jardin, un mur envahi par la végétation où les mauvaises herbes, le lierre et les racines ont, progressivement, pris la mesure de l'ouvrage, le cachant sous les feuillages, l'étouffant dans ces tubercules en forme de tentacules qui s'immiscent dans le moindre intervalle, le plus petit passage, jusqu'à en prendre le contrôle et à en remettre en cause la pérennité. En ce printemps 2013, je me suis enfin décidé à faire quelque chose, à ne pas laisser la pierre brute disparaître sous cet amas de feuilles, de racines, de poussière et de terre accumulées, et même de fientes d'oiseaux trop contents d'y trouver là un magma naturel où il est facile d'y poser son nid.

Je me suis mis à la tâche, déterminé à mener à bien mon entreprise de nettoyage, pensant que quelques coups de cisaille et une bonne suée viendraient à bout de la nature. J'ai dû vite déchanter. Comme rien n'avait été fait depuis des années, des racines de toutes tailles avaient eu le temps de déployer à l'infini leurs membres, s'étant saisi à bras-le-corps de l'ouvrage et refusant de le rendre à ma simple bonne volonté. J'avais beau couper, gratter, cisailler, arracher, mettre les mains là où le sécateur ne passait pas, tirer de tout mon corps sur le moindre tubercule, l'adversaire se montrait retors. Il n'était pas un interstice, ou un coin de pierre, dont il n'avait pris le contrôle. Ces serpents naturels avaient imposé leur mouvement ondoyant, glissant sur la pierre pour mieux l'étouffer. Pire. Ces racines étaient protégées par des feuillages dont les courts branchages créaient des sortes de paravents à quelques centimètres du mur, ralentissant d'autant plus ma progression. Je devais aussi composer avec une présence inattendue, toute une faune installée là et vivant bien confortablement, oiseaux et autres escargots, ma foi bien sympathiques, mais aussi quelques-uns plus malicieux dont je devais me méfier, grosses araignées et petits serpents.

Tout cela se dressait sur mon chemin et rendait ma progression quelque peu aléatoire, influant directement sur mon moral, car la lenteur de l'ouvrage semblait maintenant sans fin. J'avais beau m'échiner, souffler, suer, y mettre toute mon énergie, l'impression désagréable que cela ne servait à rien me taraudait. Un mur naturel se dressait devant moi et m'empêchait d'avancer. De temps en temps, pourtant, à la suite de quelques coups de cisaille bien placés, un monceau venait d'un seul tenant, se détachant de la paroi en un bloc unique, telle une tenture d'un autre siècle qui, une fois détachée de son support, tombait à mes pieds, dégageant, d'un coup, un ensemble de pierre qui, ainsi, retrouvait la lumière et pouvait, à nouveau, exprimer sa beauté originelle. Me redonnant alors le moral pour les quelques minutes à suivre.

Si j'avais écouté certains, j'étais dans le vrai. Il était important d'agir, de ne pas laisser ces racines profondes déstabiliser toute la structure jusqu'à ce qu'une puis une autre des pierres qui tiennent l'édifice ne s'écroulent, affaiblissant l'ensemble d'une manière irrémédiable. D'autres, à l'opposé, m'affirmaient que, au contraire, mon travail était contre-productif et dangereux. Certaines pierres étant maintenant uniquement maintenues par ces longs tentacules, mon intervention pour les supprimer ne ferait que les déstabiliser et, une fois ce soutien disparu, elles tomberaient, emportant avec elles toute la structure. L'édifice avait maintenant besoin de cet élément extérieur pour garder sa solidité et mon intervention ne ferait que fragiliser l'ensemble.

Effectivement, il fut des parties où ces racines mauvaises avaient tellement envahi l'édifice que, lorsque je grattais et enlevais ces nervures incrustées à même le roc, des morceaux de pierre et de ciment venaient avec, se désolidarisant de la structure et créant, ici et là, quelques trous à reboucher. Mais là où les prédicateurs de tout ordre m'annonçaient le chaos, heureusement, l'édifice tout entier se montra suffisamment solide pour supporter un tel nettoyage. Et, même, il a aujourd'hui retrouvé sa pureté originelle et ne s'en trouve que plus beau...

Introduction

« Monsieur Bénézech, est-ce que je peux vous demander de nous dire quelles sont vos motivations, quels sont les éléments qui vous conduisent à faire cela ? Il y a plusieurs hypothèses possibles, je vous les laisse expliquer ? Je voudrais comprendre pourquoi cette volonté de dire les choses, de répéter les choses, à vos risques et périls. Pourquoi ? » me demande, le 20 mai 2013, Jean-François Humbert, président de la commission d'enquête du Sénat sur l'efficacité de la lutte contre le dopage.

Lorsqu'après mon monologue de près de trente-cinq minutes le président de la commission d'enquête du Sénat prend la parole dans cet amphithéâtre aux trois quarts vide, je ne suis pas surpris. Je m'attendais même à cette question. Pourtant, je n'ai pas de réponse toute faite. Prête à être servie. Rien. Si ce n'est des hypothèses. Cela m'a paru tellement évident de prendre la parole pour dénoncer ce que je voyais, pour m'inquiéter des dangers d'une course à la performance qui semble sans limite, que ce pourquoi me paraît même déplacé. Est-ce qu'il est anormal de s'inquiéter pour la santé de son prochain, fût-il joueur de rugby et capable de performances physiques de plus en plus spectaculaires ? Est-ce qu'il est interdit d'en appeler à un débat, là où l'omerta s'impose comme la règle ? Est-ce que la capacité de ce sport à générer des revenus de plus en plus importants l'exonère de toute question morale ? Apparemment, oui.

POURQUOI, DONC ? Mes détracteurs n'ont même pas cherché à poser la question. Trop pressés, eux, de donner les réponses. Il ne peut y avoir que des mauvaises intentions derrière ma prise de parole, c'est évident. Si je m'inquiète pour la santé de mon prochain, c'est uniquement pour faire parler de moi, bien sûr.

Dans un monde où exister médiatiquement est une fin en soi, je ne fais que courir après mon quart d'heure de célébrité. Rien de plus. Je suis juste un ancien qui fait l'intéressant. À les écouter, il n'y a vraiment pas de quoi s'attarder sur mes propos. Et, surtout, pas de quoi arrêter le grand Barnum qui, *ce soir, Mesdames et Messieurs, devant vos yeux ébahis, va jouer le plus grand spectacle du monde. Venez voir ces colosses aux pieds de géant et aux mains d'airain. Venez frissonner devant le monstre à seize pattes et vous émerveiller face à l'homme girafe. Ne manquez pour rien au monde la commotion des deux hémisphères, la lutte sans merci entre les meilleurs joueurs du monde, le choc des titans de la planète rugby. Cinquante minutes de temps de jeu garanti, pour vous, ce soir, rien que pour vous...*

POURQUOI, ALORS ? Mais je ne sais pas, moi. Est-ce que le problème, c'est moi, ou l'état du rugby professionnel ? Est-ce que le sujet, c'est moi, ou les pratiques d'accompagnement médicalisé de la performance telles qu'elles se mettent systématiquement en place ?

Il est à noter, au passage, que je n'emploie pas le mot « dopage » qui, à mes yeux, ne correspond à rien de bien tangible. Je préfère utiliser l'expression « accompagnement médicalisé de la performance » qui me paraît beaucoup plus juste et précise. Une expression qui permet d'englober toutes les pratiques cherchant à améliorer les capacités du corps : de la prise de compléments alimentaires qui ne servent pas à grand-chose à la modification même des propriétés du sang pour contrôler le processus de fabrication des lactates par les muscles. Des pratiques qui, bien sûr, viennent en complément d'un entraînement intensif. Ne tombons surtout pas dans le piège tendu par les sportifs eux-mêmes qui prétendent opposer entraînement et prise de produits, alors que c'est la combinaison des deux qui est la garante de la progression de la performance.

Le mot « dopage » présente, lui, l'inconvénient – certains y voient un vrai avantage – d'être polymorphe et de se prêter à bien des variations au gré des situations et des intérêts. Pour les sportifs, c'est uniquement la marque d'un résultat positif à un test. Pour les autorités sportives, certaines au moins, c'est la possibilité de rendre parfaitement légale la prise d'une substance dont la dangerosité a pourtant été scientifiquement prouvée, du moment que la prise se fait en dehors de toute compétition. Pour certains médecins, c'est la limite à ne pas dépasser face à la dangerosité de certains produits ou, du moins, de leurs dosages. Et tout cela alors que la définition d'un produit dopant par l'Agence mondiale antidopage (AMA) répond pourtant à trois critères bien précis. Pour être ainsi qualifié, le produit doit :

– augmenter la performance ;

– revêtir un caractère de dangerosité pour la santé de l'utilisateur ;

– aller à l'encontre de l'éthique sportive.

Comme quoi, une définition n'est pas une finalité en soi, surtout lorsqu'il s'agit de dopage.

Vous vous sentez perdu ? En manque de repères ? C'est normal, le mot « dopage » est fait pour. Sa simplicité garantit complexité et opacité. C'est le but et il est parfaitement atteint. Ainsi, je suis obligé d'employer l'expression « accompagnement médicalisé de la performance ». Elle manque de légèreté, c'est certain, mais mon propos y gagne beaucoup en précision. Pas de risque, là, de double interprétation, celle du monde sportif et celle des autres. Ni de zones d'ombre.

Un accompagnement médicalisé de la performance vise à augmenter les capacités physiques et psychiques d'un individu en manipulant de manière non naturelle, ou exogène, les réactions du corps à l'entraînement qu'il subit. Ces manipulations correspondent soit à :

– la prise de substance(s) chimique(s) qui va de manière artificielle permettre de dépasser les limites naturelles du corps : c'est, par exemple, la prise d'hormones stéroïdiennes pour augmenter la masse musculaire (recherchée et sanctionnée par le contrôle antidopage) ou d'hormones thyroïdiennes pour transformer de la masse grasse en muscle (non recherchée et non sanctionnée par le contrôle antidopage) ;

– des méthodes de modification des paramètres naturels dans le cadre d'une intervention extérieure : prise de sang en période de repos avec réinjection en période de compétition pour augmenter le nombre de globules rouges (interdite par le code antidopage), interventions chirurgicales ou greffes pour accélérer la cicatrisation (autorisées par le code antidopage).

MAIS, ENFIN, POURQUOI ? Pourquoi j'ai, moi, pris la parole ?

Mais tout simplement parce qu'il y a évidemment un problème et qu'il est, donc, essentiel de le traiter. Un problème général de santé qui touche principalement le monde professionnel mais dont le risque est qu'il se propage dans la population en banalisant le culte de l'homme fort à tout prix. Ma personnalité est faite de telle manière que j'ai plutôt tendance à regarder ce qui est devant moi, et non à faire comme si je n'avais rien vu. Je préfère aborder les sujets difficiles car je ne suis pas capable de prétendre qu'ils n'existent pas. Cela peut paraître risqué et contraignant, à première vue, mais une telle attitude présente l'avantage de chercher des solutions quand c'est encore possible. Et d'éviter, idéalement, d'attendre que les problèmes ne m'explosent à la gueule.

Alors c'est vrai que, dans le cas de l'accompagnement médicalisé de la performance des joueurs de rugby professionnels, je suis allé chercher un problème qui ne me concerne pas, ou plus, et dont je n'ai plus à me soucier personnellement. C'est vrai. Mais, en même temps, si je n'avais pas évoqué, alors que j'en étais le spectateur, cette fuite en avant et les risques pour la santé qu'elle présente, qui l'aurait fait à ma place ? Le corps médical ? Mais les médecins des clubs sont pris dans un système qui les fait vivre financièrement et les valorise socialement et statutairement. Les instances qui régissent ce sport et organisent les compétitions ? Elles ont besoin de cette progression pour mettre en valeur leurs compétitions, leurs équipes, pour exister dans un univers du spectacle et des droits de retransmission qui ne doit jamais faire machine arrière. Les médias ? Ils sont, pour certains au moins, les premiers à bénéficier de cette montée en puissance et ont même intérêt à l'encourager alors qu'elle rend encore plus spectaculaire le produit et permet de le faire entrer de plain-pied dans la société du spectacle. Le cinéma a bien droit, lui, aux effets spéciaux, pourquoi pas le sport ! Les joueurs alors ? Ils sont également pris dans le système, contents d'exercer leur passion et de trouver les moyens d'exprimer leur talent sans se soucier du lendemain, avec des rétributions financières de plus en plus conséquentes. Pourquoi voudraient-ils changer quoi que ce soit à un système qui les fait rois ? Les prétendus dangers évoqués ne sont même pas prouvés scientifiquement et les rugbymen bénéficient d'un encadrement médical qui se veut des plus rassurants. Ce n'est pas aux joueurs qu'il faut demander de vouloir changer les choses.

Alors, s'il ne doit en rester qu'un, avec le recul de sa position, son expérience d'ancien joueur, son expertise sur le jeu, ses connaissances en matière de préparation physique et de problématiques liées à la santé, sa relative indépendance économique vis-à-vis de ce qui est devenu un secteur d'activité à part entière, cette personne, il semblerait que ce soit moi. Et que je sois le seul, actuellement, à vouloir tirer la sonnette d'alarme. Oh, bien sûr, ce signal n'a pas la capacité d'arrêter un train lancé tel un bolide dont le pilote a perdu le contrôle, mais il se veut annonciateur d'une catastrophe dont personne ne semble appréhender les risques. C'est vrai qu'un signal d'alarme qui n'arrête rien, c'est peu, mais il semblerait, au vu des cris d'orfraie de la grande famille, que ce soit déjà trop... Que mes inquiétudes doivent être balayées au regard de certains intérêts financiers. Que le parallèle que j'ai fait avec l'univers du cyclisme durant la période Festina est un crime de lèse-majesté pour un sport qui lave plus blanc que blanc quand il s'agit de dédouaner ses idoles de toute pratique liée au dopage. Que rien ne peut arrêter la machine qui, après presque un siècle à s'écrier ses grands Dieux, au grand jamais, qu'elle ne sacrifierait pas ses valeurs sur l'autel du Dieu argent, est en train de mettre les bouchées doubles pour rattraper le temps perdu et remplir ses caisses autant que faire se peut. Même si, pour ce faire, il faut sacrifier le joueur qui n'est là que pour remplir les stades et rendre enthousiastes les spectateurs. Pauvre jouet qu'on remplace dès qu'il est cassé et qui doit se montrer heureux du salaire inespéré qu'il perçoit et surtout ne pas poser de questions. Laisser sa santé entre les mains de médecins chargés de le rendre en état de jouer. Et ne rien dire. Juste suivre les prescriptions qui lui sont imposées. C'est au prix de son silence que tient sa place dans le système.

MAIS POURQUOI MOI, ENFIN ? En fait, je ne suis pas sûr qu'une seule réponse suffise, c'est, plutôt, la conjonction de plusieurs éléments qui m'a amené à m'élever pour dénoncer ce qui peut, si rien n'est fait, devenir un problème de santé publique. Parce que, ce que vit le rugby, bien d'autres sports en font l'expérience et il existe, partout dans le monde, des gamins aux yeux pleins d'étoiles qui, pour rejoindre leurs modèles, seront prêts à faire les mêmes erreurs. Alors, pour ces enfants et les miens, il me paraît important de démontrer que certaines chimères peuvent devenir d'inacceptables poisons et qu'un moment de gloire ne se négocie pas contre un bout de vie. Je mène ce combat pour rendre au sport ce qu'il a apporté au gamin que j'ai été et pour faire que les générations futures ne se focalisent pas sur d'uniques rêves de puissance et de gloire mais recherchent, avant tout, les plaisirs simples et les valeurs éducatives que procure toute pratique sportive. Pour ces raisons, il m'est important de mener à bien cette mission. Quitte à casser l'image un peu trop parfaite que le rugby essaie de nous vendre...

1

Comment le sujet s'est imposé à moi

J'ai eu la chance d'être joueur de rugby à une époque où il était facile d'occulter le problème de l'accompagnement médicalisé de la performance. Du moins en étais-je persuadé. Je m'étais créé un monde parfait où le dopage n'existait pas, où un système répressif implacable faisait que la peur de tricher l'emporterait toujours sur l'envie. Et ce d'autant plus que les sommes en jeu dans le rugby – salaires des joueurs, budgets des clubs, recettes issues des droits de retransmission –, ainsi que les retombées médiatiques, étaient tellement dérisoires qu'elles ne paraissaient pas suffisantes pour inciter à prendre des risques. De plus, en ce qui me concernait, une condamnation sportive aurait eu un impact négatif sur ma vie professionnelle : perte de confiance des clients, défiance de mon employeur et des personnes avec lesquelles je travaillais... Autant de raisons qui m'ont permis de traverser mes années au plus haut niveau à l'abri. Du moins le croyais-je à l'époque. Seule la prise de protéines en poudre, en plus de celles contenues dans mon alimentation, afin d'optimiser mon travail en musculation et, l'hiver, de gélules multivitaminées pour compenser le manque de soleil me paraissait suffisante comme accompagnement de la performance. Pas très utile pourtant, le corps n'ayant naturellement pas la capacité d'assimiler au-delà d'une quantité très limitée de protéines chaque jour, entre 100 g et 200 g en ce qui me concernait. Je me contentais de travailler dur pour répondre aux standards du haut niveau tel qu'il existait dans les années 1990. Et cela paraissait suffisant. Rien de plus.

Les mauvaises habitudes de la FFR

Du côté de la Fédération française du rugby (FFR)[1], unique organisme de contrôle du rugby en France jusqu'en 1998, la vision était un peu la même. Pour ses dirigeants, les problèmes d'accompagnement médicalisé de la performance ne touchaient pas le rugby car celui-ci était un sport amateur et ses valeurs le protégeaient de cette logique de tricherie. Alors, quand un joueur était contrôlé positif, il ne pouvait, à l'évidence pour eux, que s'agir d'un individu qui, comme n'importe quel Français, pratiquait l'automédication ou avait suivi à la lettre la prescription médicale de son médecin, sans précaution aucune, notamment celle qui visait à vérifier si les médicaments prescrits apparaissaient sur la liste des produits recherchés lors des contrôles antidopage auxquels il était soumis. Du coup, ce joueur était généralement blanchi de manière pas toujours très officielle.

Ainsi, à la fin des années 1980, un joueur avec lequel j'évolue alors en club est contrôlé positif dans le cadre d'un match du Tournoi des cinq nations. Celui-ci avait compensé son état fiévreux et grippal par la prise d'un

1. Organisme qui gère l'ensemble du rugby amateur ainsi que les équipes de France.

produit à base de corticoïdes pour donner à son corps un effet booster lui permettant, malgré tout, de participer à la rencontre et d'honorer sa sélection en équipe de France. Manque de chance, il fait partie des quatre joueurs tirés au sort sur quarante-deux possibles. Et son prélèvement se révèle positif au contrôle antidopage. Pas de quoi en faire un drame pour autant. La FFR décide, de son propre chef, c'est le cas de le dire, de l'absoudre et de ne surtout pas communiquer sur le sujet. Rien. Le cas n'a, officiellement, jamais existé.

Quelques années plus tard, en 1995, lors de la finale du championnat de France qui oppose le Stade Toulousain à Castres Olympique, d'une manière, cette fois, un peu plus publique – il faut dire qu'entre-temps les instances antidopage ont commencé à se structurer –, le talonneur toulousain Patrick Soula est déclaré positif au dextropropoxyphène, lié apparemment à la prise de Di-Antalvic à la suite – excuse avancée par le joueur – d'un mal de dos persistant. Là aussi, la FFR blanchit le joueur, considérant qu'il n'y a pas eu de tricherie préméditée, ni de sa part ni de celle de son club.

Ces deux exemples, qui dans le cadre de la lutte antidopage telle qu'elle existe maintenant auraient dû faire l'objet de suspensions pouvant aller jusqu'à deux ans d'interdiction de jouer, ne sont destinés, ici, qu'à illustrer la façon dont les instances du rugby appréhendaient et continuent à appréhender le sujet. En décembre 2002, le pilier du Stade Français et de l'équipe de France Pieter de Villiers est contrôlé positif à l'ecstasy et à la cocaïne. La commission disciplinaire de la FFR décide de ne pas sanctionner le joueur au motif que le contrôle antidopage a été réalisé un mercredi, ce qui permet de considérer qu'il a été fait hors période de compétition, lorsque la recherche de stimulants n'est pas autorisée. Ou, pour parler plus clairement, quand la prise de stimulant par un sportif professionnel est autorisée. Ainsi, le vice de procédure est évoqué et permet d'innocenter le joueur. Peu importe que le Stade Français et Pieter de Villiers aient joué le 14 (Stade Français-Harlequins en Challenge européen) et le 21 décembre 2002 (Stade Français-Grenoble en championnat de France). Et que, donc, le mercredi 18 décembre 2002 se trouve en pleine période de compétition, même si ce n'est pas, en tant que tel, un jour de compétition. On peut déjà noter la subtilité de cette défense qui permet ainsi d'éviter un cas embarrassant pour le rugby français, et ce d'autant plus que de Villiers est, à ce moment-là, un joueur important de l'équipe de France. Mais la vérité est bien pire. On verra, plus loin dans ces pages[1], qu'il s'agit d'un véritable cas de dopage que la Fédération a longtemps dissimulé.

Autre cas encore plus récent. Juin 2012. Finale du championnat de France entre le Stade Toulousain et le Rugby Club Toulonnais. Deux joueurs de ce dernier club, Steffon Armitage et Eifion Lewis-Roberts, sont déclarés positifs mais, là aussi, blanchis par la commission. Le club varois explique que ses deux joueurs souffraient de mal de dos à la mi-temps et avaient pris un produit à base de codéine pour masquer la douleur. Et que, donc, ce n'était pas du dopage. Sauf que, au regard même de la définition telle qu'elle a été mise en place par l'AMA (l'Agence mondiale antidopage), un produit ayant un effet dopant doit répondre à deux des trois critères suivants :

1. L'évidence médicale ou scientifique, l'effet pharmacologique ou l'expérience, selon lesquels la substance

1. Voir chapitre 2.

ou la méthode a le potentiel d'améliorer la performance sportive.

2. L'évidence médicale ou scientifique, l'effet pharmacologique ou l'expérience, selon lesquels l'usage de la substance ou de la méthode présente un risque réel ou potentiel pour la santé du sportif.

3. La détermination par l'AMA que l'usage de la substance ou de la méthode est contraire à l'esprit sportif valorisant la pensée, le corps et l'esprit des athlètes.

Or, les explications du médecin du RC Toulonnais correspondent bien aux trois critères ainsi énoncés. D'abord, l'amélioration potentielle de la performance sportive : masquer une douleur permet de retrouver la performance initiale et donc d'améliorer ce que le sportif était capable de réaliser. Ensuite, l'usage de la substance présente un réel risque pour la santé du sportif, car le fait de continuer à jouer avec une douleur présente le risque de voir s'aggraver ce qui n'est peut-être pas encore une blessure. Et, enfin, troisième critère, donner un médicament pour augmenter la performance d'un joueur correspond à un manque d'éthique préjudiciable à l'esprit du sport. Néanmoins, comme le produit incriminé, la codéine, ne figure pas sur la liste des interdictions de l'AMA, il n'y a pas eu de sanction, ni à l'encontre des deux joueurs ni vis-à-vis du club. Ce qui montre bien, encore une fois, la difficulté d'une lecture qui se fait au travers du seul prisme du mot « dopage » et de définitions qui portent autant sur le fait d'être contrôlé positif que sur des critères d'identification de produits listés comme à « effet dopant ».

Laissons quand même la conclusion de cette histoire à Bernard Laporte, manager de l'équipe varoise et ancien ministre des Sports, qui lors de son audition, le 10 avril 2013, devant la commission d'enquête sur la lutte antidopage du Sénat[1] doit répondre à une question du sénateur Dominique Bailly : « Quel est le rôle de l'encadrement des clubs ? En 2012, deux joueurs du RC Toulonnais ont été contrôlés positifs, avant d'être blanchis. Comment se fait-il que le médecin de l'équipe, qui est depuis devenu le médecin de l'équipe de France, ait pu leur administrer des produits qui tombaient sous le coup de la loi ? N'est-ce pas un peu léger ? » Le manager du club rétorque : « Je ne suis pas médecin, mais le docteur Grisoli avait donné aux joueurs de la codéine, parfaitement autorisée mais qui, si l'on en prend trop, produit des substances interdites en se dégradant dans l'organisme. Il ne s'agit pas d'un produit dopant en soi. Quel médecin prendrait la responsabilité de donner un produit dopant à un joueur qui n'y connaît rien ? Il en va de sa carrière ! Enfin, il ne faut jamais dire jamais, et on peut toujours tomber sur un fou… » T'as raison, Bernard ! il n'y a que les fous et les irresponsables qui se dopent, c'est bien connu…

La grande famille du rugby a une nouvelle fois, moins d'un an plus tard, fait la preuve de son manque de transparence et de sa difficulté à faire respecter les règles communes à l'ensemble des fédérations sportives. Lorsque, en mars 2013, la directrice du laboratoire d'analyse de Châtenay-Malabry[2], Françoise Lasne, a déclaré : « Si nous tenons compte de toutes les molécules interdites présentes sur la liste de l'Agence mondiale antidopage, le sport qui donne le plus haut pourcentage [de cas positifs] est le rugby », l'ensemble des instances (fédération,

1. Voir chapitre 4.

2. Laboratoire français référencé par l'AMA pour tester les échantillons d'urine et de sang prélevés sur les sportifs dans le cadre de la lutte antidopage.

ligue, syndicat des joueurs et entraîneurs) ont, pour une fois, fait acte commun en érigeant un mur de protestation et d'indignation face à de tels propos : d'abord par un communiqué commun à la FFR, la LNR (Ligue nationale de rugby[1]) et Provale (le syndicat des joueurs professionnels de rugby) où « Pierre Camou (FFR), Paul Goze (LNR) et Serge Simon (Provale) [se disent] choqués par les déclarations de madame la directrice du département des analyses de l'AFLD [Agence française de lutte contre le dopage] du 27 mars sur la proportion de résultats antidopage dits "anormaux" et les interprétations qui en ont immédiatement été faites ». Et ceux-ci de rappeler immédiatement que les cas de dopage ne peuvent concerner que les sportifs visés par une procédure disciplinaire qui a pu aller à son terme, après validation de la positivité des deux échantillons et hors de tout risque d'invalidation juridique de la procédure : « Ces déclarations font en effet l'amalgame entre résultats "anormaux" d'analyses et cas avérés de dopage. Au-delà des résultats d'analyses, un cas de dopage ne peut en effet être avéré qu'à l'issue d'une procédure disciplinaire, réalisée sous le contrôle de l'AFLD[2]. » Autant dire que l'on reproche beaucoup sur la forme à Françoise Lasne mais qu'il n'est surtout pas question de se poser de questions sur le fond du problème et ses possibles incidences sur la santé des sportifs.

Il n'est plus possible, aujourd'hui, de dissimuler un contrôle positif, car ceux-ci sont réalisés sous la responsabilité d'organes indépendants, soit l'AMA au niveau mon-

1. Organisme gérant l'ensemble du rugby professionnel, qui comprend trente clubs, et les championnats de France de 1re et 2e divisions, respectivement Top 14 et Pro D2.

2. Communiqué de presse diffusé par la FFR, la LNR et Provale le 28 mars 2013.

dial et l'AFLD au niveau national. La fédération concernée n'est avertie d'un cas positif qu'*a posteriori*, au moment de mettre en place le protocole visant à sanctionner le sportif. Du coup, celle-ci n'a pas la possibilité de cacher le cas et d'absoudre purement et simplement son athlète. Malgré cela, la logique de dissimulation et d'arrangements entre gens de la même famille reste fortement ancrée dans les gènes du rugby français et mondial.

Pour la FFR ou l'International Rugby Board (IRB)[1], il est tentant de chercher à minimiser, voire à excuser un joueur coupable. L'exemple du talonneur sud-africain du Stade Toulousain Chiliboy Ralepelle est révélateur. Contrôlé positif en novembre 2010, alors qu'il est encore en Afrique du Sud, à un stimulant, la méthylhexaneamine, il est exempté de sanction sous le prétexte d'une possible contamination de compléments agréés par sa sélection. Dans beaucoup d'autres disciplines sportives que le rugby, une telle clémence n'aurait pas été possible. Mais ce n'est pas fini. Le 7 juin 2014, un article de Damien Ressiot dans *L'Équipe* annonce le contrôle positif de ce même joueur à un stéroïde, la drostanolone. Quand ? Le contrôle a eu lieu près de trois mois plus tôt, le 19 mars, et ce n'est finalement que quelques jours avant la parution de l'article que la procédure pour l'analyse de l'échantillon B a été réalisée. Entre-temps, il semblerait qu'une certaine lourdeur administrative du côté de l'IRB ait fait traîner en longueur une procédure d'enquête qui avait pourtant été signifiée au joueur quelques jours après son contrôle. Depuis ? Rien. Ou si peu.

Le joueur continue la rééducation de son genou, blessé

1. Organisme qui gère le rugby mondial, émanation de l'ensemble des fédérations nationales. L'IRB a été rebaptisé World Rugby, à compter du 19 novembre 2014.

quelque temps avant le contrôle, sur les installations du Stade Toulousain alors que le règlement de l'AMA interdit normalement à un joueur impliqué dans une procédure de sanction tout contact avec la structure sportive dont il fait partie. Au Stade Toulousain, le manager, Guy Novès, fait comme si de rien n'était et à l'IRB on refuse de communiquer sur le cas. Personne n'est capable de prendre une éventuelle sanction, car la question de l'organisme habilité à la prendre – la FFR, l'IRB ou éventuellement la fédération sud-africaine de rugby – n'a pas été formellement tranchée. Le monde du rugby continue de traiter avec désinvolture tout ce qui touche à la lutte antidopage. Ou, du moins, cherche à donner cette impression-là...

Le Captagon complète les coups de tête dans la porte des vestiaires

Le problème des rapports entre le rugby et l'accompagnement médicalisé de sa pratique ne date pas d'hier. Ainsi le docteur Jean Pène, médecin de l'équipe de France pendant toute la période où Jacques Fouroux en était l'entraîneur, de 1981 à 1990, avait quand même déclaré à *Midi Olympique*, le 15 janvier 2001 : « Je n'en ai jamais donné [du Captagon] en dose suffisante pour que cela soit considéré comme du dopage. » Apparemment, les joueurs n'étaient pas les seuls à être très amateurs dans leurs pratiques. Le Captagon est une amphétamine dont les effets sur la performance sont loin d'être neutres. Pour rappel, les amphétamines présentent l'avantage d'amener un effet euphorisant et psychostimulant qui peut totalement supprimer la sensation de fatigue, en plus d'une action bronchodilatatrice dont la performance physique va fortement bénéficier. Au niveau psychologique, la confiance en soi en sort renforcée, voire démultipliée, amenant à prendre plus de risques et à affronter des situations qui, en temps normal, auraient été évitées. Le jugement paraît plus sûr, la mémoire est meilleure et la compréhension plus rapide. Autant d'avantages précieux pour un joueur de rugby qui se retrouve à devoir faire face à la pression de l'événement, un match de l'équipe de France contre une des meilleures nations au monde, par exemple, à un moment où il doute de ses capacités physiques – sensation de fatigue – et de sa force mentale en vue de surmonter l'épreuve – peur de mal faire. Avec, en plus, une augmentation de ses capacités respiratoires, ce qui lui donne un plus au moment de disputer une rencontre où il va devoir élever son niveau de jeu. Le Captagon, c'est tout bénéfice...

Dès le début des années 1960, à moins que ce ne soit à la fin des années 1950, le rugby se met aux amphétamines. Ce témoignage du légendaire joueur français Amédée Domenech – international de 1954 à 1963 (cinquante-deux sélections) – est sans ambiguïté, alors qu'il s'exprime sur la fameuse rencontre de 1961, au stade de Colombes, entre la France et l'Afrique du Sud, qui restera comme le 0-0 le plus spectaculaire de l'histoire du rugby : « Aujourd'hui, il y a prescription. Oui, j'avoue que je me suis chargé pour ce match. Des cachous, j'en avais pris plus qu'il n'en fallait ! Ce que c'était ? Non, pas de la tisane d'Épernay. Du Maxiton [amphétamine]. J'avais un peu forcé la dose. Deux jours après, je sautais encore les haies[1]. » À l'époque, ce n'était pas encore du Captagon, qui va connaître une véritable popularité dans les années 1980 auprès des joueurs de rugby français, mais c'est bien d'amphétamines qu'il

1. *L'Équipe*, 15 octobre 1992.

s'agit. Apparemment, le fait de croiser régulièrement les cyclistes au bar du coin ou dans des réceptions les soirs d'étape du Tour de France permet alors l'échange de bons procédés et de recettes de grand-mère. Le rugby semble ainsi se mettre vite au niveau d'une discipline, le vélo, que tout le monde décrie pour ses pratiques interdites. Sauf que, dès la fin des années 1960, le cyclisme est le seul sport à pratiquer les premiers contrôles antidopage. Le contrôle antidopage organisé dans le rugby français date, lui, de janvier 1978, mais il ne concernait que deux joueurs qui étaient, en plus, prévenus à l'avance, avec, toujours, en dernier recours possible, la possibilité de cacher un éventuel cas positif et d'éviter une sanction au fautif !

Ce qui permet au rugby, aujourd'hui encore, de dire qu'il ne connaît pas de pratiques dopantes en son sein. Ni hier ni maintenant. Pour hier, c'est sûr qu'en ne contrôlant pas ses pratiquants, ou si peu, il était facile d'arriver à une telle conclusion. Pour aujourd'hui, comme ces pages vont le montrer, l'affirmation ne tient plus.

Produit très efficace pour améliorer la performance, le Captagon devient populaire et, comme le reconnaît le docteur Pène, est mis à disposition des joueurs de l'équipe de France, au moins pendant une grande partie de la période où celui-ci en est le médecin et notamment lorsque Jacques Fouroux en dirigeait l'équipe. Personne n'est obligé d'en prendre mais, dès que la pression d'avant-match est à son comble, le côté rassurant de la pilule miracle est là pour aider à sauver la patrie et, le cas échéant, sa place en sélection. Dans l'esprit de l'encadrement de l'équipe de France, ce n'est pas censé être dangereux, encore moins s'apparenter à du dopage. Dans notre société, le médicament est un Dieu dont chacun de nous doit être le disciple. Alors, pourquoi se priver de cette aide quand il s'agit de bouter l'Anglais ou d'aller se frotter aux rugueux joueurs de l'hémisphère Sud ? Au moment où la peur de mal faire s'installe, où la pression de l'entraîneur est à son paroxysme, la tentation est grande. Et avec elle, ensuite, le risque qu'une certaine habitude s'installe. Qui fait que les quelques rencontres disputées, chaque saison, avec la sélection nationale ne suffisent plus. Que l'envie devient grande, aussi, de l'utiliser avec son club, peut-être pas tous les dimanches, mais au moins lors des grandes occasions, lors de derbys ou de phases finales. Ou juste pour sauver son équipe de la relégation en division inférieure.

C'est comme cela que, au cœur des années 1980, et même au début des années 1990, les amphétamines deviennent un seizième homme pour certaines équipes, allant chercher dans ces valeurs médicinales ce qu'elles n'arrivent pas à trouver dans le cœur de ses joueurs. La prise de Captagon fait alors partie du rituel d'avant-match au même titre que le coup de tête dans la porte des vestiaires. C'est ce qu'un certain Bernard Laporte, ancien capitaine et demi de mêlée du Club athlétique Bordeaux-Bègles Gironde, championne de France en 1991, a indiqué lors de son témoignage devant la commission d'enquête sur la lutte antidopage du Sénat : « Il y a vingt-cinq ans, quand je jouais, nous prenions tous des cachets de Captagon, sans savoir que cela était interdit. »

Serge Simon, pilier de cette même équipe de Bègles au début des années 1990, avant de rejoindre le Stade Français dans la seconde moitié de cette décennie, aujourd'hui président du syndicat des joueurs, se souvient également : « Quand j'ai débuté, on me parlait effectivement des matchs au Captagon. Les anciens en prenaient deux, trois, quatre pour une partie. Quand tu sais que ce sont des amphétamines, tu te dis que ce n'était pas de la gnognote[1]... » Apparemment, la « gnognote » n'a pas eu un caractère suffisamment inquiétant puisque le même Serge Simon admettra dans un ouvrage écrit quelques mois plus tard, *Paroles de dopés*[2], avoir touché lui-même aux amphétamines, au tout début de sa carrière, lorsqu'il jouait au Racing Rugby Club de Nice. Par contre, pas un mot de sa part sur la période béglaise alors que, selon son capitaine de l'époque, « [ils prenaient] tous des cachets de Captagon ». Mais, quand on connaît bien Serge Simon, on peut penser que c'est la pudeur qui l'empêche de trop se mettre en avant et de parler de sa personne...

Autre témoignage qui va dans le même sens, celui de Jean-Pierre Élissalde, père de Jean-Baptiste, ancien joueur et actuel entraîneur du Stade Toulousain, qui, lui, a notamment été demi de mêlée de l'Aviron Bayonnais et du Stade Rochelais dans les années 1980, sélectionné à cinq reprises en équipe de France : « À une époque, c'était les amphétamines, dans les années 1970 ou 1980, a-t-il raconté au micro de France Bleu, le 30 mars 2013. C'était pris par des cyclistes, par des footballeurs, des rugbymen bien évidemment. J'en ai personnellement pris deux fois, il n'y a rien d'extraordinaire et, après, il y a eu d'autres formes de dopage, notamment pour travailler plus, prendre de la masse musculaire. »

Voilà qui nous fait déjà une belle diagonale qui part de la Côte d'Azur pour arriver du côté de Bordeaux et finir au milieu du littoral atlantique. Une diagonale en guise de ligne Maginot du rugby français, dont le Sud-Ouest serait

1. *L'Équipe*, 8 janvier 1998.

2. Serge Simon et Yves Bordenave, *Paroles de dopés*, Paris, Lattès, 2000, p. 12.

le quartier général. Une ligne qui passerait aussi par la ville d'Agen, qui, sous l'ère d'Albert Ferrasse, président de la FFR pendant vingt-trois ans, de 1967 à 1990, était sa capitale et où, surtout, se trouvait une profusion de joueurs de l'équipe de France. Le club du Sporting Union Agen profitait, à l'époque, de l'emprise du président de la fédération et de son ancrage local pour recruter les meilleurs joueurs en leur promettant une carrière internationale. Il n'est donc pas impossible que, le docteur Pène ayant découvert les bienfaits des « cachous » en équipe de France, son usage se soit développé au niveau du club. Et ce, d'autant plus que tout le monde se rassurait en disant que ce n'était pas du dopage, que ce n'était pas dangereux et que les médicaments, au fond, c'était bon pour la santé...

Ces pratiques auraient commencé à se raréfier dans le courant des années 1990 du fait, notamment, de la montée en puissance des contrôles antidopage et, surtout, de la prise de conscience de ce qu'étaient vraiment les amphétamines. Tout le monde feint, alors, non seulement de découvrir que c'est un produit dopant, donc sujet à tricherie, mais aussi et surtout de se rendre compte du caractère de dangerosité et des risques qu'il représente. Que ce soit au niveau cardiovasculaire avec en particulier de possibles problèmes d'hypertension artérielle pulmonaire ou au niveau psychique avec de potentiels troubles de l'humeur, de l'irritabilité, de l'agressivité exacerbées, sans parler des risques d'accoutumance et de la possible sensation de sevrage associée à la prise ; la panoplie est suffisamment large pour calmer les ardeurs des plus volontaires. En équipe de France, le départ du docteur Pène marque la fin d'une époque. Et de certaines pratiques. Au milieu des années 1990, la distribution d'amphétamines a disparu du rituel d'avant-match. Est-ce qu'elle a été remplacée par d'autres pratiques, plus sophistiquées, et d'autres produits, plus adaptés aux spécificités du rugby ? Je suis normalement bien placé pour le savoir, ayant été joueur de l'équipe de France à cette époque-là. Et il semblerait que la fin des amphétamines en équipe de France n'aurait pas, pour autant, marqué la fin de l'accompagnement médicalisé de la performance de ses joueurs[1]...

L'Afrique du Sud « victime » d'une épidémie d'asthmatiques

Ayant été joueur jusqu'en 2000, j'ai connu les frémissements liés au passage au professionnalisme. Officiellement, le rugby est devenu un sport professionnel en 1995, au lendemain de la Coupe du monde organisée en Afrique du Sud. L'annoncer, c'est une chose, mais le mettre en place en est une autre. Dans un premier temps, peu de choses ont changé, plus particulièrement en France où la fédération a voulu s'accrocher à l'amateurisme de façade qu'elle contrôlait. Résultat, les clubs, qui avaient besoin de se développer, se sont fédérés en ligue et la FFR a perdu la maîtrise du niveau professionnel, que ce soit au stade de l'organisation des compétitions ou de la gestion des clubs. Concernant l'accompagnement médicalisé de la performance, là aussi, tout n'a pas radicalement changé du jour au lendemain. Comme on le verra plus loin dans cet ouvrage, il y a un avant mais il y aura surtout un après.

Un élément clé témoin de cette évolution semble être le passage de l'équipe d'Afrique du Sud en France en 1997.

1. Voir chapitre 2.

Celle-ci s'impose 52 à 10 au Parc des Princes et présente au moins onze joueurs asthmatiques sur la feuille de match[1]. Plus exactement, le service médical encadrant les joueurs sud-africains déclare, au passage du contrôle antidopage, que ses joueurs prennent de la Ventoline et justifie cette prescription par des cas d'asthme. Le fait qu'ils soient déclarés asthmatiques « autorise » la prise de ce broncho-dilatateur, dont la propriété est de faciliter la respiration de personnes ayant des problèmes d'asthme ou, dans le cas d'athlètes détournant ce produit de son usage initial, d'augmenter la performance par une capacité d'apport en oxygène démultipliée. Or, comme à l'époque il n'existe pas de contre-examen vérifiant la réalité du statut d'asthmatique tel qu'il est officiellement déclaré, la suspicion sur l'existence d'une telle épidémie est forte. Très forte même. Onze asthmatiques sur un total de vingt et un joueurs ! Cela représente une statistique bien au-delà des normes habituelles, c'est le moins que l'on puisse dire. Rappelons, à titre de comparaison, que le pourcentage d'asthmatiques au sein de la population mondiale se situait aux alentours de 3,38 % de la population en 2011[2]. Dans le cas bien particulier de l'équipe d'Afrique du Sud, c'est au moins 52,38 % des joueurs qui sont touchés. Soit plus d'un joueur sur deux ! Une véritable pandémie...

1. Fait évoqué notamment dans le *Midi Olympique* du 15 janvier 2001 : « L'épisode des Boks en 1997, où la moitié des joueurs étaient sous Ventoline et l'autre moitié sous cortisone. »

2. D'après l'Organisation mondiale de la santé, 235 millions de personnes sont asthmatiques dans le monde, pour une population totale de 6,941 milliards.

Brive 1997, un titre de champion d'Europe médicalement assisté

À la même époque, le Club athlétique Brive Corrèze Limousin s'illustre non seulement par ses résultats sportifs – champion d'Europe en 1997, à la surprise générale –, mais aussi par la mise en place d'une logique d'accompagnement médicalisé de la performance supervisée par l'entraîneur de l'équipe, l'ancien joueur Laurent Seigne.

Avant de décrire le système briviste tel qu'il a été pensé et mis en scène par Laurent Seigne, je dois faire référence à la tournée de l'équipe de France de 1994 en Nouvelle-Zélande, à laquelle nous participions tous les deux, Laurent et moi, et pendant laquelle nous avons partagé la même chambre. Un jour, au cours d'une conversation sur la préparation physique et les différentes approches potentielles, Laurent Seigne m'explique qu'il se fait suivre par un médecin situé en banlieue bordelaise qui pratique sur lui un principe de rééquilibrage hormonal permettant de le rendre le plus performant possible, en compensant les moindres manques de son corps par la prescription d'hormones. Ce médecin, je l'apprendrai plus tard, s'appelle Hervé Stoïcheff, et la méthode dite du rééquilibrage hormonal que me décrit Laurent Seigne est celle initialement mise en place par le docteur François Bellocq. Celui-ci fait son apparition dans le monde sportif dans les années 1970 et 1980 en collaborant avec les formations cyclistes Peugeot-BP-Michelin, Z-Peugeot et Gan et tire sa notoriété à la fois de la réussite de ces équipes – notamment plusieurs victoires dans le Tour de France pour les formations Peugeot – et de la polémique qui entoure son discours.

La méthode dite du rééquilibrage hormonal, mise en

place par le docteur Bellocq et développée en 1976 dans une thèse universitaire intitulée *Effets des efforts musculaires prolongés sur le métabolisme surrénal. Application aux coureurs cyclistes professionnels*, puis dans un ouvrage *Sport et dopage. La grande hypocrisie*[1], est censée assurer le suivi des sportifs à partir d'examens biologiques et sanguins réguliers permettant de détecter de potentielles carences qui seront alors compensées par une prescription médicale adaptée. Son auteur l'explique ainsi : « À l'image d'un moteur de voiture qui nécessite eau, huile et essence pour tourner, l'organisme humain a besoin d'un équilibre électrolytique, métabolique et hormonal pour évoluer à son meilleur régime. Chez les sportifs, l'accumulation de la compétition, des heures d'entraînement et du stress détruit cet équilibre. Qu'il faut rétablir lors des périodes de repos. Sinon, on va au-devant de graves problèmes de santé. Le processus, toutefois, ne se produit pas tout seul. Il faut une intervention biologique. Ce qui est admis dans de nombreux pays. Mais, en France, on parle toujours des excès du dopage, jamais des manques hormonaux. Pis : on fait toujours l'amalgame entre dopage et rééquilibrage hormonal. C'est une hérésie. Le dopage consiste à donner à l'organisme tout ce qu'il ne possède pas naturellement. Cela n'a rien à voir avec ma méthode, fondée sur un bilan sanguin et urinaire une ou deux fois par mois, avant et après l'effort, pour déterminer les carences et trouver une parade adéquate. Plus un programme diététique très précis. C'est vrai, j'ai prôné et je prône l'utilisation d'une hormone naturelle (cortisone ou androgène) à dose physiologique, mais toujours de manière discontinue et uniquement quand les examens biologiques démontrent un manque ou une chute. Après

1. Paris, Félin, 1991.

tout, la pilule contraceptive, elle aussi, est un traitement hormonal. Comme celui de la ménopause.

Soyons sérieux, enfin ! Moi, quand j'ai recours au rééquilibrage hormonal, basé scientifiquement, avant et après, sur des prises de sang régulières, des bilans hormonaux urinaires, c'est pour éviter aux champions de tomber entre les mains de ces charlatans qui traînent dans les vestiaires. Je connais les filières du dopage, et ce qui s'y passe n'est pas très joli... »

Malgré ces belles déclarations d'intention, les méthodes du docteur Bellocq vont être, elles-mêmes, rapidement assimilées à une forme de dopage. Ainsi, un certain nombre de ses patients, Bernard Thévenet, Bernard Bourreau, Rachel Dard ou Patrick Béon, vont être déclarés positifs et suspendus, certains de ces coureurs pour prise de corticoïdes, d'autres pour avoir même refusé de se laisser contrôler, ce qui est plutôt surprenant au vu des propos de leur médecin.

Le docteur Bellocq décède en 1993 et le docteur Stoïcheff, formé par ses soins, prend alors sa succession en ouvrant son activité à d'autres disciplines comme le rugby. Il continue d'appliquer la théorie du rééquilibrage hormonal de son mentor, ce qui le place, lui aussi, sous le feu des projecteurs de l'actualité extra-sportive à la suite de sa mise en examen pour être alors suspecté d'avoir, de 1997 à 2000, « offert, cédé, administré, incité ou facilité l'utilisation de substances ou procédés de nature à modifier artificiellement les capacités de sportifs à l'occasion des compétitions sportives, en l'espèce de l'EPO [érythropoïétine] et des corticoïdes[1] », dans le cadre du procès, qui se tient en mai 2003 devant le tribunal correctionnel de Perpignan, d'un réseau de dopage dans le cyclisme amateur.

1. *Le Monde*, 18 mai 2003.

Si l'homme a été relaxé, faute de preuve[1], cette procédure judiciaire vient, néanmoins, jeter encore un peu plus le trouble sur une méthode qui manque grandement de transparence, notamment vis-à-vis de l'utilisation de corticoïdes. Et ce, d'autant plus qu'elle intervient dans la foulée de la condamnation du docteur Stoïcheff par le Conseil de l'ordre des médecins, suite aux prescriptions médicales réalisées auprès des joueurs brivistes sur la même période. En effet, en mars 2000, le docteur « a été condamné à un an d'interdiction de soins aux assurés sociaux par le conseil régional d'Aquitaine de l'ordre des médecins pour faute, fraude ou abus commis lors du suivi médical de trente-trois joueurs ayant évolué sous les couleurs du CA Brive... Hervé Stoïcheff a été sanctionné pour avoir ordonné et renouvelé de façon systématique des bilans biologiques sans aucune nécessité médicale, et surtout pour avoir prescrit à des patients sains la prise d'une multitude de produits à visée vasculaire, artérielle, hépatique, rhumatologique, quand il ne s'agissait pas de stimulant de la synthèse protéique, d'acide folique ou de cachets destinés à soigner des troubles d'origine veineuse. Selon l'ordre, ces ordonnances présentaient pour certaines d'entre elles un “caractère dangereux” et elles associaient des médicaments en violation des indications thérapeutiques validées par la commission de l'autorisation de mise sur le marché[2] ».

Pour compléter ces éléments, j'ai réussi à récupérer une des ordonnances prescrites par le docteur Stoïcheff à destination des jeunes joueurs du centre de formation du club briviste :

1. *Ibid.*

2. *L'Express*, 24 novembre 1989, cité dans François Bellocq, *Sport et dopage*, *op. cit.*, p. 38, et *Sud-Ouest*, 10 janvier 2001.

Docteur Herve STOICHEFF
Attachè des *Hopitaux*
Physiologie - Traumatologie sportive
Medecine et Biologie du sport
Nutrition
Medecine Generale
----
13 Avenue de CHAVAILLES
33520 BRUGES
Tel:56-39-83-07

Consultations sur rendez-vous

N° *33.10.9049.8*
HR

HR

Pharmacie
Catherine ALBY
10, avenue Jean Jaurès
TEL 55.92.28.27 - 19360 MALEMORT
19 2 00261 0

1) Omicétil 5g. 1 flacon absorbe le matin dans jus d'orange — 30F

2) Vasocitrol 369952 (2 Aj. le matin, 2 Aj le midi)
(avant les repas 1/2 verre d'eau

3) Cervoxan 60 1 le matin au petit déjeuner

4) Indusil T (3 matin, 3 soir)
avant les repas

850F
1 mois

Cette ordonnance ne comporte qu'une petite partie des produits ou familles de produits cités dans l'article du journal *Sud-Ouest* mais elle se révèle très instructive :

Dans la famille des vasodilatateurs, on trouve :

– Vascocitrol : prescrit pour lutter contre l'insuffisance veinolymphatique. Retiré de la vente depuis le 20 décembre 2011.

– Cervoxan 60 : prescrit normalement dans des traitements d'appoint de déficit pathologique cognitif et neurosensoriel chronique pour des sujets âgés. Vasodilatateur périphérique.

Dans la famille des stimulants de la synthèse protéique, on trouve :

– Ornicétil 5 g : adjuvant à la nutrition parentérale des sujets dénutris en protéines. Ce médicament joue un rôle dans l'augmentation de la production d'insuline et d'hormone somatotrope. Utilisé pour traiter l'encéphalopathie hépatique (syndrome neuropsychiatrique complexe qui peut intervenir notamment dans le cadre de la cirrhose du foie). Retiré de la vente depuis le 5 avril 2011.

– Indusil T : prescrit dans les cas de dénutrition sévère et d'anorexie dus notamment à un défaut de vitamine B12 dans l'intestin. Ce produit joue un rôle de fixateur des protéines.

Comme le mentionne le conseil de l'ordre des médecins dans son arrêté, ces produits sont détournés de leur usage propre, qui est de soigner des malades en rapport à des pathologies précises, alors que la logique mise en place par le docteur Stoïcheff consiste à aider chimiquement le corps à dépasser ses limites naturelles :

– Ornicétil 5 g est censé permettre à un sportif qui s'entraîne beaucoup de produire plus d'insuline qu'il ne le ferait naturellement. Cette insuline supplémentaire permet de nourrir en sucre, glucose, les muscles et, donc, à la fois de les rendre plus performants pendant l'effort et, après, dans la construction d'une masse musculaire supplémentaire liée à un entraînement de plus en plus poussé.

– Indusil T : même principe que le précédent produit, mais il agit au niveau des protéines. Il permet au corps de fixer plus de protéines dans un même temps et donc d'optimiser les effets de l'entraînement. Là où tout individu a tendance à fixer quotidiennement l'équivalent de 0,1 à 0,2 fois le poids total de son corps, un sportif sous traitement à l'Indusil T est en théorie (il n'existe pas d'étude scientifique sur le sujet) capable de fixer une quantité supérieure de protéines et donc de développer davantage ses muscles qu'il ne pourrait le faire sans le traitement.

– Cervoxan 60 et Vascocitrol : le docteur Stoïcheff utilise le principe de vasodilatation pour aider le sportif à avoir un flux sanguin plus important, ce qui permet de nourrir le muscle en plein effort de manière plus rapide et plus importante. Donc, là aussi, la performance en est, en théorie, améliorée, à la fois, pendant l'effort, en retardant le seuil de fabrication de l'acide lactique mais aussi, sur la durée, puisque le corps devient capable de réaliser des efforts de plus en plus importants, de plus en plus souvent.

Voyons maintenant les arguments utilisés par le docteur Stoïcheff pour se défendre : « Ma pratique n'a rien à voir avec le dopage. Il n'existe aucune frontière commune entre les deux approches. Je ne ferai jamais gagner un dixième de seconde supplémentaire à un sprinteur. J'essaie simplement de soigner les pathologies générées par la façon dont sont sollicités les organismes. Je suis le médecin non pas de la performance mais du performant !... Je n'ai jamais utilisé de produits interdits et je n'ai jamais fait courir aucun risque à mes patients[1]. »

Voilà une succession d'arguments, tous plus faux les uns que les autres :

– « J'essaie simplement de soigner les pathologies » : comment se fait-il alors que la prescription ici présentée ne soit pas nominative et soit distribuée de manière systématique à l'ensemble des espoirs du club de Brive ? Et comment se fait-il, surtout, que tous les joueurs souffrent des mêmes maux qui sont quand même la combinaison de pathologies lourdes comme une dénutrition protéique, l'encéphalopathie hépatique, des déficits cognitifs et neurosensoriels chroniques ainsi que des insuffisances veino-lymphatiques ? Si je suivais au pied de la lettre les propos du docteur Stoïcheff, j'en tirerais une conclusion un peu hâtive, certes, mais néanmoins logique sur le fait qu'il existe de gros problèmes de consanguinité et de malnutrition du côté de Brive et de la Corrèze ! Comme le mentionne le conseil de l'ordre des médecins, « Hervé Stoïcheff a été sanctionné pour... avoir prescrit à des patients sains la prise d'une multitude de produits ».

– « Je ne ferai jamais gagner un dixième de seconde supplémentaire à un sprinteur » : le docteur Stoïcheff essaie, ici, de jouer sur les mots en faisant croire que ses produits ne sont pas directement liés à la performance puisque c'est l'entraînement qui reste la base de construction de celle-ci. Mais il n'en reste pas moins que le médecin tente, avec ses prescriptions, d'augmenter les capacités d'entraînement du sportif et qu'il joue donc bien un rôle dans l'augmentation de la performance qui en résultera, et ce malgré ce qu'il en dit.

1. *Sud-Ouest*, 10 janvier 2001.

– « Je suis le médecin non pas de la performance mais du performant » : autre figure de style de sa part, qui cherche juste à éviter de dire que son rôle est d'accompagner la performance en lui donnant une dimension médicale.

– « Je n'ai jamais utilisé de produits interdits et je n'ai jamais fait courir aucun risque à mes patients » : faux ! Et là, pas d'effet de style qui tienne. Les produits utilisés ont été détournés de leur usage initial : selon le conseil de l'ordre, ces ordonnances présentaient pour certaines d'entre elles « un "caractère dangereux" et elles associaient des médicaments en violation des indications thérapeutiques validées par la commission de l'autorisation de mise sur le marché ». De plus, l'effet « cocktail médicamenteux » est, par principe, dangereux par ses conséquences potentielles sur le long terme. En dehors de pathologie lourde nécessitant une telle association, c'est le principe de précaution qui doit naturellement s'appliquer dans une situation où il n'y a même pas de pathologie déclarée.

– « Ma pratique n'a rien à voir avec le dopage » : je suis désolé, docteur Stoïcheff, mais elle a tout à voir avec le dopage selon la définition même de l'AMA. Même sur cette simple prescription faite à partir de produits aux effets limités et capables de ne pas déclencher de contrôle antidopage positif, les trois critères de la définition de l'AMA sont remplis :

1. Potentiel d'améliorer la performance sportive : c'est le principe même de l'effet ici recherché.

2. L'usage de la substance présente un réel risque pour la santé du sportif : quoi qu'en dise le docteur Stoïcheff, le fait de donner à de jeunes sportifs un effet « cocktail médicamenteux » présente des risques à long terme et le principe de précaution doit être privilégié aux dépens de cette logique d'apprenti sorcier.

3. Contraire à l'esprit sportif : donner un cocktail médicamenteux pour augmenter la performance d'un joueur correspond à un manque d'éthique préjudiciable à l'esprit du sport.

Mais ce n'est que bien plus tard que le fin mot de l'histoire semble être donné, du bout des lèvres, par Christian Bagate, médecin, élu au comité directeur de la FFR et président de son comité médical, qui, le 15 mars 2014, dans le cadre du colloque sur le dopage organisé par le Comité national olympique et sportif français, reconnaît que : « Le rugby a connu un cas de dopage organisé par un club qui a été champion d'Europe en 1997. » Il est à noter que Christian Bagate ne prononce pas le nom de ce club, ce qui lui permet de laisser planer un éventuel doute entre le CA Brive, vainqueur de la H Cup, et le Club sportif Bourgoin-Jallieu Rugby, vainqueur du Bouclier européen, cette année-là. Pour moi, en tout cas, il n'y a aucune incertitude possible…

La porte ouverte à l'accompagnement médicalisé

Pour conclure sur cette période qui a vu l'apparition du professionnalisme et de ses dérives, il me faut évoquer ce qui constitue pour moi LE rendez-vous raté du rugby avec la lutte antidopage. Ou, plus exactement, la démonstration d'une certaine complicité des instances du rugby, ici l'IRB, vis-à-vis des pratiques d'accompagnement médicalisé de la performance. Ce cas est d'autant plus emblématique qu'il concerne l'équipe qui symbolise l'image même du rugby dans le monde : les All Blacks.

Coupe du monde de rugby 1999. Le talonneur de la Nouvelle-Zélande Anton Oliver est contrôlé positif à l'éphédrine avec un taux deux fois supérieur à la limite autorisée. Déclaration de Léo Williams, directeur du comité d'organisation de la Coupe du monde : « Le tribunal qui réunit trois personnes compétentes en matière médicale, complètement indépendantes de l'International Board, a écouté les explications du joueur Anton Oliver et du médecin de l'équipe néo-zélandaise John Mayhew. Le joueur avait une infection et s'est soigné avec un antibiotique qui contenait de l'éphédrine. Le tribunal n'a pas conclu à sa culpabilité, estimant qu'il n'y avait pas de mauvaise intention de sa part en prenant ce médicament. En conséquence de quoi, Anton Oliver a reçu une sérieuse réprimande[1]. »

L'éphédrine est un vasoconstricteur qui a une forte influence sur les performances en dilatant les bronches et en augmentant la pression artérielle. Ce n'est donc pas un produit anodin dans le cadre du sport. En outre, le joueur n'a subi aucune expertise médicale qui prouverait son infection et sa bonne foi.

En blanchissant un joueur contrôlé positif, qui plus est une référence du rugby mondial, membre de l'équipe de Nouvelle-Zélande, l'IRB a raté l'opportunité d'envoyer un message fort à tous les joueurs et les équipes tentées de mettre en place un accompagnement médicalisé de la performance. Ou plutôt si. L'IRB a envoyé un message fort. Celui de rassurer ceux qui pourraient avoir peur des risques encourus à la suite d'un contrôle antidopage positif. Qu'ils ne s'inquiètent pas, l'instance qui régit le rugby mondial sera toujours là pour les protéger, si jamais ils ne réussissaient pas à passer entre les mailles, pourtant bien larges, des contrôles. Je ne sais pas si l'IRB a agi, en

1. *L'Équipe*, 1er octobre 1999.

cette occasion, de manière consciente ou inconsciente, si elle a alors bien mesuré toute la portée d'une telle décision, mais, en tout cas, quinze ans après, les conséquences d'un tel laxisme me paraissent désastreuses...

2

Comment j'ai découvert que j'étais directement concerné

Au début des années 1990, les joueurs de rugby sont encore, en grande partie, livrés à eux-mêmes et doivent s'occuper de leur propre préparation physique en parallèle des entraînements de l'équipe. Les clubs français n'ont pas alors intégré l'importance du travail de musculation et ceux qui souhaitent ajouter cette pratique à leur préparation doivent, pour la plupart, trouver une structure privée où, au gré des équipements disponibles et de l'affluence de la salle, ils peuvent s'entraîner.

Je vais être dans ce cas quasiment toute ma carrière de joueur, même dans les dernières années où, évoluant au Racing Club Narbonne Méditerranée mais vivant et travaillant sur Toulouse, certains de mes entraînements se déroulent dans une salle de musculation de la ville rose. Celle que je choisis est située rue du Général-Bourbaki, dans le quartier des Minimes, tenue par un ancien champion d'Europe de culturisme, et dédie une large place aux appareils de musculation et autres haltères. Je me retrouve, là, au milieu d'une population de pratiquants amateurs et passionnés, composée, entre autres, de culturistes, dont certains sont dans une logique de compétition, des pratiquants de force athlétique – discipline basée sur les mouvements de base de la musculation – et de quelques rugbymen en recherche d'un peu plus de muscle, notamment ceux du Balma Olympique Rugby Club. La période durant laquelle je fréquente assidûment cette salle s'étend de l'automne 1997 à septembre 2001 et coïncide parfaitement avec la révélation de l'affaire qui va ébranler le monde du cyclisme : Festina. Celle-ci a pour point de départ l'arrestation du soigneur de l'équipe, Willy Voet, le 8 juillet 1998, et continue à alimenter l'actualité jusqu'à début 2001, avec notamment un procès qui se tient à partir d'octobre 2000 au tribunal correctionnel de Lille.

La concomitance de ces deux actualités, la mienne et celle du monde du cyclisme, est certainement à l'origine de mon intérêt pour un sujet que, jusque-là, j'occultais totalement. Après avoir passé des années à me convaincre que le dopage n'est qu'une météorite qui n'a aucune raison de s'abattre sur ma planète rugby, je me retrouve confronté à des révélations choc dans un sport, le vélo, qui, même si je ne le pratique pas à l'époque, m'est cher. Mieux même. En côtoyant, dans mon quotidien, des sportifs, les culturistes, où l'accompagnement médicalisé de la performance fait partie des pratiques imposées par la discipline au même titre que le fait de soulever des poids, je suis aspiré par un sujet qui va vite me passionner par sa complexité.

Le culturisme est une discipline sportive en marge des autres sports, et ceci pour deux raisons :

– l'officielle, qui vient du fait que le culturisme met uniquement en avant des critères esthétiques, là où l'essence même de tout sport est la réalisation d'exploits sportifs, même les plus insignifiants. La plastique l'emporte sur la capacité physique, ce qui n'est pas le cas, par exemple, de la gymnastique rythmique et sportive ou du twirling bâton.

– l'officieuse, qui vient de l'absence de programme antidopage, ce qui donne l'impression de légaliser toute pratique d'accompagnement médicalisé pour fabriquer du muscle.

Les culturistes sont des passionnés qui ont une certaine vision du corps et de la pratique sportive, et qui sont prêts à bien des sacrifices pour arriver à leurs fins. Ils ne cherchent pas pour autant à se cacher et à vivre à l'écart de la société. C'est ainsi que les révélations liées à une discipline sportive, le cyclisme, qui est, elle, institutionnelle et olympique, ont été vécues comme une libération par ceux qui voient enfin l'ensemble de ces pratiques cachées sortir de l'ombre. L'affaire Festina devient rapidement un catalyseur qui légitime la parole des culturistes, au moins ceux que j'ai croisés, obligés, jusque-là, de vivre au mieux dans le mutisme, au pire dans le mensonge. D'un coup, ils ne se sentent plus isolés, puisque d'autres qu'eux ont les mêmes pratiques. En plus, ceux-là, les Virenque, Zülle, Brochard, Dufaux, sont célèbres et populaires. Pour les culturistes, c'est la preuve que leur discipline est bien un sport comme un autre. Que pour accomplir des efforts physiques éprouvants il est nécessaire, que l'on soit culturiste ou cycliste, de faire appel à une aide médicale. Ils n'en demandent alors pas plus, mais c'est déjà beaucoup.

Et moi, en tant que rugbyman professionnel, champion de France, troisième de la Coupe du monde de 1995, je suis devenu leur interlocuteur, incarnation physique et à leur portée du sport de haut niveau qui, jusque-là, leur tournait le dos. C'est ainsi que je suis devenu le confident de pas mal de choses. J'apprends que la seule tentative de contrôles antidopage surprises dans le cadre d'une compétition officielle entraîne la positivité de l'ensemble des athlètes et finit de convaincre les instances fédérales d'abandonner toute volonté d'évolution en ce sens... J'en arrive jusqu'à la description de leur système d'approvisionnement en Espagne, pays où il est alors facile de se procurer des médicaments sans attirer l'attention des pouvoirs publics. Ce système a été mis en place autour d'un des culturistes qui s'est autoproclamé préparateur physique sur la base de « programmes d'entraînement », dont l'efficacité est garantie par la prise des produits accompagnant leur application. J'ai compris ainsi pourquoi j'avais pu croiser dans cette salle un joueur du Stade Toulousain, plusieurs fois champion de France et d'Europe, alors que je ne l'ai jamais vu s'y entraîner. Il venait évidemment chercher les programmes d'entraînement nécessaires à sa progression.

Bien sûr, la libération de la parole n'est pas, non plus, totalement désintéressée de leur part. Mais le jour où j'ai répondu à la question de savoir comment nous étions « médicalement » organisés au sein du club de Narbonne, par une simple énumération du nombre de médecins et de kinésithérapeutes, mes interlocuteurs ont compris que je n'étais pas encore totalement prêt à rentrer dans le moule d'une approche plus « sophistiquée » de la préparation physique et que j'avais un certain retard par rapport à d'autres joueurs de ma génération. Il faut dire qu'il m'a fallu, ensuite, un peu de temps pour comprendre le sens caché de la question. Je pense qu'ils rigolent encore de la naïveté de ma réponse...

Où l'équipe de France médicalise ses joueurs à l'insu de leur plein gré

Cette période correspondant à la fin de ma carrière de joueur a été décisive dans ma compréhension et mon appréhension d'un sujet qui se révèle toujours complexe à analyser. Mais elle l'a été d'autant plus que j'ai alors appris ma proximité avec des pratiques d'accompagnement médicalisé beaucoup plus importantes et proches de moi que je ne pouvais le penser.

En 1999, un décollement de rétine à un œil m'oblige à subir une intervention chirurgicale suivie d'un traitement à base de cortisone. Comme cette blessure n'a pas d'implication sur le reste de mon corps, je reprends une activité d'entretien physique quasiment directement à la sortie de l'hôpital. Dès les premières séances, je ressens les effets euphorisants apportés par les corticoïdes, ce qui me permet de m'entraîner plus longtemps et en l'absence de tout ressenti de fatigue. Dans un premier temps, je mets ces effets sur le compte de la période de quelques jours passée alité et du repos total qui y est associé. Mais, là encore, grâce aux péripéties de l'affaire Festina et au journal *L'Équipe* qui, presque de manière quotidienne, publie le lexique des produits dopants et leurs effets, je découvre la réalité des choses. La cortisone a des propriétés anti-inflammatoires et une action sur le métabolisme protidique et glucidique qui amène au corps un effet euphorisant et antalgique stimulant la volonté et ayant valeur d'antifatigue. Du coup, le doute n'est plus possible.

L'arrêt du traitement me confirme bien tout cela, avec un retour des sensations de fatigue et de douleur qui n'est qu'un retour à la normale, notamment lors de la reprise du rugby. Je n'ai pas beaucoup profité des effets de la cortisone, une petite semaine, mais, de toute façon, ce n'était pas le but.

En revanche, cette expérience va m'amener à reconsidérer un moment particulier de ma carrière. Un moment où mon corps a déjà ressenti cette sensation d'euphorie et de capacité à occulter la fatigue. Un moment où je bats même un de mes records en musculation alors que, dans cette période-là, je ne fais qu'un travail d'entretien et, en aucun cas, je ne cherche à améliorer mes performances. Ce moment précis, c'est la Coupe du monde de 1995. Une épreuve pour laquelle le groupe des vingt-six joueurs de l'équipe de France passe, entre la phase de préparation et la compétition, plus d'un mois en Afrique du Sud. Une période, la seule que j'ai connue dans ma carrière, où l'encadrement médical nous impose de ne jamais partager les bidons et autres boissons accompagnant les entraînements et où des éléments de récupération sous forme d'ampoules à boire nous sont donnés au moment des repas. La raison invoquée, au sujet de l'exclusivité des bidons, est le risque de contagion de maladies de type turista. Elle semble alors totalement respectable. Pour les ampoules à boire, celles-ci paraissent être de simples fortifiants tels que j'ai pu les connaître au moment de passer mes examens universitaires, comme du Sargenor par exemple[1].

Je me souviens de cette période et de l'euphorie physique ressentie, notamment vers la fin de l'épreuve, où tout semble plus facile – le moindre entraînement, la moindre barre à soulever –, à tel point que, pendant un entraînement de routine, j'arrive même à battre mon record au développé couché. Là encore, le doute aurait pu être possible vis-à-vis de ces quelques semaines totalement consacrées au rugby et à la préparation physique, au repos et à la récupération, mais j'ai déjà connu une période similaire pendant un an au bataillon de Joinville, où ma vie

1. Je ne parle pas, bien sûr, d'un médicament comme l'Ordinator, bien connu des étudiants en médecine pendant les phases de révision qui, lui, est une amphétamine et un produit qui figure dans les listes de produits interdits.

était consacrée à l'entraînement et à la récupération, sans avoir, pour autant, les mêmes sensations physiques. Mais surtout, maintenant, au regard de mon expérience vécue en 1999, les entraînements sous cortisone et les sensations d'euphorie et de puissance connues une deuxième fois – cette fois, en en connaissant la cause –, le doute n'est plus permis. J'ai la profonde conviction que j'ai été mis sous traitement à la cortisone pendant la Coupe du monde de 1995 sans en avoir été averti. À l'insu de mon plein gré. D'un coup, la célèbre expression de Richard Virenque inventée par « Les Guignols de l'info » prenait, à mes yeux, un goût bien amer...

Choisir entre la fin du rêve et le début du cauchemar

La question de savoir de quelle manière j'aurais réagi si l'on m'avait demandé mon avis est intéressante à se poser. Est-ce que j'aurais accepté un traitement à la cortisone pour augmenter mes performances ? Par orgueil, ma première réaction aurait certainement été de refuser, pensant que je n'avais pas besoin de cela pour être le meilleur. Et si la même question m'avait été posée juste avant de monter dans l'avion en direction de l'Afrique du Sud ? Là, la problématique aurait été différente. Si je refusais, est-ce que je ne risquais pas de me retrouver exclu du groupe et de ne plus participer à la formidable expérience de la Coupe du monde ? De ne plus représenter mon pays ? De ne plus atteindre cette ambition sportive qui est de se retrouver parmi les meilleurs ? Et la pression aurait été d'autant plus forte si cela avait été les responsables de l'équipe qui m'imposaient ce dilemme. Voire mes partenaires.

Toutes ces questions sont celles auxquelles un sportif, ici en l'occurrence un joueur de rugby, peut, à un moment de sa carrière, être confronté. Elles paraissent mener à un choix simple en théorie, oui ou non, mais qui doit se faire dans un contexte qui ne l'est pas. Accepter, ou pas, de plonger dans un accompagnement médicalisé de sa performance est, si l'on plonge au plus profond de cette question, un choix faustien des plus complexes. C'est même l'interrogation à laquelle il est le plus difficile de répondre car, quelle que soit la décision, il y a autant à perdre qu'à gagner. D'un côté, des valeurs morales qui se perdent, mais surtout une prise de risque pour sa santé. De l'autre, un gain qui peut être important en termes de réussite sportive et, éventuellement, financière. Ma chance, c'est que je n'ai jamais eu à me poser une telle question. J'ai connu le rugby à une époque où il était encore possible d'exister au plus haut niveau sans rentrer dans une logique systématique d'accompagnement médicalisé de la performance. Ma chance, c'est que, si j'y ai été confronté directement, ce n'a été, apparemment, que de manière parcellaire et éphémère, sans en avoir même conscience sur le moment.

Est-ce que les générations actuelles de joueurs de rugby ont autant de chance que moi ? Je ne le crois pas. Pour beaucoup, ces joueurs se donnent l'illusion de ne pas avoir à se poser cette question, si lourde de sens, en confiant leur performance, et par là même leur santé, à des individus qu'ils pensent dignes de confiance. Ils suivent aveuglément les instructions et les prescriptions qui leur sont données, se satisfaisant de la situation. Il faut qu'ils sachent, et c'est là le message, que ces personnes, qu'ils croient de confiance et porteuses d'un savoir scientifique, ne sont que des apprentis sorciers focalisés sur une réussite rapide qui ne prend jamais en compte la santé et les risques encourus à plus ou moins long terme. Il faut qu'ils sachent, et c'est là le message, que personne n'est capable de prévoir quel effet le cocktail d'au moins trois médicaments différents pris en même temps peut provoquer comme réaction chimique dans le corps. Que, quelle que soit la molécule, une prise sur des durées longues, voire de manière systématique, crée des déséquilibres hormonaux et physiologiques qui ne sont pas bons pour la santé, obligeant, de plus, à accroître les doses à cause de l'accoutumance progressive du corps. Ils doivent avoir conscience que la prise systématique de corticoïdes bloque la fabrication naturelle de cette hormone et que, s'ils pratiquent le rugby avec un taux de cortisol qui s'est écroulé, ils risquent, lors d'un choc violent et traumatique, de ne plus avoir de défenses naturelles susceptibles de maintenir un fonctionnement normal des fonctions vitales. Il faut qu'ils sachent, enfin, qu'un jour ils seront tout seuls, délaissés par tous ces bons conseillers et prescripteurs – tout seuls avec leur corps et les conséquences des abus qu'ils auront pu lui faire subir. Et que ce jour-là, quand on est sportif professionnel, arrive rapidement dans une échelle de temps où la durée de vie est pourtant censée, pour l'ensemble de la population, être de plus en plus longue. Il faut qu'ils sachent tout cela et qu'ils arrêtent de laisser les autres décider à leur place. C'est de leur santé qu'il en va.

1995, la course à l'armement physique

La Coupe du monde de 1995 est la troisième édition d'une épreuve créée seulement en 1987. Autant la première édition a été une sorte d'aventure et de découverte pour la plupart des équipes, autant celle-ci marque un premier virage important. L'épreuve est devenue un objectif essentiel pour l'ensemble des entraîneurs des équipes nationales majeures, que ce soit la Nouvelle-Zélande et l'Australie, premiers vainqueurs de l'épreuve, la France et l'Angleterre, à la recherche encore de cette reconnaissance mondiale. Pour l'Afrique du Sud, pays organisateur, c'est plus que cela. L'enjeu sportif est largement dépassé par une logique politique. Avec la fin récente de l'Apartheid, la libération de Nelson Mandela et son élection comme président d'un pays qui se voudrait uni, le poids culturel que représente le rugby, sport symbole de la « race » blanche obligé de s'ouvrir au multiculturalisme, l'organisation de cet événement de dimension mondiale revêt des enjeux qui vont bien au-delà des limites d'un terrain de sport. Nelson Mandela l'a immédiatement compris et il va faire peser sur son équipe une obligation de résultat qu'elle avait certainement déjà intériorisée, mais qui va alors prendre une ampleur sans précédent.

J'ai été acteur de ce moment charnière de l'histoire sud-africaine. J'ai aussi été témoin d'une tendance générale qui voit toutes les nations majeures, la France comme les autres, faire de la Coupe du monde de 1995 leur priorité pendant au moins les deux ans qui ont précédé l'événement. Priorité dans la construction de l'équipe, aussi bien au niveau technique et tactique que physique. Avec le recul, il est évident que des équipes comme l'Angleterre et l'Afrique du Sud – ce sont les deux nations où les évolutions ont été les plus notables à mes yeux – ont construit la progression physique de leurs joueurs cadres pendant cette période, avec des changements notables en termes de prise de masse musculaire et d'augmentation des performances physiques. Je me rappelle très bien de joueurs anglais et sud-africains dont les gabarits, à l'approche de la Coupe du monde, se sont développés considérablement, ressemblant de plus en plus à ceux de culturistes. Est-ce que ces progressions physiques étaient anormales ? Il est bien sûr difficile de se prononcer, même avec le recul. Ce qui me paraît le plus surprenant néanmoins, c'est le temps très court qui a été nécessaire pour permettre la progression des volumes musculaires. Cela se rapproche quand même beaucoup du constat que l'on peut faire vis-à-vis des générations actuelles.

En ce qui concerne les joueurs sud-africains, des éléments récents vont venir nourrir la suspicion. Ces dernières années, plusieurs joueurs de la génération championne du monde en 1995 sont tombés gravement malades. Le demi de mêlée Joost van der Westhuizen est sur une chaise roulante, très affaibli, victime de la maladie de Charcot[1]. Et il n'est pas le seul dans ce cas. Pire, le troisième ligne Ruben Kruger est, lui, décédé en 2010 d'une tumeur au cerveau. Dans son autobiographie, le capitaine de cette équipe, François Pienaar, explique qu'il a pris des vitamines pendant une partie de sa carrière, jusqu'à ce que ces mêmes vitamines soient interdites[2]. Lorsque l'on sait que jamais aucune vitamine n'a été bannie par quelque organisme antidopage que ce soit, la curiosité pousse à se demander quelle est la véritable définition du terme « vitamine » pour le capitaine des champions du monde...

1. Voir chapitre 10.
2. François Pienaar et Edward Griffiths, *Rainbow Warrior*, Londres, Collins Willow, 1999.

Les corticoïdes, le b.a.-ba du joueur de rugby pro ?

Il est important de noter que les corticoïdes n'étaient pas recherchés dans les contrôles antidopage en 1995. Je n'étais donc techniquement pas positif à cette époque, ou ne risquais pas de l'être. Et comme les sportifs et l'encadrement des sportifs aiment si bien le prétendre, je n'étais, de fait, pas dopé puisque je ne pouvais pas être positif au contrôle. Sauf que les corticoïdes figuraient et figurent toujours bien sur les listes de produits interdits car ils sont capables d'entraîner une augmentation de la performance – cela, je peux en témoigner –, tout en présentant des risques pour la santé : une insuffisance surrénalienne suite à l'arrêt du traitement. Les corticoïdes répondent bien aux trois critères de la définition appliquée aujourd'hui par l'AMA, il n'y a pas de doute là-dessus, même si une certaine ambiguïté existe pour cette classe de produits quant aux utilisations qu'il est possible, pour les athlètes, d'en faire.

En effet, le code mondial antidopage autorise la prise de corticoïdes hors compétition – pour être parfaitement exact, la prise exogène de corticoïdes n'est pas recherchée lors d'un contrôle hors compétition – mais l'interdit au moment de la compétition – les corticoïdes sont recherchés à la suite de contrôles effectués pendant les épreuves officielles. Ce qui veut dire qu'un même produit peut être autorisé ou interdit selon le moment de sa prise. Les naïfs, vrais ou faux, diront que c'est pour permettre au sportif de se soigner. Le monde du cyclisme, et plus particulièrement le Mouvement pour un cyclisme crédible (MPCC), a répondu qu'il n'y a pas de problème à cela, du moment que le sportif est interdit de toute pratique pendant la prise du traitement. Une contre-indication à la pratique permet ainsi d'éviter non seulement les dérives d'une prise de corticoïdes dans le but d'augmenter la performance, mais aussi et surtout de protéger le sportif lorsque le taux de cette hormone se sera effondré.

En effet, du moment qu'a lieu une prise exogène de corticoïdes, le corps arrête d'en produire naturellement. Le risque, c'est qu'au moment de l'arrêt du traitement le sportif se retrouve avec un niveau très bas de cortisol dans le corps – caractéristique d'une insuffisance surrénalienne –, ce qui engagerait son pronostic vital en cas de traumatisme majeur, stress cardiocirculatoire – choc hémorragique – ou métabolique – infection bactérienne –, ainsi que le signifient les professeurs Duclos, Le Bouc et Guinot dans leur courrier au docteur Mégret du 20 septembre 2013, médecin de la Fédération française de cyclisme : « Cette situation biologique correspond à une situation où l'organisme serait incapable de répondre de façon adaptée en cas de stress sévère (anesthésie pour intervention chirurgicale, infection bactérienne, choc hémorragique, traumatisme majeur). En effet, ces situations exigent que les surrénales sécrètent une quantité accrue de cortisol, hormone essentielle aux adaptations métaboliques et cardiovasculaires pour la survie de l'organisme. »

Afin de remédier aux risques liés à un effondrement du taux de cortisol et de mieux protéger les cyclistes, le MPCC a mis en place son propre système de contrôle du niveau de cortisol avant le départ des principales épreuves, ce qui permet de déceler des taux trop faibles et d'éviter de laisser concourir des coureurs dont le risque de mortalité serait élevé en cas de traumatisme important, lors d'une chute notamment.

Si le risque de chute existe dans le vélo, il est pourtant statistiquement bien moindre que le risque de chocs et de traumatismes lié à la pratique du rugby. On pourrait donc penser qu'un certain nombre de garde-fous ont été mis en place du côté de la LNR et de la FFR au niveau national et de l'IRB pour les compétitions internationales, dans le cadre d'une politique de vigilance au moins aussi grande que celle du MPCC. La surprise est grande de constater qu'il n'en est rien. C'est même le contraire. Avec un règlement antidopage qui ne contrôle pas la prise de corticoïdes en période hors compétition et qui fait que les joueurs de rugby ne sont considérés en compétition que vingt-quatre heures avant et vingt-quatre heures après une rencontre, la prise de corticoïdes reste non surveillée la majeure partie du temps ! Or, comme les traces de corticoïdes dans le sang et les urines disparaissent rapidement, en plus ou moins quarante-huit heures, un joueur qui se contenterait d'en prendre lors de la première partie de la semaine ne risquerait pas d'être contrôlé positif le week-end qui suit lorsqu'il repasse en période de compétition...

De fait, la question se pose de savoir si la prise de corticoïdes peut être une pratique courante dans l'accompagnement médicalisé de la performance du joueur de rugby. Le docteur Bagate, élu de la FFR, nous en apporte la réponse. Le 29 janvier 2014, dans le cadre des quatrièmes journées parlementaires sur le sport consacrées à la lutte antidopage, le médecin et biologiste de la FFR, en charge de l'intégrité du rugby et de la lutte contre toutes les addictions, déclare : « Nous avons connu l'usage au plus haut niveau du cocktail corticoïdes-cocaïne, un joueur s'est d'ailleurs fait attraper puis relaxer [Pieter de Villiers en 2002], dont l'association visait à faciliter les séances de musculation en début de semaine[1]. » De telles déclarations sont bien la preuve que le rugby n'est pas exempt de tout reproche comme il essaie, depuis trop longtemps, de le faire croire. D'autant plus que cette affirmation vient de l'intérieur, qu'elle émane d'un membre élu de la FFR, qui plus est médecin et biologiste, et qu'elle dénonce le cas précis d'un joueur de l'équipe de France, Pieter de Villiers, tout en laissant penser que ces pratiques touchent une population relativement importante, vraisemblablement au moins plusieurs joueurs du Stade Français, même si ses propos restent volontairement imprécis à ce sujet.

Néanmoins, pour la FFR, ces pratiques ne sont pas beaucoup plus répréhensibles que la prise de Di-Antalvic avant une finale de championnat, puisqu'elle a décidé de blanchir Pieter de Villiers – certes, pour des raisons de procédure liées au règlement de l'AMA – et n'a pas hésité à le rappeler en équipe de France en prévision des échéances suivantes – tournée de 2003 en Argentine et Nouvelle-Zélande et dans la perspective de la Coupe du monde en Australie. C'est d'ailleurs là où cela devient « drôle ».

Lors de son audition devant la commission d'enquête du Sénat sur la lutte antidopage, en avril 2013, Bernard Laporte, entraîneur de l'équipe de France en 2002, ne peut s'empêcher de revenir sur l'épisode Pieter De Villiers en tentant d'en faire un gage de bonne foi face à des pratiques qui, c'est évident, ne peuvent toucher un sport comme le rugby : « Lorsque j'étais entraîneur de l'équipe de France, j'ai été confronté à l'affaire Pieter de Villiers. Ce joueur avait absorbé de la drogue à son insu en boîte de nuit. Il n'avait pas pris volontairement de produit dopant pour améliorer sa performance et n'a d'ailleurs jamais été

1. *L'Équipe*, 30 janvier 2014.

inquiété au cours de sa carrière. Le problème pour nous était surtout qu'il se trouvait en boîte de nuit à 5 heures du matin ! Les joueurs doivent montrer l'exemple. C'est pourquoi il a été suspendu. » Apparemment, le médecin de la FFR savait des choses que l'entraîneur de l'équipe de France ignorait. Apparemment...

Des corticoïdes et de la cocaïne comme aides à l'entraînement : voilà une révélation ! Des joueurs qui, pour augmenter leurs performances, tels de vulgaires drogués, se shootent à la cocaïne. On est loin du tableau idyllique que la grande famille du rugby cherche à nous dépeindre. Mais comment est-ce possible ? L'assistance du colloque, témoin de cette déclaration, est, bien sûr, surprise par de tels propos, surtout que ceux-ci venaient plusieurs mois après que l'ensemble du rugby français s'est autoproclamé à l'abri de toute pratique dopante et que Christian Bagate a déclaré, comme les autres, que, notamment grâce à la mise en place d'un suivi longitudinal sur l'ensemble des joueurs professionnels, le rugby lavait plus blanc que blanc. Quel changement ! Les joueurs de rugby sont finalement des sportifs professionnels comme les autres. Pire même, le joueur de rugby a besoin d'un accompagnement chimique pour enchaîner les entraînements et accumuler les charges de travail. Pour pouvoir juste assurer la répétition quotidienne imposée par les contraintes de l'entraînement.

La prise de cocaïne s'explique par la capacité qu'elle donne à accumuler les charges de travail mais elle n'est pas, en elle-même, un support direct de la performance. Elle ne permet pas d'augmenter directement le développement du muscle comme les stéroïdes ou les capacités d'endurance comme l'EPO. Non. La cocaïne est une béquille qui permet juste d'assurer les charges de travail demandées. C'est ce que je trouve le plus inquiétant dans cette révélation. Certains joueurs de rugby ont besoin d'un stimulant pour tenir les cadences et répondre aux exigences. Ils ne cherchent même pas directement à faire progresser leur performance comme la prise de certains produits le permet. Ils souhaitent juste bénéficier d'une aide afin de tenir les cadences. C'est effrayant. À moins que ce ne soit, finalement, que les symptômes logiques, dans une société de la performance, d'un comportement qui en touche toutes les strates, du trader au simple employé qui, pour tenir leur rythme de vie infernal, ont besoin de cette aide chimique.

La révélation faite par le docteur Bagate me surprend sur bien des points, notamment sur son degré de connaissance des pratiques. Comment peut-il avoir des certitudes sur la finalité de l'utilisation de corticoïdes et de cocaïne alors que l'instance en charge du contrôle antidopage en France, l'AFLD, elle, ne trouve pas de trace de telles pratiques dans les résultats de ses contrôles. Autant il paraît normal pour l'AFLD de ne pas avoir mis au jour de telles dérives puisqu'elle n'est pas autorisée à détecter les corticoïdes en dehors des périodes de compétition, donc en début de semaine, qui est le moment où cette consommation a lieu, autant il est surprenant que Christian Bagate ait une aussi bonne connaissance des pratiques d'accompagnement médicalisé utilisées par les joueurs en complément de leur entraînement alors qu'aucun moyen existant ne lui permet de le savoir : pas de contrôle diligenté par la FFR sans passer par l'AFLD, pas d'information précise en ce domaine directement donnée par le suivi longitudinal. Mais je suis sûr que le médecin élu de la FFR aura une bonne raison à nous exposer si, un jour, la question lui est posée...

Le nuage de fumée de la créatine

J'ai failli clore cette première partie sans évoquer un produit qui pendant quelque temps, et encore aujourd'hui de manière plus parcimonieuse, a fait débat : la créatine. Si j'ai failli l'oublier, c'est que la créatine n'est, pour moi, qu'un complément alimentaire sans grand intérêt, notamment en termes d'aide à la prise de masse musculaire. Si je me dois par contre d'en parler, c'est que le vacarme autour de ce produit illustre bien la manière dont le monde sportif crée de faux débats – vrais nuages de fumée – pour détourner le regard des observateurs et surtout nous éloigner des vraies problématiques, en l'occurrence des vrais produits qui ont un impact avéré sur l'aide à la performance.

Une phrase de Bernard Lapasset, lors de son passage devant la commission d'enquête sénatoriale sur l'efficacité de la lutte antidopage, a suffi pour que le sujet me revienne à l'esprit et, surtout, que je ressente le besoin de démonter une chimère : « La première génération a pu poser problème. On n'a jamais eu d'éléments pour le prouver, mais des rumeurs ont, un temps, circulé... C'est aussi le moment où on a vu apparaître des produits nouveaux destinés à améliorer les performances et à développer les muscles. Les choses ont été difficiles durant les quatre à cinq premières années. »

L'ancien président de la FFR fait, de manière évidente, référence à la période commençant en 1995, année où le rugby devient professionnel. Il est dommage que les sénateurs présents ne lui aient pas demandé à quels types de produits il fait alors allusion. En tout cas, ce qui est sûr, en ce qui concerne cette période pendant laquelle j'étais encore joueur, c'est qu'il y a eu de grands débats, relayés dans les médias, sur les compléments alimentaires en général, et plus particulièrement la créatine. En effet, lors de la mise en place d'une préparation physique totale et de l'institutionnalisation de la musculation dans la préparation physique des équipes, le monde du rugby découvre la prise des compléments alimentaires, ce qui est pourtant une évidence pour le moindre pratiquant du soulevé d'haltère, qu'il soit amateur ou professionnel. Et donc pour des joueurs qui, comme moi, ont, très tôt, compris l'intérêt de se renforcer musculairement grâce à une telle pratique.

Comme à tous les néophytes, il m'a été expliqué l'intérêt d'augmenter la dose de protéines dans l'alimentation, en accompagnement de la pratique de la musculation, pour optimiser le développement musculaire. Une augmentation qui pouvait se faire naturellement – manger plus de viande, poisson, boire plus de lait… – ou chimiquement avec des concentrés de protéines sous forme de poudre, appelés compléments alimentaires. Ce que l'on a volontairement oublié de me dire, c'est que la capacité naturelle du corps à fixer les protéines est limitée quotidiennement à, approximativement, 0,2 fois le poids du corps. Ce qui représente, pour un individu de 100 kilos, un maximum de 200 g de protéines qui pourront être assimilés, chaque jour, par le corps et servir, entre autres choses, à fabriquer des fibres musculaires. Ceci, bien sûr, combiné à un entraînement sous forme de musculation. Il n'y a donc aucun intérêt à ingurgiter, en protéines, plus que ces 0,2 fois son poids de corps par jour, ce qu'il est plutôt facile de faire avec une alimentation équilibrée. Au-delà, le surplus de protéines est naturellement éliminé par le corps et il est même conseillé d'éviter d'en consommer de trop grandes quantités car les reins auraient à pâtir de tels excès. Il n'existe donc aucun avantage à consommer des protéines sous forme de compléments alimentaires, sauf dans le cas d'une alimentation pauvre en protéine, ce qui est assez rare dans nos civilisations développées.

Le besoin de prendre des compléments alimentaires protéiniques en période d'entraînement à base de musculation est donc une légende urbaine qui est d'autant plus vivace qu'elle présente un double intérêt : celui, officiel, de vendre des produits qui génèrent des revenus et celui, moins officiel et, bien sûr, uniquement dans le cas de comportements délictueux, de créer une habitude d'accompagnement chimique dans la construction de son corps pour, ensuite, convaincre l'individu de passer au niveau supérieur, la prise de produits beaucoup plus efficaces car capables, eux, de faire exploser la limite des 0,2 fois le poids du corps, permettant ainsi de développer la masse musculaire dans des proportions importantes aussi bien en termes de temps, quelques semaines, que de poids, une dizaine de kilos.

La créatine est un dérivé d'acides aminés dont le rôle est de fixer les protéines sur les cellules et, donc, de permettre la fabrication de fibres musculaires. La théorie associée à la créatine consiste à prétendre que, si la quantité d'acides aminés dans le corps est augmentée, la capacité de celui-ci à fixer plus de protéines l'est aussi, de manière symétrique. Par conséquent, la masse musculaire additionnelle peut se créer de manière conséquente, au-delà des limites initiales du fonctionnement du corps. Ça, c'est la théorie. Ou plutôt du marketing. Dans la pratique, cela ne marche pas du tout de cette manière car il ne suffit pas d'agir sur un seul élément pour modifier le mode de fonctionnement naturel du corps. Il faut influer aussi sur d'autres paramètres qui rentrent en compte, comme le nombre de cellules. En augmentant les quantités d'acides aminés, encore faut-il qu'il y ait une quantité correspondante de cellules susceptibles d'accueillir les protéines pour les fixer et développer les fibres musculaires. C'est le rôle notamment dévolu à l'hormone de croissance : la croissance de l'individu se fait naturellement par la multiplication des cellules générées par l'hormone de croissance présente dans le corps. Le problème, c'est que passé la phase naturelle de croissance, située jusqu'à la fin de l'adolescence, cette hormone n'est plus active naturellement... Heureusement d'ailleurs. Sauf que, dans le cas de sportifs désireux d'augmenter les limites naturelles de leur corps, c'est un problème. Mais c'est une autre histoire qui sera, bien sûr, elle aussi, évoquée plus loin dans ces pages.

Pour en revenir à la créatine, le fait de seulement augmenter la quantité d'acides aminés dans le corps est inefficace. Je le sais, j'ai pris de la créatine en complément de mes entraînements et il ne s'est rien passé. Ah ! si. Un effet secondaire, plutôt contre-productif, des crampes ressenties au niveau des mollets à la mi-temps des matchs, dues à une déshydratation accentuée, effet secondaire de cette consommation excessive d'acides aminés. Belle réussite ! Non seulement je n'ai pas pris de masse musculaire supplémentaire, mais en plus la prise de ce produit m'a handicapé pendant la compétition. Autant dire que mon expérience de la créatine a tourné court.

Pourtant, certains sportifs, des joueurs de rugby notamment, sont persuadés d'avoir pris un volume musculaire supplémentaire et conséquent grâce à la cure de créatine réalisée en parallèle d'une phase d'entraînement intensif. Certainement. Mais cela ne traduit que le fait que dans la créatine utilisée, et pour ceux qui, bien entendu, n'ont pris de la créatine qu'en parallèle de leurs entraînements, il ne se trouvait pas que des acides aminés. En effet, à la suite de quelques cas de sportifs détectés positifs, il a été retrouvé dans l'analyse d'échantillon de créatine des traces de stéroïdes anabolisants notamment. Ce qui est à la fois une stratégie marketing efficace – je booste un produit dont les effets sont inexistants avec un produit beaucoup plus efficace – et un moyen de légaliser un commerce interdit, la vente de stéroïdes anabolisants, ou autres médicaments et produits chimiques, à des sportifs en recherche d'accompagnement médical de la performance. Là, pour une fois, le principe du contrôle antidopage s'est montré efficace car c'est grâce à son action et à l'analyse des produits incriminés que les instances sportives et les athlètes ont découvert qu'un produit, la créatine, censé être sans véritable danger pour la santé peut être pollué par des produits chimiques qui, eux, ont des conséquences négatives sur la santé des sportifs. Et sur les performances, évidemment...

Revenons maintenant à la déclaration de Bernard Lapasset qui ne manque pas d'intérêt dans ce que le président de l'instance internationale qui régit le rugby mondial essaie de faire croire aux sénateurs s'intéressant à la pénétration du dopage dans le rugby. Ce qui est intéressant, ce n'est pas ce qu'il dit, mais ce qu'il sous-entend :

– « La première génération a pu poser problème » : Bernard Lapasset reconnaît un problème de dopage dans le rugby, c'est le moins qu'il puisse faire au vu des déclarations de Françoise Lasne devant cette commission[1]. Mais pas question d'admettre que le rugby connaît actuellement un problème de dopage, puisque ce serait reconnaître une défaillance dans l'organisation même du rugby

1. Voir chapitre 4.

professionnel dont Bernard Lapasset est le patron. Non. Autant se focaliser sur une période la plus lointaine possible, le début du professionnalisme, pour laquelle il est facile de trouver des excuses : « c'était le début du professionnalisme », « nous n'étions pas prêts », « des produits nouveaux »... Cette affirmation n'a pour autre but que de faire passer un unique message : *actuellement, il n'y a pas de dopage dans le rugby*. Et comme dirait Jacques Chirac, homme politique pour lequel Bernard Lapasset semble avoir de l'admiration, les promesses n'engagent que ceux qui les écoutent...

– « On n'a jamais eu d'éléments pour le prouver [...] on a vu apparaître des produits nouveaux » : voici, ici, brandie l'excuse imparable : la perméabilité des contrôles antidopage, notamment vis-à-vis de produits innovants, « nouveaux », qui ont par définition toujours un temps d'avance sur les contrôles. Mais, attention, les instances du rugby veillaient et savaient ce qui se passait : « des rumeurs ont, un temps, circulé ». Les instances du rugby étaient, bien sûr, prêtes à intervenir mais, malheureusement, à cause de l'inefficacité de l'organisation de la lutte antidopage et du cadre légal associé qui devait être respecté, elles ne pouvaient rien faire. Quel dommage !

– « Les choses ont été difficiles durant les quatre à cinq premières années » : ici aussi, le tacite est plus intéressant que l'explicite : les instances du rugby ont eu un gros problème à régler au début du professionnalisme, c'est ce qui est dit, mais tout est maintenant revenu dans l'ordre des choses et la situation est totalement maîtrisée, c'est ce qui est sous-entendu. Toute la finesse de l'argumentation, c'est de laisser l'interlocuteur arriver lui-même à cette conclusion et de ne surtout pas l'affirmer soi-même, car cela reviendrait à émettre un avis qui non seulement engage l'auteur sur la véracité du propos mais, surtout, renvoyant au parti pris d'une personne, n'est pas obligatoirement la vision objective d'une situation. Par contre, si c'est votre interlocuteur qui arrive, de lui-même, à cette conclusion, d'autant plus si c'est un élu de la République, sénateur de son état, d'un coup l'analyse qui est faite de la situation prend un caractère objectif et devient crédible et universelle. Une belle leçon d'art politique permettant d'amener son interlocuteur exactement là où on souhaite l'amener, sans avoir à se dévoiler. Leçon d'autant plus remarquable que, pour bien comprendre ce que Bernard Lapasset essaie de nous faire croire, il faut accepter le fait que le rugby a eu des problèmes de dopage à une période où le temps de jeu effectif par match[1] se situait entre vingt et trente minutes et que, maintenant que ce même temps de jeu effectif a atteint les quarante minutes par rencontre et augmente quasiment de cinq minutes tous les deux ans, le rugby n'a plus du tout de problème lié à l'accompagnement médicalisé de la performance. Je laisse le lecteur juge de la crédibilité d'un tel propos...

– « On a vu apparaître des produits nouveaux destinés à améliorer les performances et à développer les muscles » : c'est le dernier élément de langage qui est intéressant lorsqu'on le resitue dans le contexte. Bernard Lapasset fait référence aux quatre à cinq premières années du professionnalisme, c'est-à-dire de 1995 à 1999-2000. Or, durant cette période, le véritable produit nouveau destiné à améliorer les performances, c'est l'EPO, révélé

1. Le temps de jeu effectif correspond à la durée pendant le match où le ballon et donc les deux équipes sont en action. C'est un décompte qui ne tient pas compte des temps morts, ces moments où l'action est arrêtée et le ballon n'est pas en jeu.

par l'affaire Festina dans le cyclisme en 1998. Sauf que l'EPO est un produit destiné à améliorer directement les capacités respiratoires et, donc, l'endurance, plutôt que la force physique et la masse musculaire. Pour être précis, je dois préciser que l'EPO peut indirectement améliorer la force musculaire, comme ont pu le montrer les aveux de Marion Jones[1], mais que personne ne fait référence à l'EPO comme un produit destiné, en tant que tel, au développement des muscles.

En revanche, lorsque je me réfère à cette époque, les débats qui existent alors dans le rugby portent uniquement sur les bienfaits, ou pas, de l'utilisation des compléments alimentaires avec, notamment, l'apparition d'un nouveau type, très utilisé dans l'hémisphère Sud, la créatine. Or, encore une fois, la créatine seule n'est qu'un leurre qui n'a aucun effet. Les seuls produits qui facilitent le développement des fibres musculaires sont principalement les stéroïdes anabolisants et les hormones de croissance. Bernard Lapasset réussit donc l'acrobatie admirable d'admettre l'existence d'un grave problème à régler tout en prenant un produit inoffensif comme cible. Ce qui lui permet, là aussi, de faire passer le message que, même quand il y a un problème, celui-ci n'est pas très important au regard du produit incriminé. Et puis, surtout, les instances supérieures de la discipline savent, depuis, reprendre le contrôle de la situation. Comment ? Cela, personne n'en sait rien, mais peu importe...

Pour en finir avec Bernard Lapasset, mettons en pers-

1. Sprinteuse américaine inculpée dans le cadre de l'affaire Balco. Elle a avoué prendre de l'EPO, en plus d'autres produits d'aide à l'amélioration de la performance, pour augmenter la quantité et l'intensité de ses entraînements, et donc indirectement sa prise de muscle.

pective sa déclaration avec le contrôle positif à l'éphédrine du talonneur néo-zélandais Anton Oliver[1] lors de la Coupe du monde qui a eu lieu en... 1999 ! Pile poil dans la période de cinq ans qui a servi de référence à l'ancien président de la FFR ! Le fait qu'un joueur d'un tel niveau, international néo-zélandais, ait été contrôlé positif va dans le sens des propos de Bernard Lapasset : « Les choses ont été difficiles durant les quatre à cinq premières années. » Et ce, même s'il s'agit d'un produit qui agit comme un vasodilatateur et qui n'est pas directement lié à la fabrication de fibres musculaires. Par contre, l'actuel président de l'IRB dit aussi : « On n'a jamais eu d'éléments pour le prouver », ce qui n'est plus du tout en cohérence avec ces mêmes faits et la décision prise par l'IRB de blanchir ce joueur, lui permettant ainsi de participer à l'épreuve la plus importante à l'échelle mondiale pour le rugby. Épreuve directement gérée par l'IRB. En outre, même s'il n'en était pas président à l'époque, Bernard Lapasset fait alors partie de ces instances dirigeantes et participe à toutes les prises de décision. Du coup, toute l'argumentation développée, qui laisse entendre qu'il n'est pas possible d'agir et de sanctionner à cause de la stérilité de la lutte antidopage, ne tient pas, puisque ce cas-là donne la possibilité à l'IRB d'envoyer un message fort à l'ensemble des joueurs de rugby : attention aux tricheurs, nous allons les attraper et les sanctionner. Ce qui, à l'évidence, n'a pas été fait. C'est même le message contraire qui est ainsi délivré.

Mais peut-être tient-on là ce qui explique que, après quatre ou cinq années difficiles, les choses sont rentrées dans l'ordre et surtout que le problème du dopage a été totalement éradiqué par les instances du rugby : le fait de

1. Voir chapitre 1.

couvrir officiellement les cas qui ont pu poser problème et de fermer les yeux sur toutes les pratiques qui ont pu, ou pas, se développer progressivement, au fil du temps, permettant d'expliquer l'explosion de temps de jeu susceptibles d'atteindre les cinquante minutes en 2015.

Ou alors, autre explication qui s'inscrit dans la suite logique des propos du président de l'IRB, en ne faisant rien, en ne sanctionnant pas, les instances du rugby ont permis aux joueurs professionnels de comprendre d'eux-mêmes que, se doper, ce n'est pas bien, il ne faut pas le faire. Ainsi, ceux-ci ont, naturellement, arrêté toute pratique d'accompagnement médicalisé de la performance. Et donc, après une petite période de turbulence due à la désorganisation induite par la professionnalisation de la discipline, tout est allé pour le mieux dans le meilleur des mondes. Une sorte de monde merveilleux où Candide et les Bisounours s'embrasseraient sur la bouche. Mais, là, je connais pas mal de disciplines sportives qui auront du mal à croire cette fable et qui se feront même un grand plaisir de prouver que les propos de Bernard Lapasset ne correspondent aucunement à la réalité des faits tels que, eux, les connaissent...

Des traces d'anabolisants tirées par les cheveux

Entre février et décembre 2008, l'AFLD réalise des prélèvements capillaires auprès d'un échantillon de cent trente-huit sportifs parmi lesquels se trouvaient trente joueurs de rugby. Ces prélèvements ne sont réalisés qu'à titre expérimental, pour sonder les pratiques dopantes hors compétition dans différentes disciplines tels le football, le cyclisme, l'athlétisme et donc le rugby. Comme l'analyse capillaire ne fait pas partie des instruments de contrôle développés jusque-là par le code mondial antidopage, quels que soient les résultats, ces derniers ne donneront, en aucun cas, lieu à l'ouverture d'une procédure visant la mise en place de sanctions disciplinaires. Il est même fortement probable que les sportifs contrôlés positifs ne l'ont jamais su.

Le résultat d'une telle étude ? Pour le rugby, sur trente prélèvements capillaires différents, cinq, ce qui représente tout de même 16,7 % de la population étudiée, révèlent la présence de stéroïdes anabolisants endogènes au-delà des seuils de concentration normalement retenus par les laboratoires.

« Dès que nous avons eu les résultats de nos analyses, j'ai averti Bernard Laporte, secrétaire d'État aux sports, ainsi que le président de la FFR et le médecin fédéral, de la présence de traces d'anabolisants dans les cheveux de certains joueurs du Top 14. Ces analyses ont été effectuées à titre de sondage sur les pratiques dopantes hors compétition ; elles n'ont donc pas eu de conséquences disciplinaires pour les intéressés mais nous leur adressons un message préventif très clair : "Cessez de prendre ces produits avant que nous ne finissions par les détecter dans vos urines, avec, cette fois, des conséquences certaines..." » Si les principaux intéressés n'ont peut-être pas été avertis, comme le pense, ici, Pierre Bordry, président de l'AFLD en mars 2009, au moment de la publication des résultats de l'étude ainsi réalisée, les instances supérieures du rugby l'ont été avec, cerise sur le gâteau, un secrétaire d'État aux sports alors issu de cette grande famille, Bernard Laporte. Que s'est-il passé ? Est-ce que la FFR, Christian Bagate et ses pairs, le ministère des Sports de l'époque, par l'entremise de Bernard Laporte, ont mis en place des mesures répressives pour tuer dans l'œuf des pratiques qui, si elles ne sont pas sanctionnées, ne peuvent que se développer ? Ou ont-ils réglé leur manière de communiquer sur le sujet, au moins ? Histoire d'envoyer un message fort. De montrer que les autorités sont conscientes des comportements déviants. Qu'elles veulent se montrer inflexibles vis-à-vis de ces pratiques. Ou ont-ils, pourquoi pas, proposé une collaboration renforcée avec les équipes de l'AFLD pour attraper les coupables et les exclure le plus rapidement possible ???

Non. Rien de tout ça. Même pas une lettre du dévoué Christian Bagate à destination des médecins de clubs professionnels pour les alerter sur de telles pratiques. Le signal d'alarme lancé par Pierre Bordry a tellement peu entraîné de réaction à la FFR et au ministère des Sports que, quelques années plus tard, en avril 2013, lors de leur passage devant la commission d'enquête sur le dopage, que ce soit l'ancien secrétaire d'État Bernard Laporte, le président de l'IRB et ancien président de la FFR Bernard Lapasset, ou même Christian Bagate, personne ne semble se souvenir de tels faits, puisqu'à aucun moment, même face aux questions des sénateurs, ils ne se sont souvenus de cette étude et de la présence significative d'anabolisants chez des joueurs de rugby professionnel du Top 14. Quelle perte de mémoire...

Autre élément remarquable de ce test : le fait qu'il ait été réalisé auprès de trente joueurs représentant seulement... deux clubs du Top 14. Ce qui ne manque pas d'inviter à se poser des questions. Est-ce qu'à cette époque ces deux clubs sont visés suite à des informations précises obtenues à leur sujet et, donc, parce que le soupçon de conduites délictueuses est plus fort vis-à-vis de ces clubs que du reste de l'élite ? La réponse est non, puisque ces deux clubs ont été uniquement choisis par rapport à une logique économique. En effet, puisqu'ils sont situés tous les deux en Île-de-France, les choisir évite alors aux préleveurs d'avoir à se déplacer en province. Autant dire que le choix de l'échantillon retenu est aléatoire, même si les raisons de sa sélection ne sont pas purement scientifiques. Du coup, à moins d'avoir des données précises qui montreraient que l'Île-de-France est une zone géographique particulièrement propice, par rapport au reste de la France, à l'achat et à l'utilisation de stéroïdes anabolisants, le pourcentage de joueurs de rugby professionnel, membre d'un club du Top 14 au cours de l'année 2008, susceptibles de faire des cures de stéroïdes anabolisants en accompagnement de leur préparation physique se situe entre 15 % et 20 %, ce qui représente tout de même, sur la base d'un effectif moyen de quarante joueurs, entre quatre-vingts et cent dix joueurs potentiellement concernés par la prise de tels produits. Et il ne s'agit ici que de stéroïdes anabolisants...

Il est à noter que ces stéroïdes anabolisants sont soit de la DHEA (déhydroépiandrostérone ou prastérone), soit de la testostérone. La DHEA présente l'intérêt de ne pas laisser de trace ou, du moins, de disparaître rapidement : pour des prises de 50 à 200 mg par jour de DHEA, pendant six mois, le profil plasmatique reste identique du premier au dernier jour : après une élévation rapide de la concentration plasmatique, celle-ci diminue de moitié au bout de six heures et retrouve son taux de base à la dix-huitième heure. Les métabolites urinaires se normalisent quant à eux entre vingt-quatre et quarante-huit heures[1].

1. Brian D. Acacio *et al.*, « Pharmacokinetics of Dehydroepiandrosterone and its Metabolites after Long-Term Daily Oral Administration to Healthy Young Men », *Fertil Steril*, vol. 81, n° 3, 2004, p. 595-604.

Même consommé à haute dose, ce produit est donc peu décelable, à moins de contrôler le sportif dans les quarante-huit heures qui suivent la prise. Et encore, dans ce cas de figure, la fraude reste difficile à détecter.

Enfin, en ce qui concerne l'ensemble de la population étudiée et les différentes disciplines concernées, le nombre de sportifs dont le taux de stéroïdes anabolisants endogènes dépasse les seuils retenus est de 16,5 %, soit vingt-deux cas sur cent trente-huit, ce qui permet d'affirmer, contrairement à ce que les instances de ce sport prétendent à grands cris d'orfraie, que face au dopage aux anabolisants le rugby est un sport comme les autres. Pas pire, mais surtout pas meilleur. Seule consolation, en l'état, le football professionnel avec sept joueurs contrôlés positifs aux stéroïdes anabolisants sur trente-deux, dans le cadre de la même étude, soit 21,8 %, fait moins bien que le rugby professionnel. Par contre, ce dernier est moins vertueux que le cyclisme professionnel, qui présente un taux de 10,8 %, loin derrière les autres disciplines étudiées, mais sur une famille de produits plutôt périphérique dans l'amélioration exclusive des qualités d'endurance. Ainsi, la posture de donneur de leçon, ou de chevalier blanc, qu'aiment tant prendre les instances de l'ovalie française ne tient plus au vu de ces éléments…

Une montée en puissance rapide de l'accompagnement médicalisé

Si la fin de l'ère du rugby amateur ressemble à une période de bricolage, les premières années du professionnalisme marque véritablement un changement dans les attitudes, même s'il s'agit plus d'une lente évolution que d'une rupture radicale. L'Afrique du Sud, lors de son passage en France en 1997, et le CA Brive entre 1996 et 2000 représentent la face émergée de l'iceberg, révélateurs qu'ils sont d'une tendance qui se met en place, ici et là, avant d'être, rapidement, suivie, copiée et dépassée, donnant forme à ce rugby tel qu'on le voit aujourd'hui, où la performance physique requise paraît hors norme, faisant exploser les limites du corps humain. Cette évolution surnaturelle d'un sport laisse perplexe : après être naturellement passé de vingt à trente minutes de temps de jeu effectif par match, porté, en quelques années, par la transformation radicale de tout ce que ce sport était avant – passage au professionnalisme, changement de règles pour favoriser la fluidité du jeu, structuration des entraînements, etc. –, il passe de trente à quarante minutes, puis, en quelques mois, à quarante-cinq minutes. Et, déjà, la barre des cinquante minutes de temps de jeu effectif est annoncée pour le feu d'artifice que constituera, inévitablement, la prochaine Coupe du monde...

3

Un soir au Stade de France

Il a suffi d'un samedi soir au Stade de France. Il a suffi d'une réception d'après-match où, en croisant les joueurs des deux équipes qui viennent de s'affronter, j'ai la désagréable impression de ne plus rencontrer mes semblables mais des êtres différents dont les caractéristiques physiques ne correspondent plus à celles que l'on connaît sur la planète terre. Il a suffi de cette soirée du 2 mars 2013 pour que se déclenche, en moi, tout un processus qui va me projeter au centre de la polémique. Pourtant, je suis là sans arrière-pensée. Devisant tout au long de la rencontre avec plusieurs connaissances et regardant des tribunes, presque distraitement, la leçon de rugby que les joueurs de l'Association sportive montferrandaise Clermont Auvergne sont en train d'infliger à leurs adversaires du Stade Français. La rencontre est tellement déséquilibrée que les Parisiens ressemblent à une équipe de juniors totalement dominée par un adversaire qui, c'est vrai, est la meilleure équipe européenne à ce moment précis de la saison. C'est un beau spectacle. Plein d'engagement, d'intensité au combat, avec des intentions de part et d'autre, des phases de jeu abouties et, certainement, un temps de jeu effectif dépassant les trente minutes. Rien à dire. Les spectateurs, même s'ils sont supporters du Stade Français, en ont eu pour leur argent. Je dois bien reconnaître, et c'est d'ailleurs là le problème originel, que le rugby offre aujourd'hui un agréable spectacle, ce qui lui permet d'attirer de plus en plus de monde et de plus en plus d'argent. À l'image du football américain de l'autre côté de l'Atlantique, le rugby sait répondre aux attentes d'une société toujours friande de combats de gladiateurs. Mon sport est devenu un rendez-vous spectacle qui dépasse le cadre des simples aficionados, comme il a voulu trop longtemps le rester. *Panem et circenses.* Du pain et des jeux. Depuis la Rome antique, le mode de fonctionnement d'une société décadente n'a pas beaucoup évolué...

C'est justement autour des pains surprises et autres petits fours que je subis comme un choc en observant les joueurs présents ce jour-là. D'un côté, les joueurs du Stade Français, qui n'ont, pourtant, pas été impressionnants par leur prestation sur le terrain, paraissent, pour certains, avoir pris du volume depuis la dernière fois que je les ai croisés. Surtout, pour une grande partie d'entre eux, je note une évolution surprenante au niveau de la mâchoire, marquée à la fois par une légère croissance de la partie inférieure et une petite perte d'élasticité dans ses mouvements. Ce qui donne l'impression que parler est devenu un effort là où, normalement, la croissance progressive et naturelle des structures osseuses de la mâchoire pendant les premières années de la vie garantit une élasticité parfaite au service d'une correcte élocution. Et c'est d'autant plus marquant que je n'avais pas constaté cette particularité dans le passé, au cours des nombreuses fois où j'ai croisé certains de ces joueurs. Ce n'est pas la première fois que j'observe un tel phénomène, et le rugby n'est pas le seul sport où cela s'est produit – au gré de mes rencontres, j'ai pu relever de telles particularités dans le tennis et le triathlon notamment.

Lorsqu'il s'agit d'expliquer ce qui apparaît comme une anomalie par rapport à une croissance normale et naturelle, la médecine avance avec parcimonie. D'une part, elle reconnaît que la prise exogène d'hormone de croissance va entraîner un phénomène d'acromégalie, c'est-à-dire d'hypertrophie de certaines parties osseuses du corps, en particulier le visage et les extrémités. D'autre part, et c'est caractéristique de la médecine du sport professionnel, aucune étude scientifique ne prouve le bien-fondé de l'association entre prise exogène d'hormone de croissance et acromégalie. Et pour cause, mener à bien le type d'étude scientifique permettant d'avancer sur le sujet sous-entendrait soit de demander à une population test d'être soumise à une cure d'hormone de croissance sur une période suffisamment longue pour mesurer les possibles évolutions physiques qui en découlent, soit d'observer un groupe de sportifs qui, dans une logique de performances augmentées, serait non seulement volontaire pour suivre cette cure mais accepterait aussi d'être associé, même sous couvert d'anonymat, à une communication sur cette étude.

Dans le premier cas, il paraît difficile, et surtout illégal, de convaincre un nombre suffisant de personnes, contre rémunération, de subir la cure et surtout ses possibles conséquences : déformation du visage au niveau du front et du menton, douleurs rhumatologiques, problèmes cardiovasculaires, respiratoires et métaboliques, et risque de tumeurs. Et dans l'autre cas, une telle étude est tout simplement interdite par l'Agence mondiale antidopage. Ce qui permet de laisser en l'état une situation où l'hormone de croissance reste un puissant accompagnateur de la performance en permettant d'augmenter la reconstitution musculaire, donc son volume, et surtout en restant très difficile à détecter par un contrôle antidopage : fenêtre de détection, après une prise, limitée à quarante-huit heures, ce qui fait que, mis à part des cas de dénonciation, il faut être le sportif le plus stupide (prise en compétition) ou malchanceux du monde pour être contrôlé positif à l'hormone de croissance.

Bizarrement, donc, les plus grands défenseurs de ce *statu quo* sont majoritairement des médecins du sport impliqués directement auprès des sportifs, alors que pour des spécialistes de l'hormone de croissance qui, notamment, ont à traiter des vrais cas d'acromégalie, conséquence d'une sécrétion endogène trop importante d'hormone de croissance, le doute n'est pas permis. Et ce, d'autant plus que le risque de connaître ce type de pathologie est de l'ordre de 0,00001 %, soit dix personnes sur une population d'un million. Bien loin de ce qu'il est possible d'observer dans le sport professionnel, plus particulièrement en cette soirée de fin d'hiver passée au Stade de France, où la plupart des joueurs d'une seule et même équipe semblent touchés.

Du côté des joueurs de l'ASM Clermont Auvergne, le ressenti est moins précis mais presque plus inquiétant. La majorité des joueurs arbore une couleur de peau qui pourrait passer pour un bronzage naturel s'il ne tirait sur un jaune orangé qui ne l'est justement pas, naturel. De plus, la texture de la peau attire mon attention, celle-ci semble plus fine, comme un fin parchemin, là où on s'attend chez ces rudes gaillards à une peau épaisse et résistante. Comme si leur corps s'était appauvri en eau et que le derme, à force de sécher, était sur le point de se déchirer comme une simple feuille de papier. J'ai déjà croisé dans ma vie des individus à l'apparence originale ou étrange, mais je n'avais jamais eu cette sensation d'être entouré d'êtres humains dont les spécificités physiques semblent à ce point différentes des miennes. Comme s'ils avaient un code génétique ou un chromosome autre que ceux du reste de l'humanité. Comme si le fait qu'ils soient joueurs de rugby professionnel les avait placés dans une catégorie d'êtres humains originale, bâtie sur d'autres critères que ceux du reste de la population. C'est vrai qu'avec les gabarits de certains joueurs, plus de 1,90 m, plus de 120 kilos, avec des pointes à 130 ou 140 kilos, on sort déjà de la norme. Mais là, en plus, mes observations me laissent penser que ce ne sont pas seulement les proportions qui ont changé, mais aussi certaines caractéristiques physiologiques de base.

Je finis ma soirée comme tout un chacun, à deviser, deci, de-là, comme il est de bon ton au cours d'un tel événement. S'enquérir de nouvelles au sujet d'une connaissance commune, de la famille, refaire le match... rien de particulier jusqu'à ce que je retourne à ma voiture et prenne la route du retour. Mon esprit, à ce moment-là, est accaparé par ce que je viens de voir et la terrible impression que cela a laissée sur moi. Plus encore que les observations qui ont suscité ma surprise, c'est leur nombre et donc leur aspect systématique qui m'interrogent. Autant, par le passé, il m'a été régulièrement donné de voir des « anomalies » chez certains sportifs, et pas que des joueurs de rugby, autant, là, j'ai vraiment l'impression que l'anormal est devenu la norme.

Auparavant, j'avais observé quelques cas de joueurs ayant dépassé les bornes notamment sur les conséquences liées à la prise d'hormone de croissance. Mais là, devant moi, j'ai vraiment la sensation d'assister à autre chose. L'impression d'une généralisation de ces cas et de pratiques associant médicalisation et recherche absolue de la performance. Exactement comme une contagion. Cela commence par quelques cas, des foyers de contamination qui, au début, sont isolés puis, petit à petit, se répandent jusqu'à se généraliser. Jusqu'à ce que l'épidémie se propage au sein de l'ensemble de la population. Il n'y a plus seulement quelques brebis égarées, qui tentent de se faire une place en bâtissant chimiquement leur corps, mais un système de pratiques qui impose à chacun de se construire dans le seul but d'accroître ses performances physiques. Refuser cette évolution, c'est risquer de disparaître plus ou moins rapidement du jeu. Si la norme physique est l'exceptionnel, difficile d'exister quand on souhaite rester dans la normalité, même si l'on est, au départ, un joueur exceptionnel.

Mon agacement ne cesse d'augmenter pendant le trajet retour, dans ma voiture, après avoir quitté le Stade de France. C'est vrai que, maintenant, les matchs offrent un rugby total, du début jusqu'à la fin de la rencontre. Cela en est fini de ce que l'on voyait au milieu des années 2000, lorsque, aux alentours de la 60e minute de jeu, la grande majorité des matchs livrait leur verdict et les joueurs semblaient, d'un coup, se retrouver en panne d'essence, tel un véhicule qui continue à avancer par la seule poussée de sa force cinétique pour atteindre la 80e et dernière minute, mais qui est incapable, dans cette dernière partie de la rencontre, de se servir encore de son moteur faute d'un manque d'énergie, qui a été dépensée tout au long d'une première partie de match trop éprouvante.

Certes, même dans un affrontement déséquilibré comme celui auquel je viens alors d'assister, le spectacle reste intense et intéressant, les exploits sportifs sont suffisants pour tenir les foules en haleine. Mais à quel prix ? La santé des joueurs ? Trop tôt pour le savoir, bien sûr. Quand je pense que le monde du rugby s'est mobilisé sur le problème des commotions cérébrales qui se multiplient sur les terrains. Ne serait-il pas plus efficace de faire de la prévention et d'éviter que l'intensité des chocs ne cesse de croître ? Est-ce que le vrai problème, aujourd'hui, ce n'est pas d'avoir des joueurs qui pèsent 110, 120 kilos et plus encore, dont la puissance physique et la pleine vitesse donnent aux impacts une dimension traumatique ? En quelques années, le physique des joueurs n'a cessé de se développer pour atteindre des gabarits hors du commun, au sens premier du terme. Les joueurs de plus de 120 kilos sont aujourd'hui devenus la norme pour les équipes du Top 14. Et la plupart sans faire pour autant exploser leur niveau de masse graisseuse.

Le rugby tient son docteur Mabuse

Alain Camborde, une cinquantaine d'années, fils d'un ancien joueur de la Section Paloise, champion de France dans les années 1960, est un ancien pratiquant de culturisme, passion qui l'a amené à ouvrir une salle de musculation dans la banlieue de Pau et lui donne un statut de préparateur physique le faisant graviter autour du monde du rugby professionnel. Il accompagne ainsi les joueurs de la Section Paloise en tant que préparateur physique du club jusqu'en 2008. C'est durant cette période qu'il rencontre des joueurs comme Damien Traille, Imanol Harinordoquy (jusqu'en 2004), Patricio Albacete (jusqu'en 2006) ou Pascal Bomati (jusqu'en 2002). Ceux-ci ont quitté la Section Paloise pour rejoindre le Biarritz Olympique pour les deux premiers, le Stade Toulousain pour le seconde ligne argentin et l'Union sportive Arlequins perpignanais pour l'ailier français. Ses méthodes liées à la préparation physique à base de musculation ont dû plaire, puisque les trois premiers joueurs cités ont conservé Alain Camborde comme préparateur physique personnel, lui permettant ainsi d'essaimer puisque, à un certain moment, le préparateur physique palois se targue de s'occuper de près de cent cinquante joueurs, dont des internationaux comme Jérôme Thion, Sébastien Tillous-Borde ou Maxime Mermoz pour la France, Rodrigo Roncero ainsi que toute l'équipe d'Argentine dans le cadre de la préparation à la Coupe du monde de 2007, mais aussi Andrea Masi pour l'Italie ou Pierre Rabadan au Stade Français.

Alain Camborde devient alors, au milieu des années 2000, le préparateur physique le plus couru du championnat de France de rugby. À tel point que son action auprès des joueurs va, aux dires de Christian Bagate, laisser des traces au niveau du suivi longitudinal pratiqué par la Ligue nationale de rugby. Apparemment, les produits à base d'hormones thyroïdiennes qu'il distribue font apparaître des variations importantes au niveau de ces mêmes hormones thyroïdiennes, qui se retrouvent sur les résultats des suivis longitudinaux des joueurs concernés. Ce qui va amener la commission médicale de la LNR à adresser un courrier d'avertissement à tous les médecins des clubs professionnels : « Il fait partie des gens que nous avions dans le viseur depuis pas mal de temps. Nous avons la chance de disposer du suivi longitudinal pour surveiller les joueurs. Par le passé, nous avons noté des anomalies sur certains. Nous avons réagi et prévenu les intéressés. Je dis depuis longtemps qu'il y a des vilains qui viennent polluer notre sport et qu'il faut arriver à s'en débarrasser », déclare au cours d'un interview Christian Bagate au sujet d'Alain Camborde[1], au moment de la mise en examen du préparateur physique palois pour les chefs d'accusation suivants : « importation

1. *Sud-Ouest*, 14 novembre 2011.

et détention de marchandises prohibées » et « exercice illégal de la profession de pharmacien » pour avoir, avec trois autres personnes, « détenu, cédé, distribué ou délivré une trentaine de produits dopants : stéroïdes, médicaments classés au tableau des substances vénéneuses et même du clenbutérol, un traitement pour le cheval à usage strictement vétérinaire. Lors de la perquisition au domicile de chacune de ces personnes, les enquêteurs découvrent une véritable pharmacie (aiguilles, seringues, ampoules, fioles en tout genre, cachets, comprimés...). La plupart de cette marchandise, procurée en ligne, provient d'une société espagnole, Laboratorios Tegor, implantée à Bilbao[1] ».

Suite à l'enquête diligentée par les douanes et à sa mise en examen, tout change pour Alain Camborde qui n'est plus accueilli à bras ouverts au sein des clubs. Il est notamment demandé aux joueurs de l'équipe de Biarritz de ne plus collaborer avec celui qui est devenu *persona non grata* : « On est un paquet à l'avoir eu comme préparateur. C'était il y a trois-quatre ans (2007-2008), je travaillais les jambes. Aujourd'hui, à Biarritz, on a un bon préparateur et, à ma connaissance, le fonds de commerce de Camborde, aujourd'hui, c'est la vente de compléments alimentaires. Il ne m'a jamais rien proposé. En revanche, c'est vrai, on nous a conseillé de faire attention, notamment au risque d'amalgame en termes d'image... » déclare Jérôme Thion, joueur de Biarritz et de l'équipe de France, en novembre 2011 au journal *Sud-Ouest*. Un entretien intéressant où en quelques mots Jérôme Thion affirme qu'Alain Camborde, quand il était préparateur physique auprès des joueurs, ne proposait pas de compléments alimentaires de quelque sorte que

1. *Sud-Ouest*, 17 mai 2013.

ce soit. Ce que dément une vidéo sur Internet où l'on voit Sébastien Tillous-Borde[1], à la fin d'un entraînement de musculation, tester une boisson de type complément alimentaire devant une caméra tenue par... Alain Camborde lui-même[2].

À lire le seconde ligne biarrot, Alain Camborde est un très mauvais commercial puisque, apparemment, il n'utilise pas le réseau de plus de cent cinquante joueurs de rugby qu'il s'est créé pour supporter le lancement de sa gamme de produits. Alors que les sportifs, et plus particulièrement les rugbymen, sont le cœur de cible pour la vente de ce type de produits ! Et enfin, Jérôme Thion ne reconnaît qu'un problème d'image induit par la fréquentation du préparateur physique palois et, en aucun cas, un risque pour la santé, comme l'affirme le docteur Bagate à la lecture des résultats du suivi longitudinal.

Dans la même veine, Fabien Barcella, pilier du Biarritz Olympique et de l'équipe de France, admet avoir fait avec Alain Camborde juste « quelques séances de muscu, il y a trois-quatre ans » dans le même article de *Sud-Ouest*, alors que sa photo figure en grand dans la plaquette de présentation du préparateur palois...

Enfin, Felipe Contepomi, centre de l'équipe d'Argentine qui a battu deux fois la France lors de la Coupe du monde de 2007, déclare, lui, devant la commission du Sénat qui l'interroge sur la présence d'Alain Camborde comme préparateur physique de l'équipe d'Argentine à cette même Coupe du monde, ne pas se souvenir d'avoir

1. Actuel demi de mêlée du RC Toulon, il a joué au Biarritz Olympique jusqu'en 2007 et au Castres Olympique de 2007 à 2011.

2. « Dégustation de la Whey Drink de chez Tegor Sport Elite », YouTube.fr, 19 octobre 2012.

rencontré le Français et dément que celui-ci ait pu avoir un tel rôle :

– Jean-Jacques Lozach, rapporteur de la commission : Un préparateur physique français, M. Alain Camborde, a été mis en examen pour exercice illégal de la profession de pharmacien et mise en danger de la vie d'autrui. Il était préparateur physique de l'équipe d'Argentine en 2007. L'avez-vous connu ?

– Felipe Contepomi : À ma connaissance, notre entraînement a été assuré uniquement par des préparateurs américains. D'où était-il en France ?

– Jean-Jacques Lozach : De Pau.

– Felipe Contepomi : Oui, Alain, ça me dit quelque chose, du club de Patricio Albacete. Mais il ne travaillait certainement pas de manière officielle avec l'équipe argentine. Il reste que des joueurs prennent des compléments alimentaires qui ont pu leur être fournis par des préparateurs particuliers. Si des faits de prise de produits dopants sont avérés, je maintiens que des sanctions très dures devraient être prises. »

Apparemment, en plus d'aider à la prise de masse musculaire, les compléments alimentaires proposés par Alain Camborde ont aussi une action sur la mémoire. Mais là, c'est plutôt de perte de capacité dont il faut parler...

Autre déclaration notoire, cette fois-ci d'Alain Camborde lui-même, qui pour se défendre de la présence de clenbuterol retrouvé chez lui lors de la perquisition se déclare « asthmatique notoire[1] », une nouvelle terminologie médicale, je suppose, arguant d'un usage personnel pour justifier de la présence de ces comprimés. Ce qui va lui permettre de faire accepter par un juge que l'on puisse prendre des

1. *Sud-Ouest*, 14 novembre 2011.

produits à usage vétérinaire, normalement réservés pour soigner des chevaux, afin de traiter une pathologie qui touche, à ce jour, selon l'Organisation mondiale de la santé, près de 300 millions de personnes dans le monde et est connue, au moins quant à la contraction de la respiration, depuis 800 ans avant notre ère, lorsque Homère évoquait déjà, dans *L'Iliade*, la « suffocation atroce » dont souffrait Hector. Une pathologie contre laquelle toute une pharmacopée a été développée pour l'être humain, à base de bronchodilatateurs tels que la ventoline.

Alain Camborde est finalement condamné, en juin 2013, à trois mois de prison avec sursis et 1 000 euros d'amende par le tribunal correctionnel de Pau, à verser 2 000 euros de dommages et intérêts à l'Ordre national des pharmaciens en tant que partie civile, mais il est relaxé des poursuites portant sur la commercialisation de compléments alimentaires ainsi que de la demande, formulée par le ministère public, d'interdiction d'exercer une activité professionnelle en lien avec l'infraction. Et tout cela, sans que ne soient particulièrement mis au jour, pendant le procès, ses liens et son emprise sur la préparation physique de nombre de joueurs de rugby, ce qui permet à son avocat de déclarer à l'issue de l'audience : « Je ne sais pas s'il y a du dopage dans le rugby, mais je vous dis qu'il n'y en a pas dont Camborde aurait été l'artisan. »

Il reste, quand même, quelques éléments pour démontrer l'emprise d'Alain Camborde sur le rugby français au milieu des années 2000. Voici la présentation de son dossier de presse dans laquelle il est décrit à la fois comme préparateur physique et nutritionniste, proposant aussi bien l'accompagnement de sportifs de haut niveau à l'instar des joueurs de rugby que la vente de compléments alimentaires fabriqués par ses soins :

PhysiCoach

DOSSIER DE PRESSE

Alain CAMBORDE

PRÉPARATION PHYSIQUE ET NUTRITION

Les sportifs de haut niveau lui font CONFIANCE...

Rugby : Top 14, Pro D2, Fédérale 1,2,3...

Jérôme **THION**, Marc **BAGET**, Damien **Traille**, Nicolas **LAFITTE**
Imanol **HARINORDOQUY**, David **MELE**, Farid **SID**, Benjamin **FALL**
Patricio **ALBACETE**, David **ROUMIEU**, Fabien **BARCELLA**, Iulian **DUMITRAS**
Sébastien **TILLOUS-BORDE**, Andréa **MASI**, Rodrigo **RONCERO**...

Service Presse : **PHYSICOACH NUTRITION ®**
Jean-Michel Bayle : + 33 06 32 39 07 88
E.mail : presse@sumotic.com - Courrier postal : 5 rue Marcel Barthe, 64000 PAU- France

SPORTSAFE

Normes CIO Européennes ANTI DOPAGE

www.physicoach.com

DOSSIER DE PRESSE
Alain CAMBORDE
PRÉPARATION PHYSIQUE ET NUTRITION

Création de la gamme Physicoach Nutrition ® par Alain Camborde...

> 2003 : **Alain Camborde** est convaincu de la nécessité d'utiliser les compléments alimentaires pour la préparation physique des sportifs. Il est l'un des premiers à mettre en place des programmes de nutrition et musculation, pour des rugbymen comme *Damien Traille, Sébastien Tillous-Borde, Imanol Harinordoquy, Jérôme Thion, Peyo Soom...*

Il le dit depuis 10 ans : «La nutrition, c'est 50% de la préparation !».

> 2004 : On lui fait **confiance** (Section Paloise, Aviron Bayonnais, sportifs de haut-niveau...). Il est en charge de la préparation physique d'un grand nombre de joueurs du **Top 14, Pro D2,** Fédérale 1,2,3...

> 2007 : Il est appelé pour la préparation physique et la nutrition de l'ensemble des joueurs de l'équipe des **PUMAS Argentins** pour la **Coupe du Monde de Rugby.** Il partira toutes les semaines de club en club, pour faire la préparation des joueurs Argentins comme : *Patricio Albacete, Juan Martín Hernández, Mario Ledesma, Agustin Pichot, Rodrigo Roncero*. Il prend le temps d'accompagner chaque joueur dans sa préparation, «pour certains c'est un nouveau départ d'un point de vue physique !».

Après cette expérience, il dira :

«Cela a été un honneur pour moi de faire la préparation physique de cette équipe...»

Après cette aventure d'hommes, une amitié est née avec certains des joueurs qui utilisent toujours les compléments alimentaires **Physicoach Nutrition ®.**

> 2009 : **Alain Camborde** décide de commercialiser sa propre gamme de compléments alimentaires sous la marque **PHYSICOACH NUTRITION ®,** en collaboration avec un **Laboratoire Pharmaceutique** aux normes et certification ISO 9001.

L'assurance d'une GARANTIE TOTALE : Compléments alimentaires contrôlés *Anti-dopage* et aux normes *CIO et Européennes*, sous la surveillance de la **DGCCRF** *(Direction Générale de la Concurrence, de la Consommation et de la Répression des Fraudes).*

(Voir les fiches en fin de dossier.)

Service Presse : **PHYSICOACH NUTRITION** - Jean-Michel Bayle : + 33 06 32 39 07 88
E.mail : presse@sumotic.com - Courrier postal : Service Presse PHYSICOACH - 5 rue Marcel Barthe, 64000 PAU - France

PhysiCoach

DOSSIER DE PRESSE
Alain CAMBORDE
PREPARATION PHYSIQUE ET NUTRITION

Sud Ouest «Sport» : ***Pendant les vacances, le trois quart centre suit un programme mis au point par un préparateur physique particulier.***

Traille en heures sup.

RUGBY TOP 16

INITIATIVE. Pendant une partie des vacances, le trois-quarts centre suit un programme mis au point par un préparateur physique particulier

Traille en heures sup

Damien Traille aligne les sprints d'un vingtaine de mètres, tout en réceptionnant un gros ballon rond et lesté, lancé en pleine course par **Alain Camborde**. Parfois, la passe part dans les chaussettes : «Enf..., je suis pas l'inspecteur Gadget», rouspète l'international (25 ans, 64 points en 34 sélections). «Tu n'arrives pas assez vite» répond, amusé, celui qui a concocté depuis trois mois une préparation physique aux petits oignons. **Alain Camborde** est, en effet, l'un des premiers à explorer le coaching personnalisé dans le rugby français. Une préparation courante dans l'hémisphère Sud et surtout en Angleterre, expérimentée par Imanol Harinordoquy avant la dernière Coupe du Monde. D'autres, comme le Parisien Pierre Rabadan ou le Palois Peio Som, ont suivi l'exemple du troisième ligne basque, brillant en Australie, et ont contacté **Alain Camborde**.

Leicester intéressé. Le bouche à oreille fonctionne tellement bien, qu'**Alain Camborde** est maintenant directement sollicité par des agents de joueurs désireux de le vois s'occuper de leurs «poulains»... c'est un nouveau métier du rugby qui se crée...

Il s'est donc tourné vers **Alain Camborde** qui lui a concocté un programme adapté à sa physiologie. «A partir de tests de biométrie, un logiciel informatique (Prépa Pro rugby) nous permet de calculer le poids en muscle du joueur, ses besoins énergétique puis d'actualiser son programme toutes les 5/6 semaines selon les résultats enregistrés», détaille-t-il. En quelques semaines le futur Biarrot a pris 4 kilos sur la balance (102 pour 1,93 m). L'objectif étant d'en gagner 4 ou 5 supplémentaires ... « Ce n'est pas du body-building, il ne s'agit pas de lui faire prendre du poids absolument mais de la Puissance», précise **Alain Camborde**. Reste que la métamorphose pourra paraître suspecte ... « Ceux qui pensent que je me suis dopé n'avaient qu'à venir me suivre à l'entraînement», répond simplement Damien Traille. «Il n'y a pas de produit miracle, ni de secret : c'est le fruit d'une diète stricte et beaucoup de volonté», appuie **Alain Camborde**, qui avoue «mieux connaître Damien en trois mois qu'en trois ans auparavant». Au fil des séances on entre dans l'intimité du joueur, on rencontre un individu, avec ses doutes et ses soucis.». «**Alain est toujours derrière mois.** En tête-à-tête, il m'est impossible de tricher, alors que seul j'aurais peut-être lâché», reconnaît Damien Traille, convaincu que l'expérience se développera : « A l'avenir, de plus en plus de rugbymen vont tendre vers ce type de préparation».
Frédéric Laharie

Contact direct : ***Alain Camborde 06.23.68.19.52***

Midi Olympique : Sébastien Tillous-Borde

«Tillous» born in Australia»

Le petit taureau de Castres Olympique, surprenant face aux wallabies, a peut-être gagné sa place derrière la mêlée du XV de France

Ils l'appellent tous *Byron*. Pas l'écrivain, le Black... A l'origine, *Tillous-Borde* est donc un numéro 9 plutôt fluet, voire carrément famélique. Mais il compense : vif, éjecteur, crocheteur, plus Elissalde que Torossian, dit-on dans les couloirs d'Aguilera... Alors un matin d'hiver au hasard d'une promenade en bord de plage, «Tillous» fait la connaissance ***d'Alain Camborde***. Ce dernier préparateur physique de son état, va l'aider à se transformer. «Il m'a fait bosser comme jamais. Quand je rentrais chez moi le soir j'étais vidé». Mais en quelques temps, la métamorphose est réelle dix kilos de muscles ni plus ni moins.

Marc Duzan

Sud-Ouest : SPORT.

TROISIEME LIGNE : Transformé physiquement et désormais plus puissant, la Basque Imanol Harinordoquy est de ceux sur qui compte Bernard Laporte.

TROISIÈME LIGNE. Transformé physiquement et désormais plus puissant, le Basque Imanol Harinordoquy est de ceux sur qui compte Bernard Laporte

« Je connais ma chance »

« Je connais ma chance »

Sud-Ouest : Pourquoi avoir physiquement pris du volume ?

Imanol Harinordoquy **:** J'ai pris 6 Kilos depuis le début de la saison. Cala faisait un an que je voulais prendre du coffre...

Comment s'y prend-on pour s'épaissir autant en si peu de temps ? . ...
En Avril, j'ai pris un préparateur physique, ***Alain Camborde***, qui est aussi nutritionniste. Comme je ne pouvais pas courir, je n'ai fait que de la muscu et surtout il a changé ma façon de m'alimenter. C'est à dire ?. J'ai désormais une grosse alimentation. En plus des 3 repas quotidiens, je prends un goûter le matin, un l'après-midi et un dernier le soir avant de me coucher. Je mange beaucoup de viande, de féculents, de pâtes surtout. Mon corps a vraiment de gros besoins nutritionnels, et avant, je ne mangeais pas la moitié de ce que je devais manger, je brûlais donc mes réserves. Avec l'ossature que j'ai, je peux en prendre encore, mais je vais m'arrêter là : je n'ai pas envie de perdre en vitesse d'exécution ce que je gagne en puissance.

Jean-Pierre Dorian

Contact direct : ***Alain Camborde 06.23.68.19.52***

Service Presse : **PHYSICOACH NUTRITION** - Jean-Michel Bayle : + 33 06 32 39 07 88
E.mail : presse@sumotic.com - Courrier postal : Service Presse PHYSICOACH - 5 rue Marcel Barthe, 64000 PAU - France

Que faire ?

Toujours au volant de ma voiture, je ne cesse de penser à l'évolution récente du rugby, ou plutôt à l'accélération de cette course à la performance, qui laisse à penser qu'une systématisation des approches et des obligations faites aux joueurs de rentrer dans des normes physiques imposées par le contexte professionnel existe. Que faire ? M'en accommoder ? Accepter le fait que c'est une évolution normale vers une professionnalisation de plus en plus poussée et le prix à payer pour offrir un spectacle de plus en plus beau ?

Normale ?! Rien que le mot me choque. Il n'y a rien de normal dans ce que j'ai vu après le match au Stade de France. Une évolution inévitable, alors ? Il n'y a rien d'inévitable dans la vie. À condition, bien sûr, de le vouloir. Là, c'est sûr que presque personne ne veut aller à contre-courant de ce phénomène, de cette tendance de fond qui fait que les joueurs ne sont plus considérés comme des êtres humains à part entière, mais plutôt comme les simples supports d'un spectacle qui doit être le plus réussi possible. Rien d'autre. Des variables d'ajustement à qui on demande d'être au maximum de leurs possibilités. Voire plus, même. Parce que, quand je vois certains physiques, je me dis que l'on est bien au-delà du raisonnable. La normalité, ce n'est pas de faire 120 ou 140 kilos, même pour un sportif qui passe son temps à s'entraîner, à tenter de développer sa masse musculaire. Le corps a des limites naturelles que seule la chimie permet de dépasser.

Que faire, alors ? Ne plus regarder les matchs ? M'éloigner d'un sport dans lequel je ne me reconnais plus totalement ? Sûrement. Mais seulement ça ? Rien de plus ? Que faire quand tout le monde, même les joueurs, semble se satisfaire de la situation ? À quoi bon prendre la parole, si c'est pour dénoncer une situation qui va à l'encontre des intérêts de tous ?

J'en suis là de mes réflexions quand, après une longue route, j'arrive enfin chez moi. Fatigué mais surtout pressé de m'éloigner d'une réalité qui m'a donné l'impression de rêver éveillé. Pressé de prendre mes distances vis-à-vis de cet univers impitoyable pour aller chercher dans mon imaginaire et au fond de mon lit quelques songes plus à même de créer un univers avec lequel je me sentirais en harmonie...

4

Le rugby français plaqué par une femme

Alors que je suis entré dans une phase de réflexion suite à ma soirée au Stade de France, démarrent, en ce début de mois de mars 2013 devant la commission d'enquête sénatoriale sur l'efficacité de la lutte antidopage, les auditions des principaux acteurs du monde sportif. Cette commission, créée après que Lance Armstrong a été déchu de ses sept victoires dans le Tour de France sans avoir été contrôlé positif et suspendu, cherche à en savoir plus sur le sujet. Je suis plutôt dubitatif sur les possibles actions et avancées qui pourraient découler de ce qui n'est pas vraiment une enquête. Pourtant, la liste des personnes auditionnées est longue et prestigieuse et, surtout, l'un des témoignages ainsi recueilli va provoquer un petit séisme dans le monde du rugby.

Le rugby publiquement démasqué

Parmi les acteurs principaux en France de la lutte antidopage, Françoise Lasne, la directrice du laboratoire d'analyse de Châtenay-Malabry, seul laboratoire français accrédité par l'Agence mondiale antidopage pour l'analyse des échantillons prélevés dans le cadre de la lutte antidopage, paraît être un personnage digne de foi et surtout en capacité d'apporter une vision précise sur le sujet en se basant sur les résultats de toutes les analyses des prélèvements d'urine et de sang effectués sur le territoire français auprès de l'ensemble des sportifs de toutes disciplines confondues, chaque année, dans son laboratoire. Ainsi, sa déclaration devant la commission du Sénat déclenche une belle polémique : « Si l'on tient compte de toutes les substances qui figurent sur la liste des produits interdits par l'AMA, le sport qui donne le plus fort pourcentage positif est le rugby, vient ensuite le football [...]. Cependant, la substance dopante la plus rencontrée dans nos analyses est le cannabis. J'ai également fait le calcul des pourcentages de positivité hors cannabis [...]. Si l'on ne tient pas compte du cannabis, on trouve le rugby en tête de liste. »

Ces propos, immédiatement relayés par la presse, vont entraîner tout un concert de réactions outragées de la grande famille du rugby, réussissant même, le temps d'un communiqué de presse, à réconcilier la Fédération française et la Ligue nationale de rugby qui, pourtant, au même moment, s'opposent sur la renégociation de la convention qui donne délégation à la LNR, par la FFR, pour la gestion du rugby professionnel en France. Les entraîneurs sont aussi de la partie avec, d'un côté, Guy Novès, l'entraîneur le plus titré du rugby français, qui tente de tourner l'affaire en dérision : « Ça me fait rire parce que j'aurais tendance à dire que, si jamais le rugby est numéro un dans les sports dopés, c'est que vraiment en France on est bien parce que, moi, je ne connais pas trop de joueurs dopés... Citez-moi, vous les médias, qui, récemment, dans le rugby pro était dopé[1] ? » ;

1. 20minutes.fr, 28 mars 2013.

et, de l'autre, Fabien Galthié[1] qui veut nous faire prendre des vessies pour des lanternes : « Le rugby est un sport qui demande des qualités physiques antagonistes. C'est un sport d'efforts qui durent cent minutes. Il faut être endurant. Ce n'est pas un sport en ligne, il demande de l'évitement. C'est un sport de vitesse, de puissance, d'adresse, de communication, un sport où il faut rester lucide dans le combat. Je ne connais pas le produit miracle qui permettrait de maîtriser tout ça. » Le football et le tennis avaient déjà tenté d'utiliser une telle ficelle[2], voilà que le rugby s'y met aussi...

Témoin de ces échanges disproportionnés, et surtout de la mauvaise foi avec laquelle la grande famille du rugby refuse de porter un regard lucide et mature sur un sujet aussi important, je ne peux m'empêcher de sentir monter en moi une certaine colère. Je n'ai pas de mal à traduire le message subliminal que le monde du rugby envoie au travers de ses nombreuses réactions : *laissez-nous tranquilles, on est des adultes et on sait ce que l'on fait*. Et cela m'énerve. NON, vous ne savez pas ce que vous faites. NON, vous ne pouvez être adulte et responsable tout en étant juge et partie. NON, la passion mise dans cette activité et surtout les enjeux économiques font qu'une certaine régulation est indispensable si l'on veut éviter cette course à la performance à tout prix.

Tout de même, comment tous ces entraîneurs de club professionnel qui sont en poste depuis une dizaine d'années peuvent-ils accepter, sans se poser de questions, le fait que l'on soit passé en quelques années de joueurs qui pesaient

1. Ancien capitaine de l'équipe de France, soixante-quatre sélections entre 1991 et 2003 et manager du Montpellier Hérault Rugby depuis 2010.

2. Nombre de disciplines invoquent en effet le fait que la dimension collective et/ou technique de leur sport est plus importante que la dimension physique pour arguer qu'elles sont ainsi à l'abri du dopage.

autour des 100 kilos, ce qui en faisait déjà de beaux athlètes, à des colosses qui font systématiquement pour les postes d'avants, et régulièrement pour ceux des lignes arrières, quelque 110 kilos et atteignent même, pour les plus lourds, 130, 140 kilos ? Ils se rendent bien compte de ces changements, non ? Et ce n'est pas une plus grande personnalisation des séances de musculation ou l'utilisation de GPS pour mesurer les distances parcourues qui explique ce phénomène. Cependant, de telles évolutions n'ont pas l'air de les déranger. C'est plutôt le contraire, même. Cette course à l'armement les arrange. Une garantie de puissance qui doit être l'assurance de résultats sportifs pour l'équipe.

Mais, quand même, comment peut-on expliquer une telle évolution ? Le passage au professionnalisme ? Cela fera vingt ans en 2015 que le rugby est passé professionnel. Un intérêt des meilleurs jeunes pour un sport devenu attirant en termes de salaires et d'aura ? C'est toutefois seulement lorsque ces jeunes ont intégré les centres de formation des clubs professionnels que les physiques explosent, pas avant. Des méthodes d'entraînement de plus en plus performantes, alors ??? On sait, depuis la fin des années 1970, que seule l'association d'un entraînement à base de musculation et d'un traitement sous forme de cure d'hormones de type stéroïde anabolisant, hormone de croissance et autres corticoïdes permet une prise de masse musculaire conséquente sur le court terme. Alors quoi ?

– *C'est l'évolution naturelle de l'espèce, mon bon Monsieur ! Celle de l'homorugbycus, passé en quelques années de l'âge de glace, où il se traînait, sorte de lémurien invertébré, à l'ère moderne, où il se dresse devant vous, du haut de tous ses muscles, plein de puissance et de gloire ! Alors, circulez, maintenant, il n'y a rien à voir ! Le monde du rugby est sous contrôle. Tout va pour le mieux dans le meilleur des mondes. Regardez ! Les affluences dans les stades n'ont jamais été aussi importantes. Les droits télé viennent de battre des records !*

– Mais ce n'est pas de cela que l'on parle...

– Mais si, justement, c'est de cela que l'on parle ! Alors, circulez, tout va bien, on vous dit...

C'est l'évolution naturelle de l'espèce. Effectivement, si l'on considère l'espèce du joueur de rugby comme une espèce particulière, qui ne répond pas au même mode d'évolution que le reste de l'humanité, alors, peut-être que, dans ce cas-là, elle a droit à un traitement spécifique. Une espèce dont la logique d'évolution aurait pour seul critère fondateur la recherche ultime de la performance sportive. Cela et rien d'autre. Peu importent les conséquences éventuelles sur la santé. De toute façon, on ne les connaît pas de manière précise, les risques. Alors, ici, pas question d'appliquer un quelconque principe de précaution. *THE SHOW MUST GO ON*... Le problème, c'est que cette espèce particulière, celle des sportifs de haut niveau, fait tout de même partie de l'espèce humaine. Que ce qui pourrait être considéré comme un mutant transgénique est d'abord un être humain, fils d'autres êtres humains, et qu'à ce titre, et même s'il est dévoré par sa passion, il n'a peut-être pas envie de se retrouver propulsé dans cette autre catégorie. De prendre des risques non mesurés pour sa santé sur le long terme. Mais, là, le système est suffisamment bien fait pour que ceux qui n'acceptent pas une telle logique se retrouvent progressivement exclus. Dans le cyclisme, Christophe Bassons[1] est l'exemple médiatisé

1. Coureur cycliste qui, au début des années 2000, a été obligé d'arrêter sa carrière sous la pression de ses « camarades », alors qu'il se voulait le chantre d'un nouveau cyclisme, propre.

de ce phénomène d'exclusion progressive. Un joueur qui n'accepterait pas cette logique de la performance passant par une médicalisation de plus en plus présente dans sa carrière prendrait le risque de voir s'éloigner progressivement les objectifs qu'il s'était fixés. Il n'aurait pas été forcé d'abandonner, mais il n'aurait néanmoins pas eu le choix.

C'est vrai dans l'autre sens aussi. Nombre de sportifs laissent l'encadrement médical de la structure à laquelle ils appartiennent prendre les décisions, toutes les décisions, à leur place, afin d'éviter de se poser trop de questions et de faire face à des choix difficiles à assumer. Il est ainsi plus facile d'obéir aux ordres et de suivre toutes les instructions données sans poser de questions, puisque l'encadrement a un statut officiel renforcé par une aura scientifique. Les révélations lors du procès des pratiques médicales du club de football de la Juventus de Turin à la fin des années 1990, où une logique d'accompagnement médical à base de piqûres a été, notamment, mise au jour, sont, à ce sujet, édifiantes[1]. Elles révèlent que les joueurs préféraient ne pas savoir et acceptaient des injections fréquentes de produits sachant, en contrepartie, que leurs performances sur le terrain bénéficiaient de ces injections de « vitamines » – terme usuellement employé pour faire accepter de telles pratiques. Les joueurs présents dans le club italien à cette époque se satisfaisaient totalement de cette situation qui en faisait des dieux sur le terrain avec trois titres de champion d'Italie et autant de finales de Ligue des Champions. Peu importent les conséquences éventuelles, plus tard, au cours de leur vie. L'essentiel n'est pas là.

Le fait que le monde du rugby refuse de se montrer trans-

1. Damien Ressiot, « De l'EPO à la Juve », *L'Équipe*, 29 juin 2004.

parent, arguant de son contrôle longitudinal comme arme absolue pour, surtout, ne plus avoir de comptes à rendre à qui que ce soit, me désole et même, pire, m'énerve. Le ballet des commentaires corporatistes m'agace à chaque fois un peu plus. Je sens derrière cela la volonté de surtout ne rien changer dans un système qui permet d'atteindre des temps de jeu effectifs de plus de quarante minutes et d'organiser des rencontres qui sont de plus en plus spectaculaires et présentent de moins en moins de temps morts dus à la fatigue physique. Me revient alors à l'esprit un interview donné par Philippe Saint-André, le manager de l'équipe de France, au site LeMonde.fr le 31 janvier 2013, où il annonce une nouvelle inflation d'un temps de jeu qui paraît maintenant sans limite : « Tout le monde estime que lors de la prochaine Coupe du monde en 2015, on pourrait atteindre cinquante minutes de jeu ! C'est énorme. Donc, automatiquement, on s'intéresse d'encore plus près au potentiel et au profil du joueur qui peut encaisser de telles cadences. Je pense que l'on va assister à l'apparition de profils de joueurs différents pour la prochaine Coupe du monde. C'est ce nouveau profil de joueur qui pourra dicter un nouveau système de jeu. »

Des profils de joueurs différents pour atteindre cinquante minutes de jeu ? Mais ils vont y arriver comment ? Parce que les joueurs actuels sont déjà, pour la plupart, des colosses de plus de 110 kilos, capables d'encaisser quarante minutes de temps de jeu effectif. Alors les joueurs de l'avenir, tels que Philippe Saint-André les conçoit, on va aller les chercher sur quelle planète ? !

Dans la semaine qui suit l'audition de Françoise Lasne au Sénat, un interview dans *L'Équipe* du 3 avril 2013 ne manque pas de m'interpeller. Alors que le journaliste pose une question portant sur l'évolution du rugby ces dernières années, Julien Bonnaire, troisième ligne de l'ASM Clermont Auvergne, soixante-quinze sélections en équipe de France, répond d'une manière qui n'est pas dénuée de sous-entendus : « Il a énormément évolué ces dernières années, et je ne sais pas s'il évoluera autant et aussi vite dans les années à venir. Bon, ça peut encore se jouer sur des détails, en préparation physique. *(Il s'interrompt et sourit.)* Ou alors, si tu veux pousser encore plus loin le corps, il va falloir se charger… » Une réponse qui, comme ça, paraît anecdotique, mais qui prend tout son relief lorsqu'on la place dans ce contexte où les physiques des joueurs explosent en termes de mensurations et où le sélectionneur national annonce, encore, une inflation conséquente du temps de jeu. Si Philippe Saint-André prédit un « nouveau profil de joueur », Julien Bonnaire nous explique clairement comment on va trouver ce nouveau profil. En plus des déclarations de Françoise Lasne, j'ai maintenant l'impression que le sujet est omniprésent, que je ne peux plus regarder la moindre image de rugby sans qu'il ne m'agresse. Je ne peux même plus me poser devant ma télévision pour me divertir en regardant un match de rugby tant ce qui a été ma discipline est maintenant cannibalisé par cette construction de corps aux physiques hors norme qui paraît de plus en plus évidente. Ce n'est désormais plus le ballon que je suis des yeux, mais ces mâchoires qui paraissent déformées, ces changements de gabarits proches de l'absolu musculaire, ces performances physiques exceptionnelles…

Le rugby touché au cœur

À ce moment de ma réflexion, je ne peux m'empêcher de me remémorer un événement qui s'est déroulé quelques mois plus tôt, le 22 décembre 2012 très exactement. S'il est resté dans ma mémoire et refait maintenant surface, c'est parce que, habituellement, ce type d'accident est plus habituel dans l'univers du football professionnel que dans celui du rugby. Ce jour-là, au stade Jean-Dauger, un jeune joueur de l'Aviron Bayonnais, le troisième ligne François Carillo, tombe subitement dans le coma. Pas de choc. Pas d'épuisement particulier. La scène se déroule au moment de l'échauffement, avant la rencontre Aviron Bayonnais-Stade Montois à laquelle le jeune joueur n'était même pas censé participer – c'était le vingt-quatrième homme, présent sur le banc au cas où il y aurait un blessé de dernière minute. Il s'écroule, tout seul, sans raison apparente, victime selon les médecins d'un syndrome de mort subite. Heureusement, le service médical présent sur le stade est prompt à réagir et son évacuation rapide vers l'hôpital de Bayonne permet de le traiter dans les meilleures conditions et de le sauver. Le joueur reprend conscience rapidement et, même s'il doit mettre un terme à sa carrière de rugbyman professionnel, il ne garde aucune séquelle de cet arrêt cardiaque.

Cet événement m'a profondément marqué. Non pas que je connaisse le joueur ou que je sois proche du club bayonnais, non, mais plutôt parce que je ne peux pas alors m'empêcher, immédiatement, de faire le rapprochement avec le football où ce type d'événement arrive assez régulièrement. Même si ce jeune rugbyman a pu être sauvé là où plusieurs footballeurs ont laissé la vie, il m'est difficile de ne pas faire de parallèle entre des situations qui présentent bien des similitudes, notamment une qui n'est pas neutre : cette logique sans fin de la performance physique. Bien sûr, il n'y a jamais d'explication facile et de cause évidente. Bien sûr, une des raisons initiales qui expliquent le problème rencontré est que l'athlète présente, au moment de l'accident, une faiblesse au niveau cardiaque, faiblesse qui a néanmoins échappé à toutes les batteries de tests effectuées jusque-là, et elles sont nombreuses et régulières dans le cas d'un joueur de rugby professionnel. Il me paraît aussi évident que ce type d'accident n'a pas de cause unique, comme on cherche trop facilement à nous le faire croire, mais est plutôt la conséquence d'une conjonction de facteurs. Et qu'il est ainsi possible que l'un d'eux soit un traitement médical qui, par sa nature, ait la capacité de perturber le rythme cardiaque jusqu'à provoquer un arrêt total. Ce qui peut, dans certains cas, mais pas seulement bien sûr, être en lien avec une logique d'accompagnement médicalisé de la performance. Ainsi, par exemple, l'Agence européenne du médicament étudie actuellement la dangerosité représentée par les médicaments à base de testostérone sur le déclenchement d'infarctus du myocarde à la suite d'études[1] qui montrent que l'utilisation de la testostérone double le risque d'infarctus du myocarde chez les hommes de plus de 65 ans et le triple chez les jeunes hommes souffrant d'un problème cardiaque préexistant. Ces résultats ne sont pas neutres pour le monde du rugby puisque, pour rappel, lors d'analyses capillaires réalisées par l'Agence française de lutte contre le dopage en 2009 sur un panel de cent trente-huit sportifs, ont été révélées des traces de stéroïdes pour 16,7 % des joueurs de rugby

1. *Jama*, 2013 ; *The Lancet*, 2013 ; *Plos One*, 2014.

testés. Et si dans ce lot certains présentent des anomalies cardiaques, toujours selon cette étude, le risque d'arrêt cardiaque chez ces joueurs est multiplié par trois. Les instances du rugby répliqueront à cela que les joueurs professionnels sont médicalement suivis de manière régulière, notamment par la pratique d'électrocardiogrammes et autres examens possibles du système cardiaque, capables de déceler toute anomalie. Sauf que, dans le cas de François Carillo, aucun problème particulier n'avait été décelé jusqu'à son accident.

Il ne s'agit pas, ici, de tirer quelque conclusion que ce soit à partir d'un cas particulier, et ce d'autant plus que les cardiologues qui ont examiné le joueur ne semblent pas avoir établi de diagnostic précis quant à la cause de l'accident. Le cas particulier de François Carillo, en tant que tel, ne m'intéresse pas. Par contre, ce qui lui est arrivé, alors que beaucoup d'éléments se rejoignent pour mettre en exergue une fuite en avant des pratiques au service de la performance physique, ne peut que m'inquiéter. Et le fait qu'un joueur soit passé si près de la mort dans des conditions qui n'ont rien d'exceptionnelles laisse à penser qu'un tel événement peut se répéter. Ce qui ne semble pas, outre mesure, gêner les instances du rugby qui, après l'accident du Bayonnais, se sont contentées de se féliciter de l'efficacité des services de soin mis en place dans l'enceinte du stade et de la rapidité avec laquelle le joueur a été traité. Elles se sont limitées, pour toute analyse d'une telle situation, à invoquer la faute à pas de chance. Ce qui est un peu court. Beaucoup trop court...

Des prises de poids stupéfiantes

Pour ne pas rester dans le simple ressenti et afin d'avancer des chiffres qui vont dans le sens de mes observations, j'ai étudié l'évolution du poids des joueurs en soulignant les variations qui me paraissent « hors norme » – augmentation conséquente du poids du corps en un temps relativement court –, tout en vérifiant que celles-ci ne correspondent pas à une prise de masse graisseuse mais bien à une augmentation de la masse musculaire.

Pour réaliser cette étude de la manière la plus scientifique et complète possible, j'ai utilisé une méthode de recoupement qui prend en compte les éléments suivants : croisement des données morphologiques des joueurs tirées des différentes sources disponibles (European Rugby Cup, LNR, Rugbyrama et clubs concernés) afin d'éliminer les incohérences potentielles (erreurs de frappe, variations et évolutions non confirmées dans le temps) ; analyse de profils de joueurs dont le niveau de masse graisseuse est suffisamment faible pour qu'il ne rentre pas en compte dans une variation importante de poids (exclusion quasi systématique des joueurs de première ligne, par exemple).

Les tableaux 1 et 2 présentent les résultats d'une étude comparative entre les saisons 2005-2006 et 2013-2014 des poids des joueurs de 20 à 25 ans évoluant aux postes de deuxième et troisième lignes dans les clubs professionnels de rugby en France. D'une part, choisir des joueurs évoluant aux postes de deuxième et troisième lignes uniquement permet de dégager des données plus facilement exploitables : leurs profils athlétiques garantissent un taux de masse graisseuse limité – malgré tout, les joueurs jugés « atypiques » à ce niveau sont exclus de l'étude – et leurs tailles importantes mais proportionnellement plus concentrées (entre 1,84 et 2,06 m) que celles des joueurs des autres postes (de 1,70 m à un peu moins de 2 m) facilitent le travail d'étude et de comparaison. D'autre part, se focaliser sur une population jeune, entre 20 et 25 ans, met en exergue une tendance forte qui correspond à une sorte de mise à niveau physique des joueurs dans cette première partie de leur carrière. Et la différence en termes de poids moyen entre les deux périodes montre l'accélération de cette tendance dans la période actuelle.

Les tableaux 3, 4, 5 et 6 rendent compte de l'étude par club des variations de poids « hors norme » d'un groupe de joueurs qui ont lieu, généralement, sur une même période.

Le tableau 7, enfin, présente le relevé des plus grandes variations de poids pour un joueur en une saison avec classement décroissant, de la plus grosse prise de poids en une saison, 21 kilos, à la plus petite, 5 kilos.

Les résultats obtenus sont assez saisissants.

Étude 1. Comparaison des poids des joueurs de deuxième et troisième lignes des clubs professionnels de rugby entre les saisons 2005-2006 et 2013-2014

Tableau 1. Étude des poids de quarante-sept joueurs évoluant aux postes de deuxième et troisième lignes dans les clubs du Top 14 durant la saison 2005-2006

Nom du joueur	Club	Âge (années)	Taille (m)	Poids (kg)
Nyanga Yannick	Stade Toulousain	22	1,86	91
Millo-Chluski Romain	Stade Toulousain	22	1,94	114
Lamboley Grégory	Stade Toulousain	23	1,93	100
Pairault Romain	RC Toulonnais	21	1,86	98
Bernard Grégory	RC Toulonnais	21	1,94	97
Toevalu Soane	RC Toulonnais	23	1,93	96
Espagno Éric	RC Toulonnais	21	1,94	112
Dridi Mohamed	RC Toulonnais	22	1,84	96
Capdeillayre Julien	RC Toulonnais	24	1,90	100
Rudzki Karl	Section Paloise	25	2,00	108
Chartron-Collier Rudy	Section Paloise	21	2,00	111
Boutaty Abdellatif	Section Paloise	24	1,94	103
Albacete Patricio	Section Paloise	24	2,00	115
Soucaze Thomas	Section Paloise	23	1,91	104
Som Peïo	Section Paloise	24	1,88	100
Forgues Vincent	Section Paloise	24	1,89	102
Epito Arnaud	Section Paloise	20	1,88	107
Bert Mickaël	Montpellier HR	25	1,92	113
Gorgodze Mamuka	Montpellier HR	21	1,96	118
Jacquet Loïc	ASM Clermont Auvergne	20	1,98	102
Vigouroux Pierre	ASM Clermont Auvergne	22	1,98	105
Vaquin Rémy	ASM Clermont Auvergne	22	1,88	90
Parisse Sergio	Stade Français	22	1,96	106
Rabadan Pierre	Stade Français	25	1,92	96
Marchois Arnaud	Stade Français	22	2,00	109

Goze Benjamin	USAP	22	1,96	105
Bortolaso Guillaume	USAP	24	1,96	115
Tonita Ovidiu	USAP	25	1,95	105
Bontinck Nicolas	CS Bourgoin JR	20	1,89	92
Diotallevi Aurélien	CS Bourgoin JR	21	1,93	101
Driollet Alexis	CS Bourgoin JR	21	1,88	97
Leonte Bodgan	CS Bourgoin JR	19	1,94	90
Charlon Yohann	CS Bourgoin JR	21	2,03	110
Del Fava Carlo	CS Bourgoin JR	24	1,94	107
Jooste Wessel	CS Bourgoin JR	22	1,91	120
Mazel Anthony	CS Bourgoin JR	24	1,95	112
Papé Pascal	CS Bourgoin JR	25	1,96	112
Pierre Julien	CS Bourgoin JR	24	1,97	112
Santoni Maxime	Castres Ol.	21	1,96	99
Ghezal Karim	Castres Ol.	24	1,93	112
Capó Ortega Rodrigo	Castres Ol.	25	1,92	115
Puricelli Julien	Castres Ol.	24	1,96	108
Genevois Thomas	Castres Ol.	22	1,88	107
Bias Alexandre	Castres Ol.	24	1,95	104
Faure Florian	Castres Ol.	22	1,94	112
Saison 2005-2006	Total : 45 joueurs	Moyenne 1,93 m 105 kg		

Tableau 2. Étude des poids de trente et un joueurs évoluant aux postes de deuxième et troisième lignes dans les clubs du Top 14 durant la saison 2013-2014

Nom du joueur	Club	Âge (années)	Taille (m)	Poids (kg)
Maka Edwin	Stade Toulousain	21	2,02	142
Chalureau Bastien	Stade Toulousain	21	2,00	111
Galan Gillian	Stade Toulousain	22	1,90	118
Lockley Addison	Biarritz Ol.	22	1,99	112
Marie Mathias	Biarritz Ol.	22	1,96	115
Mikautadze Konstantine	RC Toulonnais	22	2,00	123
Graham Matthew	CA Bordeaux-Bègles Gironde	23	2,02	120
Jaulhac Adam	CA Bordeaux-Bègles Gironde	25	1,98	118
Lespinasse Jean-Blaise	CA Bordeaux-Bègles Gironde	19	1,96	100
Marais Jandré	CA Bordeaux-Bègles Gironde	24	1,91	113
Tauleigne Marco	CA Bordeaux-Bègles Gironde	20	1,91	113
Briatte Hugues	CA Brive	23	1,92	103
Fourcade Richard	CA Brive	20	2,00	110
Lavergne Damien	CA Brive	22	1,90	110
Lebas Victor	CA Brive	20	1,95	108
Metz Fabrice	Racing Métro 92	22	1,96	114
Gérondeau Camille	Racing Métro 92	25	1,94	110
Le Roux Bernard	Racing Métro 92	24	1,96	113
De Marco Mickael	Montpellier HR	24	1,97	118
Jedrasiak Paul	ASM Clermont Auvergne	20	1,98	115
La Valla Scott	Stade Français	26	1,97	117
Wegner Carl	Stade Français	23	2,01	117
Flanquart Alexandre	Stade Français	24	2,06	114
Garrault Nicolas	Stade Français	22	1,95	108
Taofifenua Romain	USAP	23	2,00	123

Vahaamahina Sébastien	USAP	22	2,00	125
Gayraud Pierre	Aviron Bayonnais Rugby	21	1,98	116
Ollivon Charles	Aviron Bayonnais Rugby	20	1,99	108
Deroche Benjamin	Castres Ol.	24	2,02	117
Faasalele Piula	Castres Ol.	25	1,96	120
Gray Richie	Castres Ol.	24	2,05	120
Saison 2013-2014	TOTAL : 31 joueurs		**POIDS MOYEN : 115,25 kg**	

La différence au niveau du poids moyen est considérable : 105 kilos en 2005-2006 et 115,25 kilos en 2013-2014, soit plus de dix kilos de différence en tout juste huit ans alors que l'on se situe entre dix et vingt ans après le passage au professionnalisme, donc plutôt à une période où l'organisation des entraînements est stable et les éventuelles modifications apportées au cours de cette période ne concernent pas la prise de masse musculaire en tant que telle.

Dans cette étude il faut aussi tenir compte est celle de la variation de la taille moyenne des joueurs qui est passée de 1,93 m en 2005 à 1,97 m en 2013. Ce qui ne veut pas mécaniquement dire que le rugby recrute un nouveau type de jeunes joueurs avec des gabarits exceptionnels, notamment au niveau de la taille, mais plutôt qu'un joueur mesurant moins de 1,90 m est maintenant orienté vers un autre poste que troisième ligne (première ligne ou trois-quarts). L'augmentation de la taille moyenne des joueurs de deuxième et troisième lignes s'explique donc principalement par l'exclusion de ces postes des joueurs considérés comme « petits ».

Comment expliquer une telle évolution au moment où le rugby est censé ne connaître que des modifications à la marge ? En effet, si le passage au professionnalisme est une véritable révolution dans l'approche des entraînements et l'évolution de la préparation des joueurs, de tels changements se situent sur la période 1995-2005. Dix années au maximum pendant lesquelles les clubs et les joueurs ont mis en place de nouvelles pratiques, de nouvelles organisations, avec une multiplication des entraînements, le recrutement de nouveaux profils de joueurs, jusque-là peu intéressés par un sport moins médiatisé que les autres. Les caractéristiques physiques des joueurs appartenant à ces nouvelles générations se retrouvent dans le tableau concernant la saison 2005-2006, ce qui montre bien que le rugby possède des jeunes joueurs athlétiques certes, par exemple Yohann Charlon, 2,03 m pour 110 kilos, mais qui n'explique en aucune manière cette explosion des gabarits constatée sur la période suivante, entre 2006 et 2013.

Étude 2. Étude par club des variations de poids « atypiques », correspondant à une modification significative sur une période très courte

Tableau 3. Évolution du poids des joueurs de l'ASM Clermont Auvergne

Nom du joueur	Période 1	Poids (kg)	Période 2	Poids (kg)	Prise de poids	Commentaires
Rougerie Aurélien	2006-2007	93	2007-2008	103	10 kg	
Cudmore Jamie	2006-2007	112	2007-2008	117	5 kg	
Jacquet Loïc	2006-2007	102	2007-2008	111	9 kg	114 kg en 2011
Privat Thibaut	2006-2007	102	2007-2008	112	10 kg	
Ledesma Mario	2006-2007	100	2007-2008	108	8 kg	
Kayser Benjamin	2010-2011	102	2011-2012	112	10 kg	
James Brock	2010-2011	83	2011-2012	89	6 kg	6 kg pour 1,79 m
Murimurivalu Kini	2010-2011	85	2011-2012	94	9 kg	
Fofana Wesley	2010-2011	88	2011-2012	95	7 kg	

Debaty Vincent	2010-2011	120	2011-2012	127	7 kg	
Jedrasiak Paul	30/05/13	95	2013-2014	115	20 kg	

Il est à noter, concernant l'équipe de Clermont, que plusieurs joueurs connaissent une prise de poids conséquente au début de la période dite faste de ce club, participant à quatre finales du Top 14 de suite : 2007, 2008, 2009 et celle, victorieuse, de 2010.

Si on réalise la même étude pour le club de Perpignan, on constate, là aussi, une prise de poids conséquente et systématique d'une partie importante de l'effectif avec une concomitance dans le temps qui coïncide avec le seul titre du club sur la dernière décennie, en 2009.

Tableau 4. Évolution du poids des joueurs de l'US Arlequins perpignanais

Nom du joueur	**Période 1**	**Poids (kg)**	**Période 2**	**Poids (kg)**	**Prise de poids**	**Commentaires**
Guirado Guilhem	2007-2008	99	2008-2009	105	6 kg	
Planté Adrien	2007-2008	84	2008-2009	89	5 kg	
Planté Adrien	2008-2009	89	2009-2010	93	4 kg	Prise de 9 kg en deux ans
Grandclaude Jean-Philippe	2007-2008	95	2008-2009	100	5 kg	
Hines Nathan	2007-2008	112	2008-2009	118	6 kg	120 kg en 2011
Chouly Damien	2007-2008	99	2008-2009	108	9 kg	
Perez Jean-Pierre	2007-2008	92	2008-2009	102	10 kg	
Tuilagi Henry	2007-2008	117	2008-2009	126	9 kg	
Mélé David	2007-2008	70	2008-2009	77	7 kg	
Vilaceca Guillaume	2008-2009	103	2009-2010	110	7 kg	
Marty David	2008-2009	86	2009-2010	93	7 kg	
Mermoz Maxime	2008-2009	90	2009-2010	96	6 kg	

Bourrust Benoît	2008-2009	117	2009-2010	126	9 kg	
Tincu Marius	2009-2010	110	2010-2011	119	9 kg	
Taofifenua Romain	2012-2013	121	2013-2014	130	9 kg	

Pour le Stade Toulousain, club qui remporte nombre de titres durant la dernière décennie, certaines prises de poids sont notables lors de la période qui se situe avant et après la Coupe du monde de 2007 pour les joueurs qui y participent.

Tableau 5. Évolution du poids des joueurs du Stade Toulousain

Nom du joueur	**Période 1**	**Poids (kg)**	**Période 2**	**Poids (kg)**	**Prise de poids**
Dusautoir Thierry	2006-2007	95	2007-2008	101	6 kg
Lamboley Grégory	2006-2007	100	2007-2008	107	7 kg
Nyanga Yannick	2006-2007	94	2007-2008	98	4 kg
Heymans Cédric	2006-2007	91	2007-2008	96	5 kg
Médard Maxime	2006-2007	84	2007-2008	88	4 kg
Millo-Chluski Romain	2008-2009	114	2009-2010	119	5 kg
Poux Jean-Baptiste	2008-2009	105	2009-2010	113	8 kg
Swanepoel Bertus	2008-2009	104	2008-2009	115	11 kg
Maestri Yoann	2008-2009	104	2009-2010	119	15 kg
Lamerat Rémi	2010-2011	100	2011-2012	105	5 kg
Maka Edwin	2011-2012	130	2012-2013	142	12 kg
Huget Yoann	2011-2012	92	2012-2013	97	5 kg

De manière à ne pas stigmatiser uniquement ces trois clubs, le tableau suivant rend compte de fortes évolutions de poids des joueurs d'autres clubs de l'élite du rugby français. On constate, là aussi, une modification rapide de leur poids.

Tableau 6. Évolution du poids des joueurs des autres clubs (RC Toulonnais, Castres Olympique, Racing Métro 92, SU Agen, etc.)

Nom du joueur	**Club**	**Saison 1**	**Poids (kg)**	**Saison 2**	**Poids (kg)**	**Prise de poids**	**Commentaires**
Chabal Sébastien	Racing Métro 92	2009-2010	106	2010-2011	113	7 kg	
Genevois Jean-Philippe	RC Toulonnais	2010-2011	101	2011-2012	108	7 kg	
Missoup Olivier	RC Toulonnais	2010-2011	95	2011-2012	100	5 kg	
Palisson Alexis	RC Toulonnais	2011-2012	80	2012-2013	86	6 kg	6 kg pour 1,77 m
Kubriashvili Davit	RC Toulonnais	2008-2009	115	2009-2010	122	7 kg	
Tekori Iosefa	Castres Ol.	2007-2008	108	2009-2010	129	21 kg	
Michaux Ludovic	Castres Ol.	2007-2008	108	2008-2009	115	7 kg	
Faure Florian	Castres Ol.	2007-2008	112	2008-2009	121	9 kg	
Andreu Marc	Castres Ol.	2008-2009	75	2009-2010	78	3 kg	3 kg pour 1,70 m
Palis Geoffrey	Castres Ol.	2012-2013	87	2013-2014	93	6 kg	
Dulin Brice	SU Agen	2010-2011	78	2011-2012	82	4 kg	4 kg pour 1,78 m
Machenaud Maxime	SU Agen	2010-2011	82	2011-2012	87	5 kg	5 kg pour 1,74 m
Carillo François	Aviron Bayonnais	2011-2012	96	2012-2013	101	5 kg	
Trinh-Duc François	Montpellier HR	2007-2008	85	2009-2010	90	5 kg	
Steyn François	Racing Métro 92	2009-2010	100	2010-2011	110	10 kg	
Saubade Julien	Racing Métro 92	2009-2010	80	2010-2011	84	4 kg	4 kg pour 1,73 m
Méla Arnaud	CA Brive	2008-2009	118	2009-2010	125	7 kg	

Étude 3. Étude des variations exceptionnelles de poids entre deux saisons pour un même joueur

Tableau 7. Évolution exceptionnelle du poids en une saison, avec classement des joueurs par ordre décroissant de variation de poids

Nom du joueur	Club	Saison 1	Poids (kg)	Saison 2	Poids (kg)	Prise de poids	Commentaires
Tekori Iosefa	Castres Ol.	2007-2008	108	2009-2010	129	21 kg	
Jedrasiak Paul	ASM Clermont	31/05/13	95	2013-2014	115	20 kg	
Gunther Pierrick	RC Toulonnais	2009-2010	90	2010-2011	106	16 kg	
Maestri Yoann	S. Toulousain	2008-2009	104	2009-2010	119	15 kg	
Ric Clément	ASM Clermont	2011-2012	102	2012-2013	117	15 kg	
Maka Edwin	S. Toulousain	2011-2012	130	2012-2013	142	12 kg	
Flanquart Alexandre	S. Français	2011-2012	102	2012-2013	114	12 kg	
Tillous-Borde Sébastien	Biarritz Ol.	2006-2007	81	2007-2008	93	12 kg	
Swanepoel Bertus	S. Toulousain	2008-2009	104	2008-2009	115	11 kg	
Acosta Louis	CA Brive	2011-2012	90	2012-2013	101	11 kg	
Rougerie Aurélien	ASM Clermont	2006-2007	93	2007-2008	113	10 kg	
Galala Sevanaia	CA Brive	2011-2012	92	2012-2013	102	10 kg	
Traille Damien	Biarritz Ol.	2006-2007	93	2007-2008	103	10 kg	
Privat Thibaut	ASM Clermont	2006-2007	102	2007-2008	112	10 kg	
Kayser Benjamin	ASM Clermont	2010-2011	102	2011-2012	112	10 kg	
Perez Jean-Pierre	USA Perpignannais	2007-2008	92	2008-2009	102	10 kg	Prise de 15 kg au total
Planté Adrien	USA Perpignannais	2007-2008	84	2009-2010	93	9 kg	Prise de 9 kg en deux ans

Taofifenua Romain	USA Perpignannais	2012-2013	121	2013-2014	130	9 kg	
Jacquet Loïc	ASM Clermont	2006-2007	102	2007-2008	111	9 kg	
Chouly Damien	USA Perpignannais	2007-2008	99	2008-2009	108	9 kg	
Murimurivalu Kini	ASM Clermont	2010-2011	85	2011-2012	94	9 kg	
Tincu Marius	USA Perpignannais	2009-2010	110	2010-2011	119	9 kg	
Faure Florian	Castres Ol.	2007-2008	112	2008-2009	121	9 kg	
Rabadan Pierre	S. Français	2011-2012	100	2012-2013	105	5 kg	9 kg sur deux périodes
Caisso Olivier	CA Brive	2011-2012	112	2012-2013	120	8 kg	
Parisse Sergio	S. Français	2010-2011	104	2011-2012	112	8 kg	
Ledesma Mario	ASM Clermont	2006-2007	100	2007-2008	108	8 kg	
Lauret Wenceslas	Biarritz Ol.	2009-2010	92	2010-2011	100	8 kg	
Harinordoquy Imanol	Biarritz Ol.	2002-2003	102	2003-2004	106	4 kg	110 kg en 2013
Ngwenya Takudzwa	Biarritz Ol.	2010-2011	85	2011-2012	92	7 kg	
Lakafia Raphaël	Biarritz Ol.	2009-2010	108	2010-2011	115	7 kg	
Cabannes Romain	BO, CO	2008-2009	90	2009-2010	97	7 kg	
Fofana Wesley	ASM Clermont	2010-2011	88	2011-2012	95	7 kg	
Lamboley Grégory	S. Toulousain	2006-2007	100	2007-2008	107	7 kg	
Mélé David	USA Perpignannais	2007-2008	70	2008-2009	77	7 kg	
Vilaceca Guillaume	USA Perpignanais	2008-2009	103	2009-2010	110	7 kg	
Marty David	USA Perpignanais	2008-2009	86	2009-2010	93	7 kg	
Tchale-Watchou Robins	FC Auch-Gers	2007-2008	120	2008-2009	127	7 kg	
Chabal Sébastien	Racing Métro 92	2009-2010	106	2010-2011	113	7 kg	

Genevois Jean-Philippe	RC Toulounais	2010-2011	101	2011-2012	108	7 kg	
Michaux Ludovic	Castres Ol.	2007-2008	108	2008-2009	115	7 kg	
Clarkin Matthew	Montaub Bègles	2009-2010	100	2010-2011	107	7 kg	
Palis Geoffrey	Castres Ol.	2012-2013	87	2013-2014	93	6 kg	
Palisson Alexis	RC Toulonnais	2011-2012	80	2012-2013	86	6 kg	6 kg pour 1,77 m
Mermoz Maxime	USA Perpignannais	2008-2009	90	2009-2010	96	6 kg	
Hines Nathan	USA Perpignannais	2007-2008	112	2008-2009	118	6 kg	120 kg en 2011
Guirado Guilhem	USA Perpignannais	2007-2008	99	2008-2009	105	6 kg	
Leguizamón Juan Manuel	S. Français	2010-2011	100	2011-2012	106	6 kg	
Dusautoir Thierry	S. Toulousain	2006-2007	95	2007-2008	101	6 kg	
James Brock	ASM Clermont	2011-2012	83	2012-2013	89	6 kg	6 kg pour 1,79 m
Thion Jérôme	Biarritz Ol.	2007-2008	115	2008-2009	120	5 kg	
Cudmore Jamie	ASM Clermont	2006-2007	112	2007-2008	117	5 kg	
Heymans Cédric	S. Toulousain	2006-2007	91	2007-2008	96	5 kg	
Lamerat Rémi	S. Toulousain	2010-2011	100	2011-2012	105	5 kg	
Huget Yoann	S. Toulousain	2011-2012	92	2012-2013	97	5 kg	
Szarzewski Dimitri	S. Français	2009-2010	96	2010-2011	101	5 kg	105 kg en 2012
Martin Rémy	S. Français	2007-2008	102	2008-2009	107	5 kg	
Grandclaude J-Philippe	USA Perpignannais	2007-2008	95	2008-2009	100	5 kg	
Missoup Olivier	RC Toulonnais	2010-2011	95	2011-2012	100	5 kg	
Machenaud Maxime	SU Agen	2010-2011	82	2011-2012	87	5 kg	5 kg pour 1,74 m
Carillo François	A. Bayonnais	2011-2012	96	2012-2013	101	5 kg	
Trinh-Duc François	Montpellier HR	2007-2008	85	2009-2010	90	5 kg	

Comment expliquer l'inexplicable ?

Comment est-il possible de prendre près de vingt kilos, dont la majeure partie en muscle, en une seule saison ? En faisant deux fois plus de musculation que les autres ? Non. En mangeant deux fois plus que les autres ? Non. Pour avoir pratiqué la musculation et suivi une préparation physique de manière intensive, mais aussi avoir interrogé des scientifiques, que ce soit des spécialistes en médecine sportive, neurologie, neurobiologie, voire même orthopédie, la réponse est toujours non. Seule la combinaison d'un entraînement intensif et d'un accompagnement médicalisé peut optimiser à ce point le travail réalisé et provoquer une prise de masse musculaire aussi importante.

Alors, existe-t-il une explication rationnelle ?

Une piste nous est donnée par un article, rédigé par un ancien joueur de la Section Paloise, l'Écossais Paul Dearlove : « Il y a à peu près deux ans, un préparateur physique m'a expliqué que la prise de stéroïdes anabolisants pendant un cycle de huit semaines pouvait changer ma carrière sportive. Par son expérience, il avançait que même un joueur qui n'effectuerait qu'un seul cycle de huit semaines pouvait néanmoins conserver 60 % des bénéfices obtenus pendant cette période. Pour mettre cela en perspective, voici, au travers de deux exemples totalement réalistes, ce qui aurait été possible de faire pour moi :

– Après avoir pris cinq kilos de muscle, même en arrêtant le traitement, j'en aurais gardé, pendant le reste de ma carrière, trois kilos.

– Si j'avais augmenté mon explosivité de manière à

réduire d'une seconde mon meilleur temps sur 100 m, même en ne prenant plus jamais de stéroïdes de ma vie, j'aurais pu conserver une réduction de 0,6 seconde de mon temps sur 100 m[1]. »

Il est évident que ces propos ne permettent pas de faire de la prise de stéroïdes une explication générale de l'explosion des masses musculaires et des performances physiques telles que les tableaux précédents les révèlent, mais il est certain qu'une telle explication ne peut pas être écartée lorsqu'il s'agit de trouver les raisons concrètes d'une telle progression. Et il en va de même d'autres familles de produits chimiques que les stéroïdes qui ont aussi la capacité de développer les fibres musculaires aussi rapidement : hormone de croissance, insuline, ou même l'utilisation de corticoïdes en quantités importantes.

Au passage, il est à noter que Paul Dearlove a joué dans l'équipe de Pau à l'époque où Alain Camborde en était le préparateur physique – ils s'y sont ainsi côtoyés de 2006 à 2008. Mais, même si des stéroïdes ont été retrouvés lors des perquisitions au domicile d'Alain Camborde, il n'est pas, bien sûr, possible d'avancer avec certitude que les propos du joueur écossais font référence au mode de fonctionnement du préparateur physique béarnais.

Cependant, il est difficile, après une telle explication, de rester insensible face à des évolutions de poids corporels aussi rapides. Même le meilleur des entraînements, même la pratique de la musculation à haute dose pour un joueur qui en faisait peu avant – ce qui n'est jamais vraiment le cas ici –, ne provoquent une prise de masse musculaire aussi conséquente sur une courte période. Si l'on traduit

1. Paul Dearlove, « Drugs in Rugby – Part I: Performance Enhancing », FrenchRugbyClub.com, 12 février 2009.

sous forme de courbe les éléments avancés par Paul Dearlove, la courbe obtenue montre une différence significative par rapport à celle de l'évolution naturelle du poids (hors prise conséquente de masse graisseuse) d'un sportif en phase d'entraînement intensif. Ce dernier peut, bien sûr, prendre de la masse musculaire, mais de manière limitée et surtout progressive :

Principe d'une courbe de prise de poids naturelle par simple entraînement

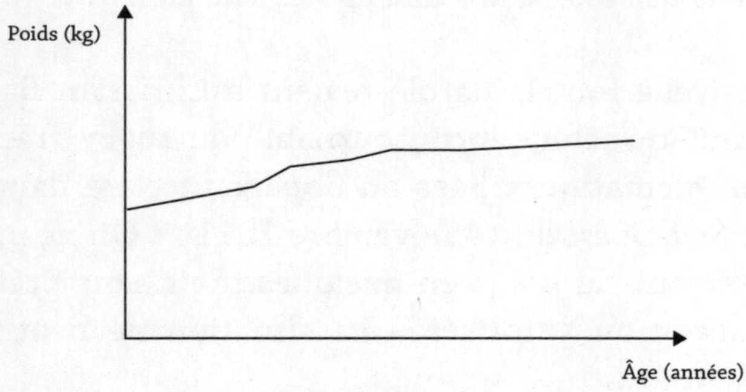

Variation naturelle du poids

Dans le cas d'une cure de stéroïdes suivie selon la description qu'en donne Paul Dearlove dans son article, la courbe fait apparaître une prise nette de poids sur une période courte, avant qu'elle ne chute légèrement pour se stabiliser à un niveau qui reste fortement supérieur à celui précédant la cure, écart qui représente la prise de masse musculaire liée à la prise de stéroïdes.

Principe d'une courbe de prise de poids incluant une cure de stéroïdes

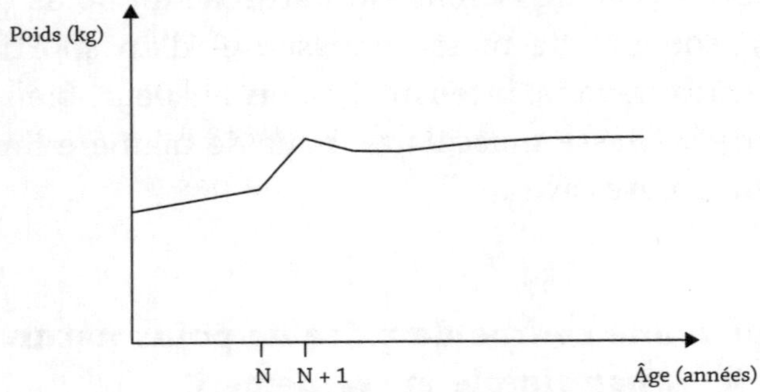

Variation du poids liée à une cure de stéroïdes entre N et N + 1

Une nouvelle fois, la parole revient à Christian Bagate qui, en tant qu'acteur incontournable du rugby français sur les problématiques liées au dopage, déclare dans un article de *Sud-Ouest* du 14 novembre 2011 : « On ne prend pas subitement du poids en quelques mois sans prendre des produits non autorisés. » La situation ne peut être mieux résumée...

Une décision à prendre

Je fais quoi, moi, maintenant ? Je dois me décider. Je reste dans mon coin, tranquillement ? Je fais comme si ce que je crois voir n'existait pas ? Lorsque je croise un joueur ou un amateur de rugby, je prétends, moi aussi, être enthousiasmé par ce fabuleux spectacle, ces formidables physiques ?

Le problème, c'est que je ne sais pas bien mentir et cacher les choses. En plus, là, il s'agit de dénoncer un état de fait, une fuite en avant qui peut se révéler dangereuse pour la santé des joueurs. Cette logique de la performance sans limite doit trouver son terme. Il n'est pas trop tard. Il n'est jamais trop tard. Alors si, moi, je ne dis rien, qui va prendre la parole ? Et que se passera-t-il si un joueur est victime d'un accident grave ? Même si l'on pourra toujours invoquer la faute à pas de chance, est-ce que je ne regretterai pas d'être resté coi et de ne pas avoir dénoncé cette dramatique fuite en avant ?

5

L'interview qui change tout

Après quelques tergiversations, et une phase de réflexion visant à évaluer, autant que faire se peut, les risques que comporte une prise de parole sur un tel sujet, je me décide et appelle un journaliste avec lequel j'ai des relations amicales depuis mon passage comme consultant rugby dans le groupe du journal *L'Équipe* : Laurent Telo. Il a maintenant intégré la rédaction du *Monde*, ce qui est la principale raison de mon choix.

Le choix du média

Les médias pouvant potentiellement être intéressés par un tel sujet sont, en théorie, nombreux, mais ceux capables de le traiter de manière structurée, en le mettant en scène de manière satisfaisante, rares. *L'Équipe* paraît un choix évident. C'est le quotidien du sport, celui qui consacre le plus de place aux sports, tous les sports. De plus, *L'Équipe* a un journaliste, Damien Ressiot, spécialisé en toutes les problématiques liées au dopage. C'est lui, notamment, qui a révélé le fait que les échantillons de Lance Armstrong, lors du Tour de France de 1999, contenaient de l'EPO. Mais *L'Équipe* fait aussi partie du groupe Amaury, propriétaire de la société ASO qui organise le Tour de France. Donc, il existe une certaine forme de schizophrénie qui fait que, souvent, ce type de sujet n'est pas mis en scène de manière aussi valorisante qu'il le devrait. Mon problème n'est pas de faire la couverture des médias. Non. Mon problème est de parvenir à expliciter l'ensemble des arguments que je souhaite mettre en avant. Mon problème est de pouvoir parler d'accompagnement médicalisé de la performance sans que cette expression soit remplacée, à la relecture, par le mot « dopage », pour des raisons de format et de nombre de caractères auxquels mon interview aura droit. Six lettres au lieu des quarante-trois signes initiaux, ça peut changer beaucoup de chose quant à l'interprétation de mon propos. Dans *L'Équipe*, il y aurait bien un emplacement évident pour présenter ma prise de parole, susceptible de me permettre de m'exprimer pleinement : la demi-page d'interview hebdomadaire de la section rugby. Pourtant, j'ai d'énormes doutes sur la probabilité que les journalistes de cette rubrique acceptent de mettre en avant un tel sujet, alors qu'il n'y a pas d'affaire déclarée. Le journalisme d'anticipation est une discipline difficile à exercer, surtout lorsqu'elle touche à un sujet aussi délicat. Et si cet interview est réalisé avec Damien Ressiot, qu'à ce stade de ma réflexion je ne connais pas, je sais très bien qu'il ne figurera pas dans l'espace réservé au rugby et que je me retrouverai dans un coin de page, coincé entre les grandes rubriques et la publicité. Non. Choisir le journal *L'Équipe* ne me satisfait pas totalement. *Le Monde*, lui, même s'il n'est pas d'une assiduité sans faille lorsqu'il s'agit de traiter de l'actualité sportive, me paraît plus à même de donner de la place à un tel sujet. S'il est jugé intéressant, mon interview aura la place qu'il mérite. Or, en plus d'y connaître un des journalistes, je sais que le responsable de la rubrique sport, Stéphane Mandard, est friand de tout ce qui touche au dopage.

Ma décision est prise et la logique de sa mise en œuvre arrêtée. J'appelle donc Laurent Telo, à qui justement il a été demandé d'enquêter sur le sujet suite aux déclarations de Françoise Lasne. Je lui explique ma démarche et ma volonté de délivrer un message fort, portant mes inquiétudes pour la santé des joueurs actuels. Après quelques questions pour vérifier le fond de mon propos et sa cohérence, un rendez-vous est fixé. L'interview se fera chez moi. Vu la sensibilité du sujet, il est judicieux d'éviter la traditionnelle rencontre dans un lieu public, comme un bar. Surtout, je veux être sûr que l'on ait le temps de travailler ensemble pour choisir consciencieusement les termes à employer. Mon propos doit être précis, autant pour donner de la force au message que pour me protéger, au maximum, des risques de poursuite en diffamation.

Le choix des mots

Il m'a été beaucoup reproché d'avoir tenu des propos affabulateurs et incohérents, d'avoir fait preuve de légèreté et agi de manière irréfléchie. Même si un tel sujet ne peut laisser indifférent, j'ai, depuis le début, pris un temps conséquent de réflexion afin de peser chacune de mes décisions de manière, surtout, à ne jamais me retrouver dans la précipitation ou aveuglé par la passion. J'agis donc de la sorte pour la réalisation de l'interview elle-même. Tentant de peser le pour et le contre dans le choix du moindre mot. De bien faire attention à limiter mon intervention à l'évocation de certains éléments en particulier. De ne pas me servir de certains arguments qui pourraient plus facilement m'être objectés. Ainsi, pour éviter de passer pour l'ancien joueur aigri, jaloux des physiques des joueurs actuels qui, eux, sauraient s'entraîner sérieusement là où, moi, je n'aurais été qu'un dilettante profitant d'une époque où il était « facile » de jouer au plus haut niveau, je prends garde de parler le moins possible de l'explosion des masses musculaires. Parce que sinon, évidemment, il sera facile de dire que je n'y connais rien à la préparation de haut niveau, que, de mon temps, on ne faisait rien à l'entraînement. Du coup, je vais plutôt faire tourner mon propos autour de l'hormone de croissance et des évolutions notables de certaines mâchoires.

Il est aussi nécessaire de lancer un véritable avertissement à l'ensemble du rugby quant à la fuite en avant d'une performance qui serait sans limite, d'où l'intérêt de mettre en exergue les propos de Philippe Saint-André exprimant, de manière parfaitement claire, la pression qui est imposée aux joueurs pour se faire une place au soleil, que ce soit en club ou en équipe de France. Annoncer une augmentation de dix minutes du temps de jeu effectif par match, soit un accroissement de 12,5 % de la performance, en tout juste deux saisons me paraît, encore aujourd'hui, irresponsable. C'est comme si l'on demandait, toutes proportions gardées, à Renaud Lavillenie de faire passer le record du monde à la perche de 6,16 m à 6,93 m d'ici 2016 ou à Usain Bolt celui du 100 m de 9,58 secondes à 8,38 secondes en deux ans. Énorme, n'est-ce pas ? Et pour ceux qui pensent que tout est possible, il leur faut garder en tête le fait que lorsque le rugby est passé professionnel, en 1995, il a quand même fallu attendre cinq bonnes années avant que le temps de jeu effectif passe d'un peu moins de vingt minutes par match à près de trente, soit une progression de plus de 50 %. Or, à l'époque, passer d'un entraînement de temps en temps à deux entraînements quotidiens est une véritable révolution qui amène pas mal de joueurs à un niveau athlétique bien supérieur à ce qu'il était avant. Alors, vraiment, les propos du sélectionneur national sont choquants : ils traduisent une exigence qui me paraît, au sens premier du terme, surhumaine.

Trouver une formule choc

De manière à marquer les esprits et à ne pas faire de mon propos un simple prêche dans le désert, j'ai aussi besoin d'une image forte, d'une formule qui résume à la fois ma pensée et la situation dans laquelle se trouve, à mes yeux, le rugby actuel. Avec *Le Monde*, comme je ne peux pas compter sur le choc des photos, il me faut au moins le poids des mots. Le cyclisme va m'apporter ce que je recherche. Pas n'importe quel cyclisme. Celui des années 1990, de l'affaire Festina. Celui au sein duquel le dopage à partir de l'EPO a atteint des sommets tels que les coureurs étaient réveillés par leur cardiofréquencemètre au milieu de la nuit quand leur rythme cardiaque ralentissait trop, de manière à effectuer un effort physique – pompes, séance de home-trainer – pour faire remonter la fréquence de battements de leur cœur et éviter de mourir. Mon propos n'est pas de dire que ce type de pratiques existe dans le rugby. Non. Mon propos est de dénoncer une logique de la performance qui est bien installée dans l'esprit de tous les acteurs du rugby professionnel et qui peut amener à nombre de dérives. De tirer un signal d'alarme par rapport à un système qui ne fixe plus aucune limite aux exploits physiques. Sans la découverte par les douanes des trafics au sein de l'équipe Festina et le procès qui en a découlé, le monde du cyclisme aurait pu continuer à suivre cette logique sans fin et le Tour de France pourrait actuellement se courir sur la base d'étapes quotidiennes de plus de trois cents kilomètres ; tout en nous expliquant que c'est normal, que, grâce à l'entraînement axé sur la puissance, le calcul des watts produits par le coureur durant chaque type d'effort, il est maintenant possible d'arriver à de telles performances quotidiennes. Un petit mot sur la qualité du matériel qui a tant évolué ces dernières décennies, et le Tour était joué.

Sauf que la magie est ailleurs. L'EPO a révolutionné la performance sportive par sa capacité à inverser le processus physique de l'effort. Le travail du muscle induit notamment la fabrication d'un acide, l'acide lactique, qui marque sa limite face à l'effort demandé. Lorsque l'acide lactique est produit, le muscle se durcit, il provoque une douleur qui progressivement devient intolérable, des débuts de crampes annonciateurs de possibles blessures, obligeant le sportif à ralentir voire à arrêter son effort. La prise exogène d'EPO donne au corps la possibilité de fabriquer une quantité supérieure à la normale de globules rouges qui nourrissent les muscles et augmente la performance. La seule limite que rencontre cette fuite en avant, et elle est de taille, est que la multiplication des globules rouges dans le sang conduit à une densification de ce dernier qui rend plus difficile le travail du cœur et peut aller jusqu'à entraîner un décès par embolie.

Il est ici à noter que, même si l'utilisation d'EPO représente une évidente valeur ajoutée pour la pratique des sports d'endurance, le cas de Marion Jones, cette sprinteuse américaine qui a reconnu se doper et prendre, entre autres, de l'EPO, démontre que n'importe quelle discipline sportive peut être touchée. En effet, même si l'effort physique porte sur un temps très court, la prise exogène d'EPO permet d'accélérer la récupération et ainsi de multiplier les séances d'entraînement. Ce qui est la preuve que l'EPO représente une révolution dans le monde du dopage sportif par la capacité qu'a cette hormone à repousser les limites biologiques du corps humain. Le problème, par contre, c'est sa dangerosité. D'où l'obligation de surveiller le rythme des battements du cœur, notamment pendant le sommeil, et de réaliser un effort physique susceptible de le faire rapidement remonter, si besoin. Mais ça, c'était avant. Via le microdosage, les apprentis sorciers de l'accompagnement médicalisé sont maintenant persuadés qu'ils ont contourné le danger que représentait l'EPO telle qu'elle était utilisée dans les années 1990 et pensent, certainement, que prendre de l'EPO en microdoses n'est pas plus risqué que boire un jus d'orange, comme le disait si bien le docteur Michele Ferrari quand il était encore une figure reconnue de la médecine sportive[1].

D'ailleurs, parler d'EPO me rappelle les déclarations de Fabien Galthié sur le fait qu'il ne connaît pas de produit miracle capable de répondre à l'ensemble des besoins imposés par les spécificités du rugby. Il semblerait que Fabien ne lise pas *L'Équipe*, journal dont il est pourtant le consultant pour le rugby et qui a très régulièrement décrit

1. Michele Ferrari est un médecin qui s'est spécialisé dans la préparation physique et scientifique des sportifs, notamment des coureurs cyclistes. Après avoir été l'adjoint du docteur Francesco Conconi au centre de préparation sportive de la ville de Ferrare, il devient médecin de l'équipe cycliste Gewiss qu'il mène au succès, se vantant d'utiliser l'EPO pour préparer ses coureurs. Il s'occupera tout au long de sa carrière de plusieurs dizaines de coureurs dont le principal sera, entre 1996 et 2005, Lance Armstrong. Le docteur Ferrari sera plusieurs fois inquiété par la justice au travers de nombreux procès, le dernier le condamnant à une exclusion à vie de la préparation et de l'encadrement d'athlètes.

pourquoi et comment est utilisée l'EPO dans des sports comme le cyclisme, le ski de fond et même le sprint. Et à tous ceux qui arguent que le dopage physique n'améliore en rien la qualité technique, je leur soumets ce fait simple et non discutable : un athlète qui ne ressent pas de fatigue présentera toujours un niveau de maîtrise technique supérieur à celui qu'il aurait en état de fatigue. Et cela vaut aussi bien pour une passe ou un plaquage en rugby que pour un tir ou un tacle en football, un coup droit ou un revers en tennis – les trois sports qui aiment à ériger cette barrière insubmersible face au risque de dopage. Foutaise et hypocrisie ! Alors Fabien, s'il te plaît, quand tu t'exprimes sur le sujet, essaie, au moins, d'adopter un discours à peu près crédible. À moins que, à l'instar d'un grand industriel français qui, pour se défendre d'avoir commis un délit d'initié lors de la vente d'actions, affirmait qu'il avait le choix entre « passer pour quelqu'un de malhonnête ou d'incompétent », tu aies préféré la seconde option. Mais, attention quand même, s'affirmer incompétent n'est pas mécaniquement le gage d'une honnêteté sans faille...

Revenons maintenant à mon souci de présenter des images fortes. D'employer les bons mots. Le cyclisme des années 1990. L'affaire Festina. Tout le monde dénigre ce sport pour ce qu'il a été à une certaine période, alors qu'il tente actuellement de faire certaines choses pour y remédier et, surtout, qu'il tient un discours responsable sur le sujet. Faisons un parallèle entre les deux disciplines pour montrer que la plus moderne des deux, la plus en avance sur la lutte contre le dopage, n'est pas du tout celle que l'on croit. C'est ainsi que la phrase : « Le rugby est dans la situation du cyclisme avant l'affaire Festina », prend corps. C'est suffisamment évocateur, puisque l'affaire Festina a été très largement médiatisée et, du coup, diabolisée. Ce parallèle synthétise parfaitement ma vision et mon inquiétude. Le procès de l'organisation mise en place à l'intérieur de l'équipe Festina résume à lui seul la logique des années 1990 dans le monde du cyclisme où, grâce à la prise d'EPO, la performance ne rencontrait aucune limite. C'est Laurent Telo qui choisit de reprendre cette phrase pour en faire le titre de l'interview, car il est alors évident que rien ne peut en égaler la force évocatrice.

Des AUT qui agissent sur moi comme un chiffon rouge

Une chose m'a marqué dans les propos de Françoise Lasne, notamment parce que cela rejoint ma vision de l'évolution du rugby, c'est sa mise en avant des autorisations à usage thérapeutique (AUT). Cette autorisation administrative est censée régir la possibilité pour des sportifs d'utiliser, à des fins thérapeutiques, des médicaments présents sur la liste de l'Agence mondiale antidopage, sans risquer d'être accusés de dopage et de voir leur carrière suspendue. Bien sûr, les sportifs ont, comme tout le monde, le droit de se soigner. Pour cela, leur médecin doit faire une déclaration officielle de prise de médicament dans le cadre d'une prescription thérapeutique. Le problème est que cette autorisation est rapidement devenue un moyen de protéger le sportif concerné de toute sanction suite à un contrôle. Ainsi, par exemple, le nombre d'asthmatiques dans le sport de haut niveau a explosé, permettant aux athlètes, de manière légale, d'utiliser des bronchodilatateurs qui facilitent grandement la performance physique grâce à leur capacité à capter l'oxygène augmenté. Les instances sportives ont ainsi mis en place une logique de contrôle vérifiant la véracité des pathologies déclarées : tout sportif concerné doit être en mesure de prouver qu'il est atteint d'une maladie du système respiratoire nécessitant la prise de médicaments de type bronchodilatateurs.

Malgré tout, ces pratiques n'ont pas disparu, loin de là. Elles doivent désormais se faire dans un cadre plus contraignant, d'autant plus que, dans le cas des sports collectifs, il est difficile, comme on l'a vu, de justifier d'un pourcentage d'asthmatiques dépassant les 50 % alors que les taux naturels dans la population sont bien inférieurs : 3 à 4 % de la population mondiale et 5 à 6 % de la population adulte en France[1]. Dans le cas d'une approche médicalisée de la performance dans un sport d'équipe, l'encadrement est censé mettre en place les mêmes types de protocoles auprès de l'ensemble des joueurs ou, au moins, des leaders de l'équipe pour assurer un niveau de résultats satisfaisant. Mais de telles obligations laissent des traces, que ce soit au niveau des AUT ou de certaines courbes hormonales. En effet, si toute l'équipe suit un traitement identique sur une période donnée, même si chaque joueur à un niveau hormonal qui lui est propre, il est possible de trouver, en examinant l'évolution des courbes hormonales, les mêmes variations chez tous les joueurs. Ce qui entraîne des suspicions...

En ce qui concerne les AUT, notons qu'en 2006, déjà, le docteur Christian Bagate, président du comité médical de la FFR, avait envoyé un courrier à l'ensemble des médecins des clubs professionnels, en convoquant certains en particulier, pour tirer la sonnette d'alarme face à une sys-

1. IRDES, *Enquête sur la santé et la protection sociale 2006*, rapport n° 540, avril 2008.

tématisation beaucoup trop importante de ces autorisations. La déclaration de Françoise Lasne laisse à penser que ce rappel à l'ordre n'a pas eu beaucoup d'effets. Sauf que la vérité est plus compliquée. D'une part, les propos de la directrice du laboratoire de Châtenay-Malabry ne correspondent pas à la réalité de 2013, moment où elle les a tenus. En effet, cette année-là, le nombre d'AUT délivrées au sein du rugby professionnel est en baisse. Et pour cause. Le règlement de l'AMA autorise, depuis 2012, la prise de corticoïdes par inhalation. De plus, il n'impose pas la recherche de corticoïdes durant les périodes hors compétition, ce qui revient à en légaliser la consommation – et a pour conséquence directe de faire baisser le nombre des AUT puisqu'il n'y a plus besoin de justifier une prise de corticoïdes. Et comme, autre subtilité, en rugby, la période hors compétition concerne les six jours de la semaine où aucun match n'a lieu, le nombre d'AUT données aux clubs de rugby est passé de plus de cent cinquante en 2009 à une trentaine en 2013[1]. C'est mathématique. Et ceci en sachant, en plus, que la déclaration des AUT ne se fait pas systématiquement, dès la prise d'un médicament quelconque, mais plutôt en vue de prévenir les contrôles et les risques de sanction. Le nombre des AUT délivrées n'est ainsi qu'un pâle reflet de la réalité des pratiques.

En tout cas, les propos de Françoise Lasne n'ont fait que renforcer les certitudes que j'avais déjà. Même s'ils sont en décalage, ses propos me confirment l'existence du contrôle et de la mise en place directement dans les structures d'un accompagnement médicalisé de la perfor-

1. Véronique Lebar, « Problèmes et enjeux des autorisations à usage thérapeutique », colloque CNOSF, AFLD, 2010.

mance. Tout comme ce fut le cas de l'équipe cycliste Festina au milieu des années 1990...

Le suivi longitudinal, un parfait écran de fumée

Le monde du rugby a établi un écran de fumée qui a rassuré tout le monde et dissipé tout risque d'intrusion non autorisée : le suivi longitudinal. Saint Graal de la lutte antidopage – enfin, c'est ce que soutiennent les institutions du rugby et, notamment, la Ligue nationale, qui en est l'instigatrice. On va voir qu'il en est tout autrement.

La vraie force du rugby français a été de mettre en place ce suivi suffisamment tôt, dès 2002, pour s'acheter une virginité qui ne permet plus, aujourd'hui, aucune remise en cause. Le suivi longitudinal, tel qu'il a été établi par la LNR, oblige l'ensemble des joueurs professionnels à subir, chaque saison, un protocole médical strict, comprenant trois contrôles sanguins à des dates fixées par la commission médicale. Cependant, malgré ce qu'essaie de nous faire croire le monde du rugby aujourd'hui, le but de ce suivi médical n'est, à l'origine, aucunement de lutter contre le dopage, mais uniquement de suivre l'état sanitaire général de l'ensemble des joueurs de rugby professionnels évoluant en France. Ce suivi permet d'obtenir un bilan médical précis de l'état de santé de chaque licencié de club professionnel et, si nécessaire, de faire de la prévention en cas de risque de pathologies – paramètres biologiques anormaux qui peuvent indiquer des cas d'hépatite ou un cancer par exemple – ou directement de traiter des maladies qui n'auraient pas été détectées jusque-là – les médecins de la Fédération française de

Rugby donnent systématiquement pour exemple le cas du cancer de Tony Marsh, trois-quarts centre de l'ASM Clermont Auvergne et de l'équipe de France, repéré à partir des résultats de son suivi longitudinal et traité avec succès depuis.

Au vu de la liste des dosages effectués, il est néanmoins possible de repérer certaines anomalies révélant des déséquilibres hormonaux qui pourraient être la résultante du suivi de traitements non autorisés. Sauf que le protocole instauré donne une trop grande latitude aux tricheurs potentiels. En effet, la commission médicale de la LNR avertit par avance le médecin du club qui dispose de plusieurs jours pour organiser le prélèvement sanguin de ses joueurs auprès du laboratoire référent. Ce qui sous-entend que le joueur est averti de la prise de sang bien avant que celle-ci ne soit effectuée. Le docteur Jean-Claude Peyrin, élu au comité directeur de la FFR, reconnaîtra que ce délai peut aller jusqu'à quatorze jours, ce qui laisse, si besoin, énormément de temps pour se préparer[1]. On est à des années-lumière en termes d'efficacité des contrôles inopinés diligentés par l'Agence française de lutte contre le dopage qui, elle, se plaignait, lors des Tours de France des années 2000, de la lente réactivité des équipes cyclistes qui mettaient de longues minutes avant de mettre à disposition leurs coureurs. On sait aujourd'hui, suite aux témoignages de certains repentis, que ce temps de latence, même court, permettait de mener à bien des perfusions visant à rééquilibrer les paramètres hormonaux des cyclistes concernés et éviter que les résultats soient positifs, signe de dopage. Sans parler de l'hormone de croissance dont les traces dans le corps ne subsistent, au mieux, que quarante-huit heures.

1. Voir chapitre 11.

Pourquoi, alors, prétendre que le suivi longitudinal est un formidable outil de surveillance et une garantie contre les comportements déviants ? Et ce d'autant plus que l'AFLD est déjà en charge de ce type de surveillance ?

Le pire, cependant, ne vient peut-être pas de la simple latitude laissée à de possibles tricheurs lors du contrôle lui-même, mais plutôt de la manière avec laquelle les résultats obtenus sont utilisés et surtout ne sont pas communiqués. En effet, depuis 2000, date de l'instauration du suivi longitudinal, aucune publication autre que quelques études très spécifiques (par exemple, l'étude sur le stress métabolique et musculaire chez le rugbyman publiée en 2010[1]) n'a permis d'obtenir un panorama intéressant de l'état de santé des joueurs de rugby professionnel. Et je le dis d'autant plus facilement que j'ai déjà demandé publiquement à ce qu'une simple comparaison des morphologies des joueurs entre les saisons 2004-2005 et 2013-2014 soit réalisée à partir des archives du suivi longitudinal mis en place par la LNR – histoire d'illustrer la réalité, ou pas, des changements hors norme qu'a connus en moins de dix ans le rugby professionnel. À ce jour, aucune réponse ne m'a été donnée et, malgré de nombreuses recherches, je n'ai jamais pu mettre la main sur la moindre publication tirée des résultats du suivi longitudinal. Et pour cause ! C'est l'opacité la plus totale qui règne. Lorsque les résultats arrivent auprès du professeur Gérard Dine, à l'Institut biotechnologique de Troyes, qui est chargé de leur analyse, il ne se passe officiellement pas grand-chose. Quels

1. Frédéric Bauduer, Caroline Monchaux, Marie-Laure Burtin, Bruno Dubroca, Jean-Pierre Mathieu, « Déséquilibres biochimiques, déshydratation, récupération et rugby professionnel – données du suivi longitudinal de la Ligue nationale de rugby et de l'exploration par bioimpédance multifréquence », *Sci Sports*, n° 26, 2011, p. 19-24.

que soient les résultats et les anomalies qui pourraient apparaître, aucune communication officielle n'est faite. Que ce soit auprès de l'AFLD, organisme qui, pourtant, a la charge de traquer les profils anormaux et de diligenter des contrôles antidopage inopinés, ou des médias, rien. Aucune information ne filtre. Au nom du secret médical, bien sûr. Pourtant, le cyclisme, notamment avec le Mouvement pour un cyclisme crédible, prouve qu'il est possible de communiquer sur le sujet et d'être transparent. Et d'annoncer publiquement qu'un coureur ayant un taux de cortisol effondré, signe d'une prise de corticoïdes, est suspendu de compétition le temps que ce taux revienne à la normale.

Même si l'affaire Lance Armstrong a montré que les contrôles négatifs ne sont pas la garantie d'une absence de dopage, une telle volonté de communication des instances du rugby permettait de mettre en place des garde-fous suffisamment dissuasifs pour envoyer un message fort en direction des joueurs. Alors que, là, le rugby professionnel français reste dans sa logique de petits arrangements entre amis et d'opacité au service de l'image de pureté que devrait véhiculer ce sport. Pas de véritable sanction ni de publicité vis-à-vis des cas de dopage avérés. Comme le dit très simplement Gérard Dine lui-même : « Dans le cas du rugby professionnel, dès lors qu'un joueur présente des données suspectes, il est mis au repos[1]. » Par contre, ce qu'il ne dit pas, c'est que cette même mise au repos se fait en catimini, par l'intermédiaire d'une simple communication au médecin du club concerné et en cachant même la véritable raison de la mise à l'arrêt du joueur. Et là encore, on est obligé de

1. 7e Symposium de l'IRMES, 24 octobre 2012.

croire ce que dit Gérard Dine puisqu'il n'y a aucun moyen de le vérifier. Aucun joueur n'est officiellement empêché de jouer suite à des résultats sanguins anormaux. Alors, qu'est-ce qui garantit que le joueur est bien arrêté ? Gérard Dine lui-même ? J'aimerais le croire mais, comme tout médecin du sport, ancien pratiquant et amoureux de la discipline dans laquelle il exerce, ne risque-t-il pas de présenter une forme de syndrome de Stockholm qui n'est pas sans poser problème au moment de prendre des décisions ayant des répercussions négatives sur les joueurs et les clubs ? Le médecin du club ? Celui qui est salarié de la structure qui l'emploie, censé tout faire pour qu'un maximum de joueurs soient à disposition de l'entraîneur à l'approche du match, et qui, là, de son propre chef, prendrait la responsabilité d'arrêter un joueur qui est au meilleur de sa forme – et pour cause ! –, est-ce à lui qu'il faut faire confiance ? Je suis dubitatif... Je le sais, on va encore dire que je vois le mal partout. Mais si, après des années de tergiversations sur le sujet, des structures indépendantes, je dis bien « indépendantes », ont été créées pour intervenir et combattre le dopage, c'est bien parce que, sinon, du moment que les mêmes responsables sont à la fois juges et parties, il ne se passe pas grand-chose, si ce n'est que s'insinue une permissivité trop importante qui permet aux pratiques déviantes de se développer. Sans parler de la suspicion qui accompagne tout joueur arrêté...

Je vais prendre un exemple pour illustrer mon propos et démontrer qu'une telle omerta crée une suspicion néfaste pour tout le monde et plus particulièrement pour les joueurs honnêtes. J'ai, en mémoire, une situation qui m'avait surpris et par rapport à laquelle, vu ma connaissance des modes de fonctionnement du monde du rugby, je ne peux que me montrer méfiant. En 2007, l'équipe de France était réunie à Marcoussis pendant toute la période du Tournoi des six nations, soit un groupe d'une trentaine de joueurs réuni pendant sept semaines complètes. Cette préparation avait pour but de monter en puissance en vue de la Coupe du monde qui allait se tenir sur le sol français, en septembre de la même année. Ce qui représentait, bien sûr, un enjeu de taille pour la seule nation majeure du rugby mondial à ne pas avoir encore été championne du monde. Un joueur retenu pour cette période mélangeant préparation et compétition, et plutôt censé faire partie, au départ, des titulaires au début du tournoi, Rémy Martin, joueur du Stade Français, va pourtant se retrouver, pendant toute la durée des sept semaines, exclu de l'équipe, se contentant d'un simple entretien physique.

Selon la communication de la FFR aux médias, le joueur a été déclaré victime d'une virose qui ne lui a jamais permis de postuler à participer à un seul match de la compétition. Face à la disproportion entre un simple virus qui, pour un individu normal, demande quelques jours d'arrêt et la durée de l'indisponibilité de ce joueur, sept semaines, il y a de quoi être surpris. Et quand on connaît l'opacité qui entoure la manière dont le rugby français gère tout cas d'anomalie hormonale, on ne peut être que suspicieux face à une telle situation. Coupable ou pas coupable, virose ou pas virose, je n'en sais rien. En tout cas, face à un tel manque de transparence, les premières victimes seront toujours les joueurs intègres.

Exemple d'un suivi longitudinal pour un joueur professionnel de rugby : le cas de Vincent Clément

Comme il est possible de le constater sur les images reproduite ci-après, qui sont celles des résultats du prélèvement réalisé le 20 janvier 2012 tels que les a reçus Vincent Clément, alors joueur du Lyon Olympique Universitaire, le suivi longitudinal mis en place par le rugby à partir d'une prise de sang, effectuée trois fois par saison pour les joueurs du Top 14, consiste en un bilan sanguin permettant de surveiller un nombre de paramètres important de manière à obtenir une vision complète de l'état de santé de chaque joueur professionnel. Le joueur reçoit, à la suite de sa prise de sang, un relevé comme n'importe quel individu, avec pour seule différence qu'il concerne un plus grand nombre de paramètres, en lien avec le suivi physiologique de sportifs de haut niveau. Ce joueur peut, s'il est consciencieux, archiver ce relevé dans un dossier avec les précédents. En attendant le suivant. Le médecin du club, logiquement, reçoit lui aussi les copies de ce type de document afin de compléter le dossier médical de chaque joueur. En attendant, lui aussi, le prochain prélèvement. Ou, éventuellement, un coup de fil de Gérard Dine s'il a relevé des résultats anormaux. Ainsi ai-je pu comprendre, au vu des quelques informations que j'ai pu récolter ici ou là, le fonctionnement du suivi longitudinal tel que la LNR l'a mis en place. Bien loin de ce qui existe du côté de la Fédération française de cyclisme (FFC), comme on va le voir en examinant les extraits de courbes de suivi dans le temps des variations hormonales d'un même cycliste ou de l'ensemble de la population étudiée.

du 25/01/12 prescrit pour Mr CLEMENT VINCENT

HORMONOLOGIE

(Technique LOCI Siemens sur Vista)

	Résultats		Normales	Antérieurs
CORTISOL Sanguin. . . . . ."^"		nMol/l		18/10/11
- Heure du prélèvement. . . :	8H07			8H10

VALEURS NORMALES le matin le soir
en nMol/l 101 à 536 79 à 478

	Résultats		Normales	Antérieurs
T.S.H. (Ultra-sensible) . ."^"		mUI/l	0.36 à 3.74	18/10/11
HAPTOGLOBINE (Néphélo Vista) "^		g/l	0.30 à 2.00	18/10/11
FERRITINE Sérique . . . . ."^"		ug/l		

(Technique LOCI Siemens sur Vista)

VALEURS NORMALES Hommes : 26 à 388
Femmes : 08 à 252

"^" Collaboration: Dr Alexandre 1 047 Grande Rue 01 700 Miribel

En instance, examen transmis à: L.A.M. CIBAM St ALBAN (31140) LabCIB
Nature :TESTO,LH,SDHEA,IGF1,RECEPTEUR SOL. EnvAst
Laboratoire extérieur avec Résultat-Facturation Client

Vaulx-en-Velin le 26/01/12

Mr CLEMENT VINCENT

HEMATOLOGIE

	Résultats		Normales	Antérieurs 18/10/11
NUMERATION GLOBULAIRE				
Hématies.		téra/l	4.50 à 5.90	
Hémoglobine		g/l	130 à 170	
Hématocrite			0.40 à 0.52	
V.G.M..		fl	83 à 95	
C.C.M.H..		g/l	320 à 360	
T.C.M.H..		pg	27 à 32	
Leucocytes.		giga/l	4.0 à 10.0	
FORMULE SANGUINE				
Polynucléaires Neutrophiles		% 2330/mm3	45,0 à 70,0	
Polynucléaires éosinophiles		% 752/mm3	1,0 à 3,0	
Polynucléaires basophiles .		% 112/mm3	inf. à 1,0	
Lymphocytes		% 2759/mm3	20,0 à 40,0	
Monocytes		% 647/mm3	3,0 à 7,0	
NUMERATION DES PLAQUETTES . .		giga/l	150 à 400	
RETICULOCYTES		%	0.5 à 2.5	
Soit :		giga/l	20 à 110	
Matures (L.F.R.)		%	80.0 à 98.0	
Intermédiaires (M.F.R.)		%	8.0 à 16.0	
Immatures (H.F.R.)		%	0.5 à 4.0	

La fluorescence est directement proportionnelle à la concentration en ARN. Plus la cellule est jeune, plus elle est riche en ARN. Seule l'augmentation des H.F.R. permet de conclure que la moelle osseuse est régénérative et que le traitement est efficace.

Tournez S.V.P

du 25/01/12 prescrit pour Mr CLEMENT VINCENT

BIOCHIMIE

	Résultats		Normales	Antérie
BILIRUBINE TOTALE (Diazoat)"^"		umol/l mg/l	3.0 à 17.0 1.8 à 9.9	
- Bilirubine conjuguée (dir.)		umol/l mg/l	inf. à 3.0 inf. à 1.8	
- Bilirubine libre (indir.) .		umol/l mg/l	inf. à 17.0 inf. à 9.9	
UREE (UV uréase/GLDH cinét)"^"		mmol/l g/l	2.50 à 6.40 0.15 à 0.38	
URICEMIE (Uricase/UV) . . ."^"		umol/l mg/l	208 à 428 35 à 72	
CREATININE sang (Jaffé) "^"		umol/l	53.0 à 115.0	
Poids du Patient :	107	Kg	108	
Clairance estimée (D.F.G.)		ml/min	sup. à 90.0	
Estimation du D.F.G. par la formule de Cockcroft et Gault				
PROTIDES TOTAUX (Biuret). ."^"		g/l	64.0 à 82.0	
PROTEIN-C-REACTIVE (Néphél)"^"	INF. à	mg/l	inf. à 3.0	
SODIUM (Potentiométrie) . ."^"		mmol/l	136.0 à 145.0	
POTASSIUM (Potentiométrie)."^"		mmol/l	3.5 à 5.1	
CHLORURE (Potentiométrie) ."^"		mmol/l	98 à 107	
RESERVE ALCALINE (Enzym.) ."^"		mmol/l	21.0 à 32.0	
CALCEMIE (O.C.P.) . . . . ."^"		mmol/l mg/l	2.12 à 2.52 85 à 101	

Tournez S.V.P

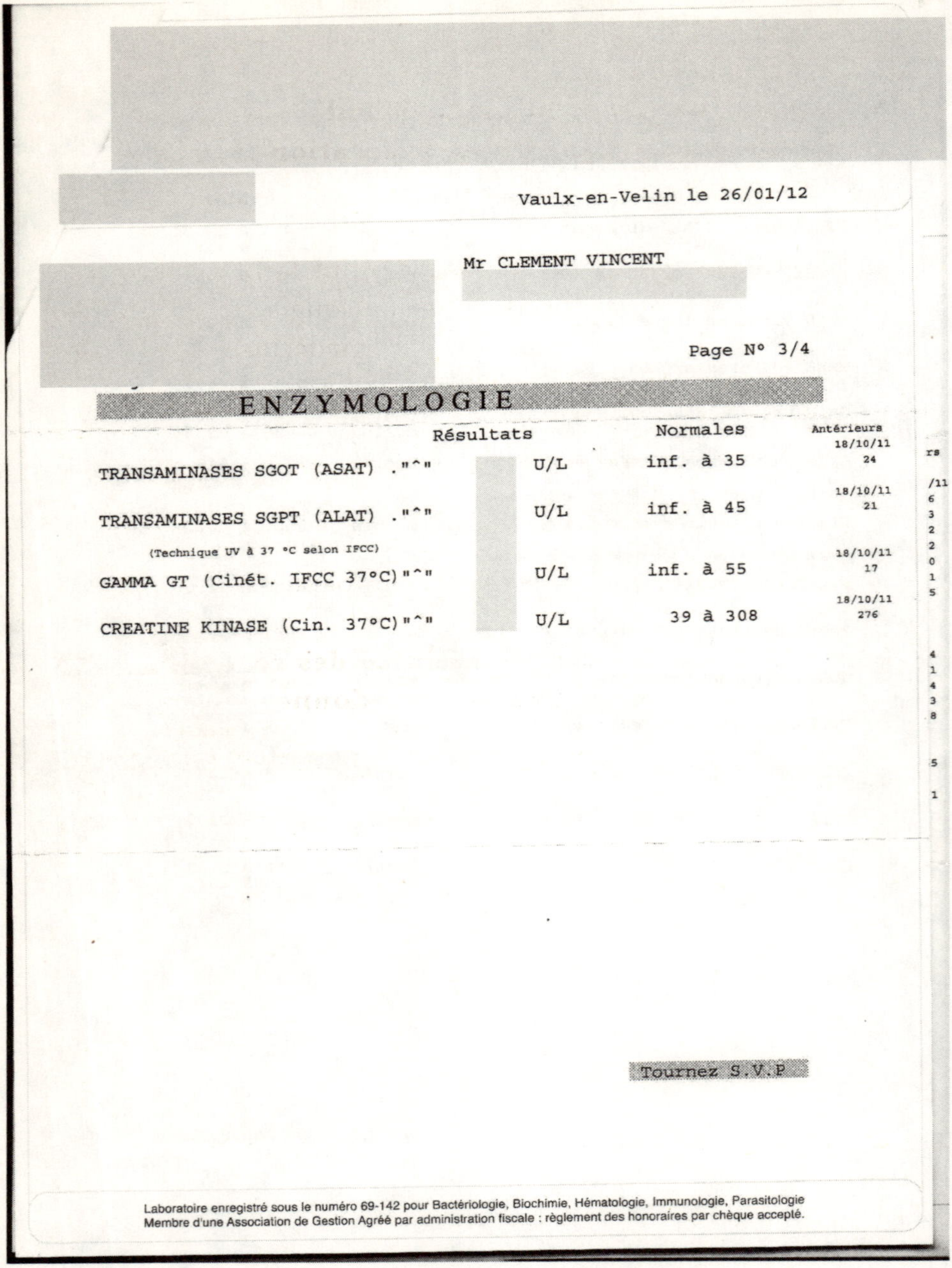

Vaulx-en-Velin le 26/01/12

Mr CLEMENT VINCENT

Page N° 3/4

ENZYMOLOGIE

	Résultats		Normales	Antérieurs
TRANSAMINASES SGOT (ASAT) ."^"		U/L	inf. à 35	18/10/11 24
TRANSAMINASES SGPT (ALAT) ."^"		U/L	inf. à 45	18/10/11 21
(Technique UV à 37 °C selon IFCC)				
GAMMA GT (Cinét. IFCC 37°C)"^"		U/L	inf. à 55	18/10/11 17
CREATINE KINASE (Cin. 37°C)"^"		U/L	39 à 308	18/10/11 276

Tournez S.V.P

Laboratoire enregistré sous le numéro 69-142 pour Bactériologie, Biochimie, Hématologie, Immunologie, Parasitologie
Membre d'une Association de Gestion Agréé par administration fiscale : règlement des honoraires par chèque accepté.

Par correction vis-à-vis du joueur qui a accepté de fournir ce document, les résultats de ses prélèvements sanguins ont été effacés. En aucun cas, il ne s'agit de cacher des résultats qui auraient été hors des normes déterminées par les critères de l'examen médical.

Présentation du suivi longitudinal tel que mis en place par la Fédération française de cyclisme

Voici un exemple de la manière dont la FFC et le docteur Armand Mégret utilisent le suivi longitudinal instauré dans le cyclisme. Les interlocuteurs, médecins fédéral et de clubs, ont accès à un site sécurisé, qui comporte plusieurs niveaux d'accès, de manière à ce que les données personnelles soient protégées. Un travail important dans le suivi dans le temps de l'évolution des données permet de repérer des variations anormales et de mettre sous surveillance des cyclistes dont les données collectées paraissent suspectes.

Présentation de l'ensemble des résultats d'un prélèvement donné

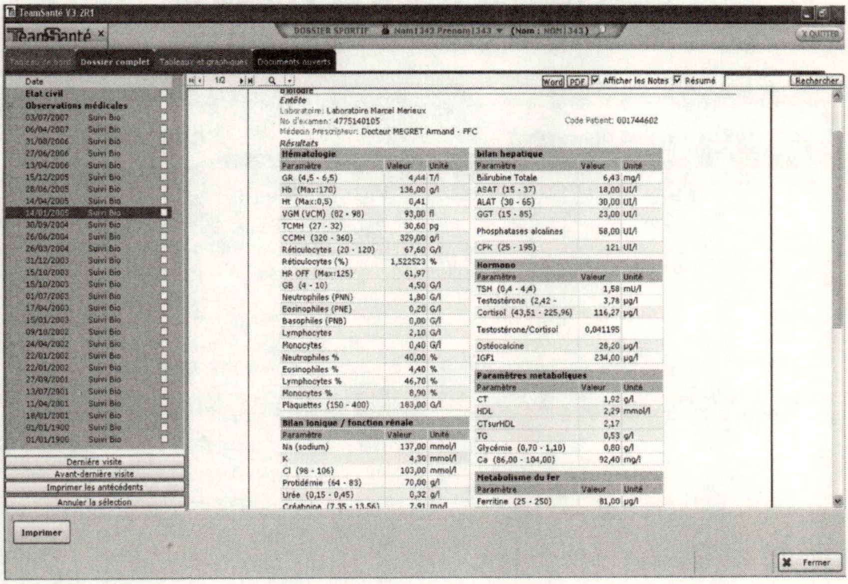

Suivi dans le temps et évolution d'un des paramètres sanguins étudiés

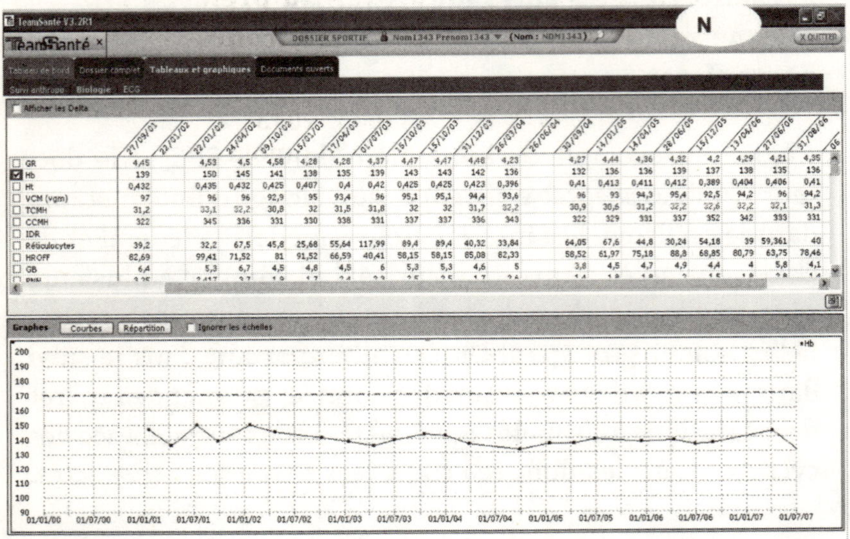

Suivi dans le temps et évolution du taux de cortisol d'un coureur

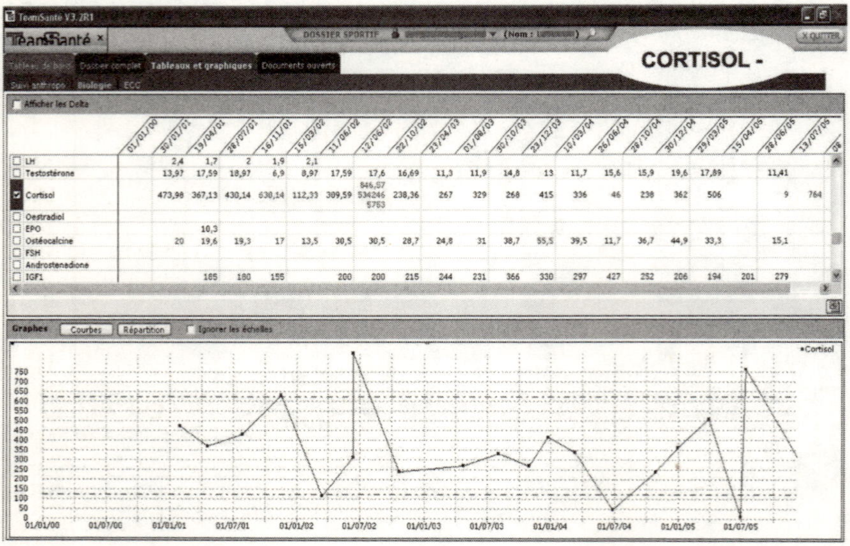

Résultats des prélèvements du taux de cortisolémie lors du prélèvement effectué au départ d'une course

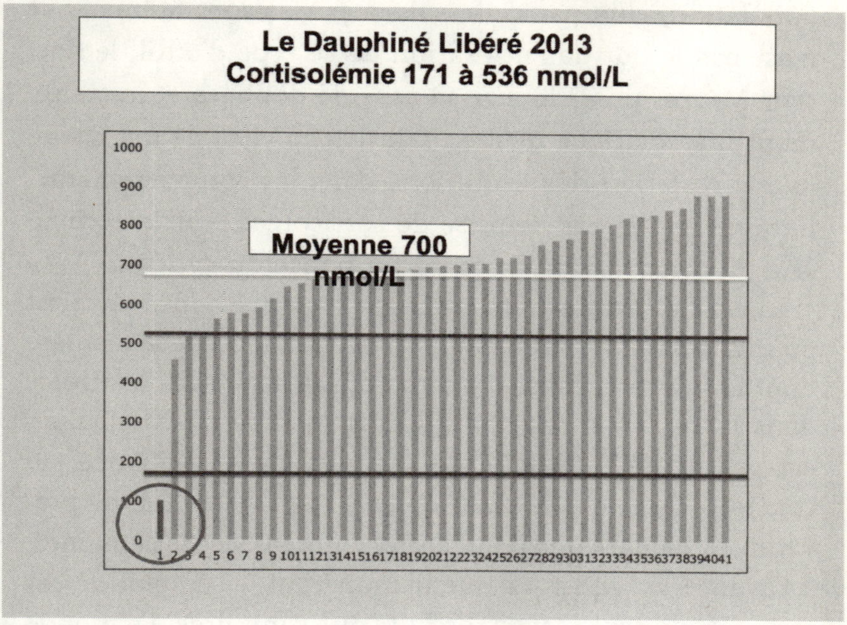

Notons ici la différence d'approche avec une méthode – celle développée par le monde du rugby – qui s'appuie sur des tests sanguins, certes complets, mais qui demeurent basiques dans leur approche et surtout au vu du traitement qui en est fait. Là où les instances dirigeantes du cyclisme étudient l'évolution des paramètres dans le temps afin de surveiller de possibles variations qui seraient autant de signaux d'alerte, aussi bien pour un individu que sur l'ensemble des résultats, celles du rugby se contentent de prendre uniquement en compte les résultats de chaque prélèvement, vérifiant que les fourchettes autorisées sont correctes, sans se soucier des possibles évolutions dans le temps qui, pourtant, permettraient de mener une analyse plus profonde, au cas par cas et sur l'ensemble de la population, club par club, saison par saison. Même si ce n'est pas le but de l'utilisation de ce type d'outil, le docteur Mégret possède, par sa base de données et le traitement informatique qu'il en fait, les moyens de mettre au jour *a posteriori* des évolutions dans les comportements, notamment en cas de prise de corticoïdes pour accompagner la construction de la performance du cycliste.

La véritable différence entre les deux méthodes ne vient pourtant pas du traitement des résultats mais de la manière dont le suivi est réalisé. Le caractère aléatoire des contrôles dans le cyclisme, relatifs à la cortisolémie en particulier, est garant de l'efficacité de cet outil de surveillance, au contraire de ce qui se passe dans le rugby où le fait de prévenir les joueurs plusieurs jours, voire plusieurs semaines, à l'avance le rend totalement inopérant – l'emploi de cet outil n'a, de toute façon, de buts que sanitaires. Le monde du rugby ment ainsi quand il prétend que le suivi longitudinal le protège de tout dérapage en termes de médicalisation de la performance. Au mieux, le suivi longitudinal garantit que, en cas de contrôle antidopage qui lui succéderait, il n'y ait pas de risque de cas positif sur les paramètres communs aux deux procédures. Rien de plus...

Pour clore ce sujet, et insister à nouveau sur la chimère que représente, pour le rugby, le suivi longitudinal, voici ce que déclare Frédéric Depiesse, président de la commission médicale de la Fédération française d'athlétisme, en charge du suivi longitudinal auprès des athlètes, à la suite du contrôle positif au stanozolol du lanceur de marteau Quentin Bigot, le 21 juin 2014 : « On ne recherche pas une molécule en particulier mais on analyse des valeurs et on les compare. Donc, oui, en prenant du stanozolol, on peut passer au travers du suivi[1]. » Plutôt ennuyeux comme aveu alors que le monde du rugby tente systématiquement de nous faire passer le suivi longitudinal comme le *nec plus ultra* de la lutte contre le dopage. Et ce, d'autant plus que le stanozolol est un produit issu de la famille des stéroïdes anabolisants restant suffisamment longtemps dans le corps pour être détecté – et qui l'a d'ailleurs été en 1988, lors des jeux Olympiques de Séoul, dans les urines de Ben Johnson. Autant dire que ce n'est pas un nouveau venu qui risquerait de passer au travers des radars de l'AFLD...

1. Jean-Denis Coquard, « Piolanti dans la tourmente », *L'Équipe*, 1er août 2014.

Laurent Benezech chez lui, à Jambville (Yvelines), mardi 2 avril.
STEPHEN DOCK/VU POUR « LE MONDE »

Laurent Benezech

« Le rugby est dans la situation du cyclisme avant l'affaire Festina »

DOPAGE | L'ancien international français dénonce les cadences infernales dans son sport et s'inquiète des conséquences sur la santé des joueurs

Mercredi 27 mars, Françoise Lasne, directrice du laboratoire de Châtenay-Malabry, a créé la sensation devant la commission d'enquête du Sénat sur la lutte antidopage en France en déclarant que le rugby était le sport qui présentait, en 2012, le plus fort taux de cas positifs par rapport au nombre de contrôles réalisés. Laurent Benezech, ancien international (15 sélections en 1994 et 1995) et consultant, n'est pas surpris par cet état des lieux.

Est-ce les déclarations de Françoise Lasne qui vous incitent à parler ?

Non. Elles n'ont fait qu'accélérer une réflexion que je mène depuis quelque temps. Mais elles sont suffisamment importantes pour qu'on ne les néglige pas. Dans ce qu'elle dit, il y a deux informations importantes. D'une part que la préparation des joueurs de rugby est fortement médicalisée. Je n'ai pas été surpris par cette première déclaration, car cela rejoint le fond de mon analyse. En revanche, ce qui m'a interpellé, c'est la seconde information contenue dans ses affirmations qui met au jour la complicité des organismes du rugby, notamment des clubs, au travers de la pratique des autorisations d'usage à des fins thérapeutiques (AUT). C'est un élément nouveau qui explique tout ce que j'ai pu voir ces derniers mois et qui me pousse à m'éloigner de ce qui a été mon sport pendant des années.

Qu'avez-vous noté ces derniers mois ?

Quand je croise des joueurs de rugby, voire des équipes entières, et que je vois, par exemple, une évolution de leur mâchoire, ce qui est la marque d'une prise d'hormone de croissance, je ne peux qu'être inquiet de l'évolution de mon sport et de la santé à long terme de ses joueurs. Je ne remets pas en cause le fait qu'une pratique de très haut niveau doit faire appel à un suivi médicalisé et médicamenteux approprié. Mais là, en quelques mois, il y a eu une accélération qui me parait dangereuse. Quand j'entends un sélectionneur national annoncer que le temps de jeu effectif, qui est actuellement de quarante minutes en moyenne, doit passer à cinquante minutes pour la Coupe du monde 2015 et que seuls les joueurs capables de tenir ces cadences pourront prétendre à jouer en équipe nationale, je ne peux y voir qu'un appel au dopage. Comment, de façon réaliste, peut-on imaginer augmenter de dix minutes une performance qui s'est déjà fortement accrue ces dernières années ?

Sur quelles preuves vous fondez-vous ?

Les éléments tangibles sont dans le rapport de Françoise Lasne, qui déclare : *« Pour 2012, si nous tenons compte de toutes les molécules interdites présentes sur la liste de l'AMA, le sport qui donne le plus haut pourcentage de cas positifs est le rugby. »* Cela veut dire qu'aujourd'hui, dans certains clubs, il y a une légalisation du suivi médicalisé à travers les autorisations données par les médecins, les fameuses AUT, sinon les joueurs seraient déclarés positifs lors des contrôles. Les éléments tangibles sont également visibles dans le suivi longitudinal mis en place pour encadrer une pratique médicamenteuse réglementée. Il serait d'ailleurs intéressant de comparer les données du suivi longitudinal sur différentes périodes entre sa mise en place au début des années 2000 et aujourd'hui. Cela permettra sûrement d'expliquer pourquoi on arrive à avoir actuellement autant de joueurs de plus de 130 kilos avec des performances physiques exceptionnelles.

La musculation intensive ne peut-elle pas tout expliquer ?

Bien sûr que non. L'escalade dans la prise de masse musculaire est affolante. Physiquement, les rugbymen n'ont plus rien à envier aux joueurs de football américain. Or, les sports américains ont au moins cette honnêteté de reconnaître leur permissivité en termes d'accompagnement médicalisé à la performance. Je constate que personne n'a fait référence au récent courrier envoyé par la LNR *[Ligue nationale de rugby]* aux clubs dans le but de les alerter sur certaines dérives, comme la prise trop importante de corticoïdes. Les preuves sont sous nos yeux mais apparemment, ça n'intéresse personne. Le rugby est exactement dans la même situation que le cyclisme avant l'affaire Festina.

On est passé de vingt minutes de jeu effectif à trente minutes à la fin des années 1990, évolution normale due à la professionnalisation des joueurs. Mais on est en train de nous expliquer, alors que l'on est déjà à quarante minutes, que l'on peut passer à cinquante et donc, pourquoi pas, à soixante. C'est précisément ce qui se passait dans le vélo à la fin des années 1990 où la logique poussait à allonger les étapes du Tour de France et à multiplier les difficultés sans que cela pose de problèmes physiques aux coureurs.

Il y aurait donc une forme de dopage organisé dans le rugby...

La déclaration de Françoise Lasne ne laisse planer aucun doute sur la réponse. C'est oui, car il y a une pratique développée des AUT, c'est-à-dire la justification par le médecin d'une prise médicamenteuse dont il est évident qu'elle sert à la recherche de la performance. Il ne faut pas tomber dans le piège tendu par les instances sportives en utilisant ce terme, « dopage ». C'est un mot protéiforme qui permet d'y associer la définition qui arrange son utilisateur. Quand Guy Novès, le manageur du Stade toulousain, dit : *« Je ne connais pas de joueur dopé »*, il joue avec ce mot. Des joueurs dopés, il en connait au moins un. Car il y a déjà eu un joueur du Stade toulousain contrôlé positif lors d'une finale du championnat de France dans les années 1990 *[le talonneur Patrick Soula]*. Bien sûr, il a été blanchi pas les instances, et c'est là qu'il est facile de jouer avec la définition du terme. Pour traiter un tel sujet, il est important de parler de pratique médicalisée au service de la performance et de voir jusqu'où on met le curseur. Quelle est la limite ? Prenons l'exemple de l'EPO et du cyclisme. Dans les années 1990, un hématocrite de 50 % était autorisé. Ce qui permettait à un cycliste prenant de l'EPO, mais avec un taux inférieur à 50 %, de ne pas être dopé selon la définition qui arrange le monde sportif.

Que faudrait-il faire selon vous ?

Je ne cherche pas à dire que le dopage, ça n'est pas bien. On n'en est plus là. Non seulement parce que personne n'a envie de voir les matchs des années 1980 où tous les joueurs marchent mais aussi parce que les nouvelles générations de traitements médicaux avec les biotechnologies seront de plus en plus difficiles à détecter à l'avenir. Ce que je cherche à dénoncer, c'est une fuite en avant pas maîtrisée et qui va mettre de plus en plus en danger la santé des joueurs. Le rugby prend le chemin du football, où il est possible de mourir pendant un match sans que cela remette en cause quoi que ce soit. Cette saison, en Top 14, un jeune joueur s'est retrouvé dans le coma lors d'un échauffement d'avant-match. On nous a expliqué que c'était la faute à pas de chance et à la santé précaire d'un gaillard de plus de 100 kilos. Je comprends que « the business must go on », mais on ne peut pas dire qu'on n'aura pas été prévenu !

Que vous inspire la réaction du monde du rugby, qui semble tomber des nues ?

C'est un mélange de politique de l'autruche et de réaction d'une bande de gamins pris la main dans le pot de confiture qui tentent d'expliquer que ce n'est pas de la confiture. La grande famille du rugby s'est ridiculisée en allumant des contre-feux grotesques plutôt que d'aborder le problème à sa juste mesure. Tant qu'on restera dans cet obscurantisme et ce refus de transparence, on ne pourra aboutir qu'à la mise en danger de la santé des sportifs. ■

Dates

1966
Naissance à Pamiers (Ariège).

1985
Signe au Stade toulousain (amateur).

1990
Champion de France avec le club parisien du Racing Club de France.

1994
Première de ses 15 sélections en équipe de France.

1996
Signe aux Harlequins de Londres (professionnel).

2000
Achève sa carrière à Narbonne.

2004
Crée sa société de consulting, BarmaBet.

6

Au cœur du cyclone

Le calme. Pendant trois jours, rien ne se passe vraiment. Le temps d'un week-end prolongé. Pourtant, je pensais avoir fait le nécessaire pour lancer le débat. J'ai même croisé les parents d'un joueur à une soirée à laquelle j'étais invité, hasard bizarre, le soir même de la parution de l'interview dans *Le Monde*. Et rien. Pas un mot. Apparemment, le sujet a été débattu avant mon arrivée et le sera, à nouveau, en fin de soirée, mais, pendant que je suis là, en leur présence, rien, pas la moindre allusion ou la plus petite question. Surprenant. Je m'attendais à des réactions mais aucune ne vient. Ce n'est peut-être pas plus mal ainsi. J'ai dit ce que j'avais à dire et tout le monde s'en fout. Logique. Ou fait semblant de s'en foutre. Encore plus logique. Que ce soit la Ligue nationale de rugby, en tant que représentante de l'ensemble des clubs professionnels, ou la Fédération française de rugby, garante, elle, des valeurs de ce sport, aucun de ces deux organismes ne réagira officiellement à mes propos. Jamais. À la différence de Françoise Lasne, je n'aurai pas droit à un communiqué commun dénonçant des déclarations fantaisistes. Je devrais m'en féliciter. Mais, ce qui m'intéresse, c'est que le sujet soit évoqué. Que l'on sorte de cette omerta qui ne peut qu'être source de nécrose, au sens propre comme au figuré. Qu'on en parle, merde ! Ce n'est pas parce qu'un sujet est compliqué que la meilleure solution est de l'occulter. Ce n'est pas parce qu'un problème semble insoluble que l'idéal est de faire comme s'il n'existait pas. Mais rien. Toujours rien. Tous des autruches ! Du vendredi au lundi suivant, pas un bruit. Ça en était assourdissant.

Un homme dont la discrétion n'est pas la qualité première

Heureusement, il y a mon « ami » Serge. Serge Simon est le président de Provale, le syndicat des joueurs de rugby professionnel. Mais, Serge, c'est mieux que cela. La plus belle réussite du système éducatif français. Huit ans d'études après le baccalauréat pour finir disc-jockey dans une radio, libre de dire tout et n'importe quoi. Il aurait pu sauver des vies en tant que médecin, il préfère nous casser les oreilles tous les samedis matins. C'est son choix, il faut le respecter.

Sinon, Serge m'aime bien. Il faut dire que l'on a beaucoup de points communs : le même âge, le fait d'être ancien troisième ligne reconverti pilier, d'avoir fait des études longues, d'être auteur de livres plus ou moins réussis, d'avoir créé le syndicat des joueurs de rugby pour moi et d'en être le président omnipotent pour lui. Voilà autant de raisons qui auraient pu nous rapprocher. Mais, déjà, comme joueurs, il existait un antagonisme fort entre le Bègles, son club, champion de France en 1991, et le Racing, le mien, champion de France en 1990. Et, avec le temps, ce qui passait, alors, pour de petites différences s'est transformé en un gouffre qui ne risque plus de se refermer. Autant j'aurais pu me trouver des affinités avec le Serge Simon qui déclarait en 2001 : « Les conditions sont réunies pour l'arrivée du dopage », autant celui qui utilise le ton de la dérision : « Le rugby, sport français le plus touché par le dopage et fier de l'être[1] » et qui est entré en lutte avec l'Agence française de lutte contre le dopage sur la problématique de la géolocalisation ne peut trouver grâce à mes yeux. C'est comme ça. De toute façon, quoi qu'il arrive, j'aurais eu du mal à suivre quelqu'un qui est capable, un jour, de jurer ses grands dieux ne jamais avoir touché au dopage avant d'écrire, quelques mois plus tard, un livre intitulé *Paroles de dopés* dans lequel il avoue avoir pris du Captagon lors de ses jeunes années au RC Nice : « La seule fois où je me suis vraiment "dopé" remonte à 1985. J'avais 17 ans. Je venais d'intégrer l'équipe de Nice. Mes débuts en première division. J'allais enfin me mesurer à mes "glorieux aînés". Nous jouions contre Tarbes. Un ancien me proposa un comprimé de Captagon, une amphétamine très en vogue dans le rugby de l'époque. J'avais tellement à cœur d'honorer mes débuts dans la cour des grands que je n'eus pas un instant d'hésitation[2]. » Un premier aveu censé être unique qui est, pourtant, suivi d'un second où il nous explique : « Il y a quatre ou cinq ans (1995-1996), j'ai été victime d'un de ces lumbagos qui vous clouent sur place et vous donnent l'impression d'avoir tout à coup 100 ans. C'était avant un match sans grande importance mais, comme je l'ai déjà dit, je voulais tenir mon poste coûte que coûte. Cette fois, la volonté ne suffisait pas. Je dus prendre de la cortisone par voie orale pour être en état de m'aligner. Ma presta-

1. LeMonde.fr, 4 avril 2013.
2. Serge Simon et Yves Bordenave, *Paroles de dopés*, *op. cit.*, p. 12.

tion fut évidemment très moyenne. J'effectuai le service minimum mais l'essentiel était de jouer. J'avais pris un produit pour rapprocher mes performances de ce qu'elles étaient habituellement. Pas pour les améliorer[1]. »

C'est marrant, il a toujours une bonne excuse, mon ami Serge. Une fois, il est très jeune, 17 ans, et donc très influençable, c'est la faute des anciens. Une autre fois, il est très bloqué du dos, et donc ce n'est pas du dopage, c'est évident. Là encore, je pourrais me trouver un point commun avec lui. Moi aussi, j'ai fait des erreurs et j'en fais toujours. Par contre, il est une différence fondamentale et irrémédiable entre lui et moi. Quelles que soient les erreurs que j'ai faites dans ma vie, et même si le fait de les reconnaître était douloureux, je les ai toujours assumées, sans me chercher d'autres excuses que mes propres manquements...

L'emballement médiatique

Alors que je commençais à me dire que je m'étais fait tout un monde des possibles conséquences de mes déclarations, que je m'étais préparé pour rien à subir des attaques, l'AFP publie, dans l'après-midi du mardi 9 avril 2013, un communiqué de presse dans lequel le syndicat Provale menace de me poursuivre en diffamation. Le syndicat qui est censé protéger l'intégrité des joueurs de rugby menace d'attaquer judiciairement quelqu'un dont les propos ont pour principal objet de s'inquiéter pour leur santé ?!? Bizarre. Je m'attendais effectivement à être attaqué. Mais pas par les joueurs. Plutôt par les clubs.

1. *Ibid.*, p. 11.

De premier abord, ce communiqué paraît être un simple épiphénomène. C'est pourtant lui qui va donner le coup d'envoi de l'emballement médiatique qui occupera ma semaine. En effet, jusque-là mon interview dans *Le Monde* ne renvoie finalement qu'aux élucubrations d'une seule personne, ancien joueur de l'équipe de France, ancien consultant pour des médias comme *L'Équipe* ou Europe 1. Rien de plus. Ma parole n'engage que moi. Et puis il est difficile, pour un journaliste, de faire un article ou un reportage sur une page d'interview dans un autre média. Cela revient à offrir à ce dernier une annonce publicitaire et à reconnaître soi-même que l'on a un temps de retard sur un concurrent. Alors que là, avec le communiqué de Provale, le centre de gravité se déplace et met en lumière le face-à-face entre deux visions qui s'opposent. Ce communiqué vient offrir une matière nouvelle, utilisable par tous les journalistes. Et ceux-ci ne vont pas manquer de s'en servir.

Dès le mardi soir, je commence à être sollicité pour réagir à la menace de Provale. Et la tendance ne va aller qu'en s'accélérant à partir du mercredi où, des journalistes habitués à traiter le rugby jusqu'à certains plus exceptionnels comme, par exemple, ceux du *Nouvel Observateur*, tous viennent s'enquérir de ma réaction, histoire d'écrire sur le sujet. Sans parler de tous mes opposants qui, eux aussi, interrogés par les médias, ne m'épargnent pas dans leurs déclarations. C'est plutôt logique. Cela commence par Mourad Boudjellal, président du club de Toulon, qui tourne en dérision mes propos, voyant Georges Clooney et son célèbre menton comme le coupable idéal à mes yeux. Suivi très vite de Bernard Laporte qui, lors de son audition devant le Sénat le 10 avril, ne peut s'empêcher d'en mettre une couche lorsque les sénateurs lui demandent de réagir à mes propos : « Comment peut-il dire une chose pareille ? Je trouve cela lâche, ridicule ! » Le même Bernard Laporte qui, ce même jour, refuse de débattre avec moi devant les caméras de Public Sénat, préférant être seul en plateau alors que j'avais, moi, accepté l'invitation de la chaîne. Et c'est moi, le lâche ?

Je vais même trouver, sur mon répondeur téléphonique, un message légèrement menaçant de François Carillo, le joueur bayonnais dont j'ai pris le malaise cardiaque en exemple, qui me demande de le laisser tranquille et d'arrêter d'évoquer sa situation.

Ça y est, la curée est lancée. RMC Info propose un débat à sens unique où je suis coupable avant même d'être jugé. Je suis pris dans une vague médiatique qui m'emporte et me secoue au rythme incessant de son ressac, ayant tout juste le temps de respirer entre ses va-et-vient sans fin. La semaine paraît bien longue. Surtout que c'est maintenant au tour de *Midi Olympique* de se manifester. Ses journalistes ont pris leur temps pour me contacter mais, enfin, le journal du rugby entre dans la danse. Le journaliste qui m'appelle, Marc Duzan, me propose de réaliser un interview par téléphone. Ce que, malheureusement, j'accepte. Je dis « malheureusement » car cela va me coûter un procès. En effet, le journaliste n'enregistre pas notre conversation et se contente de prendre ce que je lui dis en note, sans jamais prendre le soin de me faire répéter au besoin. Du coup, il semblerait qu'il n'ait pas noté exactement tout ce que je lui ai dit et que, lorsqu'il a écrit son article, il ait été obligé d'en « recréer » une partie. Ce qui va faire que l'interview paru le dimanche 14 avril 2013 dans *Midi Olympique* contient une question qu'il ne m'a jamais posée lors de notre entretien téléphonique. Et comme il ne me l'a jamais posée, je n'ai pas pu apporter une réponse nette qui aurait pu m'éviter une citation à comparaître devant un juge. Ce que ne m'a pas non plus annoncé Marc Duzan, c'est que mon interview ferait partie d'un grand dossier qui, sous couvert de s'intéresser au dopage dans le rugby, tourne rapidement à un pour ou contre Laurent Bénézech. Entre l'éditorial de Jacques Verdier : « La vraie question serait plutôt de connaître les motivations de Laurent Bénézech » ; et plus loin : « Parce que c'est évidemment le reproche que je fais à Laurent Bénézech. Ses accusations sont trop fortes, ses insinuations trop équivoques pour que nous en restions là. Et au point où il en est, j'attends de lui qu'il nous assomme avec des preuves, des témoignages, des faits ou qu'il se taise à jamais. » Et c'est moi que l'on accuse d'être grandiloquent et démesuré dans mes propos...

La suite de la double page n'est pas mal non plus. J'y découvre, grâce à Abdelatif Benazzi, ancien partenaire en équipe de France, que j'ai des problèmes psychologiques qui datent de mes démêlés avec la FFR, au moment où j'ai créé le premier syndicat des joueurs de rugby, ancêtre de Provale : « Il considère que son combat pour nos droits lui a valu les foudres de la fédé et que c'est pour cela qu'il n'a pas été sélectionné après 1995. C'est une blessure qui reste béante, je crois. » Me vient à l'esprit, à ce moment-là, l'histoire du gars qui tombe du vingtième étage d'un immeuble et qui, au passage de chaque étage, ne cesse de répéter : « Pour le moment, tout va bien »...

Mes déclarations sur l'hormone de croissance et l'évolution des visages sont, elles aussi, la source de bien des attaques, en particulier du médecin et élu de la FFR, Christian Bagate : « J'ai entendu beaucoup de bêtises ces derniers temps... Si tous les prognathes prenaient des hormones de croissance, ça se saurait... Non, nous ne sommes pas à la veille de l'affaire Festina en cyclisme. C'est n'importe quoi ! Laurent Bénézech oublie qu'à son époque la ventoline était autorisée et largement utilisée. Mais, moi, je ne fais pas de délit de faciès. Je veux des preuves. »

Au passage, il est intéressant de noter que, pour le docteur Bagate, le fait qu'il y ait eu des abus dans le passé, utilisation de la ventoline apparemment, justifie les comportements du présent. Cela me rappelle fortement la culture et la tradition du dopage dont a trop longtemps souffert le cyclisme et qui l'ont amené jusqu'à l'affaire Festina, justement. Une époque où les générations précédentes délivraient cette science auprès des nouvelles, allant jusqu'à adouber celles-ci dans un cérémonial, véritable rituel de passage.

Un médecin à double discours

Christian Bagate est un homme intéressant à bien des égards. Sa principale qualité est de pouvoir déployer deux formes de discours totalement différentes selon l'interlocuteur à qui il s'adresse et le moment où il prend la parole. Quand il donne un interview où on lui demande de réagir à mes propos, il n'hésite pas à me traiter d'affabulateur et d'illuminé, défendant *mordicus* la situation saine et sous contrôle des pratiques du rugby français. Quand il intervient dans un colloque sur le dopage, devant un parterre de collègues et de membres des institutions sportives de ce pays, il est capable de reconnaître que le rugby a souffert d'une addiction à la cocaïne et aux corticoïdes. Avec un emploi du passé qui est surtout une façon d'occulter le présent. Histoire de regarder en arrière plutôt que de s'intéresser aux pratiques actuelles.

Le docteur Bagate est un champion quand il s'agit de souffler le chaud et le froid. Du « regardez dans la direction de mon doigt pour que personne ne voie où j'ai mis les pieds ». Capable d'en dire un peu pour ne pas avoir à en avouer trop. Adepte de la demi-faute avouée complètement pardonnée. Cumulard patenté, par sa double casquette de médecin et d'élu au comité directeur de la Fédération, partisan du secret médical et d'une omerta où le linge sale se lave en famille. Sauf que, là, le linge sale ne se lave jamais. Il s'entasse en une pile nauséabonde, cachée le plus loin possible du regard des voisins et de l'AFLD. Quitte à faire un PowerPoint lénifiant dans le cadre de l'assemblée générale de la FFR pour indiquer que, pour le rugby, tout va pour le mieux dans le meilleur des mondes du dopage alors que, dans la même période, un jeune joueur tombe dans le coma, le temps de jeu effectif des rencontres ne cesse de gonfler, la responsable du laboratoire d'analyses des échantillons prélevés pointe le rugby du doigt en le mettant en tête des disciplines ayant connu le plus de contrôles positifs et qu'enfin un ancien joueur de l'équipe de France tente de tirer la sonnette d'alarme. C'est, sûrement, la volonté de ne pas faire perdre trop de temps aux élus sur un sujet périphérique, tandis qu'approche l'heure de passer à la table du banquet et de festoyer.

Au passage, même si je ne connais pas la médecine aussi bien que le docteur Bagate, j'ai quand même quelques notions de sciences humaines qui me laissent penser que la nature humaine est faite de telle sorte que, quand un homme rencontre une situation d'addiction aussi importante que celle que ce médecin admet avoir existé dans le rugby – pour rappel, cocaïne et corticoïdes –, ce n'est pas en ne faisant rien que le problème peut disparaître naturellement, dans le cours du temps et des choses, comme il tente de nous le faire croire. Si dans le monde du rugby personne n'intervient, il n'y a aucune raison que les joueurs arrêtent d'eux-mêmes de prendre des produits auxquels ils sont accros. Et que la chaîne de transmission entre les générations s'épuise. Cette vision d'un monde innocent, sous le parfait contrôle d'institutions qui ont toujours considéré que la distribution de Captagon par le médecin de l'équipe de France et l'utilisation de Ventoline par les joueurs n'étaient que de simples étourderies de gamins mal élevés, ne peut que m'inquiéter sur le devenir de mon sport...

Un cas d'addiction aux corticoïdes et à la cocaïne qui ne vient pas du passé

Il paraît donc évident pour le docteur Christian Bagate que les problèmes d'addiction à la cocaïne et aux corticoïdes appartiennent au passé, le début des années 2000, et que, depuis, tout est rentré dans l'ordre et qu'il n'existe plus de pratiques déviantes à ce niveau.

Voici, pourtant, le témoignage, reproduit ci-dessous, du père d'un joueur, Anthony Martrette, né en 1978 et qui a mis un terme à sa carrière en 2010, après être passé dans les clubs de Perpignan, Aurillac, Bourgoin, Colomiers et Béziers. Cet homme est venu vers moi et a souhaité que le cas de son fils serve d'exemple des pratiques destructrices qu'un joueur peut être amené à adopter pour construire et poursuivre sa carrière professionnelle jusqu'à ce que son corps l'abandonne totalement.

Je soussigné Laurent Martrette
Né le 23 Septembre 1949à Collioure
demeurant 10 rue carrer del pardal
66800 Estavar
Restaurateur en retraite
Père de Anthony Martrette
Né le 06 Septembre 1978 à Annemasse 74

Laurent Martrette
23 Septembre 1949 à Collioure 66190
10 carrer del pardal
66800 Estavar
Restaurateur en retraite
PERE de Anthony Martrette
né le 06 Septembre 1978 à Annemasse 74.

ATTESTE SUR L'HONNEUR DES FAITS SUIVANTS POUR LES AVOIR PERSONNELLEMEN CONSTATES

Mon fils Anthony Martrette a fait une carrière de rugbymen ,entre autre, USAP, Stade ARILLACOIS, BOURGOIN,qui sont les causes et la conséquence de sa mise en invalidité à 80% à ce jour
Cela a commencé lors d(un match contre Dax en 1998 ou 1999 avec l'équipe de l' USAP. Un choc en première mi-temps sur son genou et ne pas pouvoir jouer la seconde période de jeu
L 'année d'après, il signe à Aurillac et là les problèmes ont commencés, opération, infiltration pour qu'il puisse être sur le terrain par le corps médical du ou des clubs ,et je suppose aussi avec l'accord du staff car, il paraît que sa présence était indispensable sur le terrain
Il lui a été injecté des produits par infiltration dans ses genoux pour lui permettre de tenir sa place et qui lui ont fait dépassé le stade de non retour ,et cela de plus en plus fréquemment cause de la destruction de ses genoux car, il n'a plus de cartilage et à 36 ans,il est question de lui mettre deux prothèses,une à chaque genou
Les joueurs sont devenus une marchandise que l'on jette lorsque elle est périmée, de la chair à canon comme ont disait autrefois; le dernier exemple, lors des phases finales de TOP14, un joueur du Stade Toulousain pratiquement KO et blessé dans le vestiaire ou un cadre du staff lui demande de revenir sur le terrain avant que le temps impartit ne s'écoule(il ne reste que 3 minutes,vu à la TV)
Je demande qui sont les responsables de l'état de mon fils, pourquoi il a des traitements en psychiatrie,plusieurs séjours en centre psychiatrique de repos,notamment Théza avec interdiction de sortir,
pourquoi s il a pris de la cocaïne qui lui aurait permis d'avoir plus de performance
Il a été administré des produits nocifs à mon fils qui ont détruit sa vie,corticoïdes et autres substance, il avait des boites de produits pour soi disant amélioré les performances et quand je lui posais la question pourquoi il prenait cela, sa réponse ,tout le monde en prend ou, ils ne sont pas au niveau pour la compétition; y a-il des responsables, des coupables ?, si oui je souhaite savoir qui donne ces saletés qui détruisent la vie d'une,d'un sportif de haut niveau

Je sais que cette attestation doit être produite en justice et j'ai connaissance qu'une fausse attestation de ma part est susceptible de m'exposer à des poursuites pénales

Fait à ESTAVAR 66800
le Mercredi 25 Juin 2014.

La lettre de ce père dénonce l'état dans lequel son fils se retrouve après une carrière de joueur professionnel durant laquelle, notamment pour assurer son statut malgré des blessures à répétition aux genoux, celui-ci a dû subir un nombre important d'infiltrations aux corticoïdes. Pire, même, ce dernier présente aujourd'hui, en plus d'une infirmité handicapante à 80 % au niveau de ses genoux, qui est reconnue par le corps médical, et de douleurs récurrentes qui y sont associées, une dépendance à la cocaïne et un état dépressif résultant de l'accumulation de tous ces éléments et d'une fin de carrière difficile. Actuellement en maison de repos pour tenter de se reconstruire en tant qu'homme, Anthony Martrette est la malheureuse victime d'une culture de la performance à tout prix. Dans son cas, il ne s'agissait pas de passer de quarante à cinquante minutes de temps de jeu effectif, mais seulement d'être capable de faire face à la répétition des rencontres et des entraînements. Ce qui paraît être le B.A.BA pour un joueur dont c'est le métier mais qui devient vite, pour lui, un difficile combat face à l'accumulation des charges de travail et la pression pour assumer un rythme hebdomadaire de rencontres qui, en plus, en France, s'étale sur au moins dix mois.

Cet exemple semble significatif d'une situation où les joueurs professionnels peuvent avoir de plus en plus de mal à digérer, physiquement et psychologiquement, ces contraintes stakhanovistes. Ce qui peut amener jusqu'à la tentation de se trouver des béquilles chimiques pour tenir. La prise en quantité importante de corticoïdes est alors une des solutions les plus efficaces pour résoudre ce problème. C'est pour cela que je trouve peu crédibles les arguments du docteur Bagate qui certifie la disparition, avec le temps, de telles pratiques. À moins qu'une solution nouvelle et, au moins, aussi efficace que la prise de corticoïdes ait pu se substituer. Ce qui, de toute façon, conserve une dimension utopiste aux déclarations du médecin de la fédération…

Coup de fil surprise

Impossible de rester insensible à un tel déferlement d'attaques même si, bien sûr, je m'étais préparé à de telles répercussions. Il est évidemment plus simple de m'attaquer, moi, que de lancer un véritable débat sur le sujet. Quand le messager est porteur d'une mauvaise nouvelle, il est toujours plus facile de le tuer et d'enterrer le message. Ainsi, la mauvaise nouvelle ne semble plus exister. C'est évident. Je savais à quoi m'attendre.

Après la parution de mon « interview » à *Midi Olympique*, le niveau monte d'un cran. Maintenant, la majorité des pratiquants et passionnés est en prise directe avec mes déclarations. Le sujet est en une du principal média dédié au rugby. Une réplique se met alors en place qui a pour but de me discréditer, directement et définitivement.

Le mardi 15 avril au matin, alors que je suis à mon bureau, tentant, en cette période trouble, d'avoir, autant que faire se peut, l'esprit à mon travail, mon téléphone sonne. Je décroche. La voix que j'entends à l'autre bout du fil me faire perdre la mienne.

– Laurent, bonjour, c'est Serge Simon.

– …

Pour une surprise, c'est une surprise. Je finis néanmoins par répondre.

– Bonjour ?!

– Il y a une réunion plénière de Provale prévue ce jeudi à Toulouse et, au nom du comité directeur, je voulais te proposer de venir t'expliquer devant les joueurs qui seront présents.

Encore plus surprenant. M'inviter à participer à une réunion de Provale. Ou plus exactement à me retrouver seul face à une assemblée hostile. Parce que le piège est facile à déceler. Par contre, il est plus difficile d'éviter de tomber dedans. En effet, je ne peux pas, d'un côté, faire des déclarations sur le manque de transparence et d'ouverture de la grande famille du rugby et, de l'autre, refuser de dialoguer quand on me le propose...

– Écoute, sur le principe, je ne peux être que d'accord. Par contre, j'ai besoin de quelques garanties et notamment celle de pouvoir prendre la parole, seul, devant les joueurs, avant que ceux-ci ne m'adressent leurs reproches.

– ... Bien sûr... Il n'y a pas de problème...

J'ai l'impression qu'il est un peu surpris que j'accepte. À moins que ce ne soit la rapidité de ma réponse. Ou alors peut-être qu'il espérait que je refuse, de manière à pouvoir, dans la foulée, déclarer aux médias que Provale m'a tendu la main et que je me suis dérobé. C'est possible mais, en tout cas, c'est trop tard. Le processus est lancé. Je négocie encore deux ou trois points, comme le fait que Provale s'engage à assurer le bon déroulement des débats, même si je ne suis pas assez naïf pour croire que cela aura valeur de sauf-conduit et d'assurance tout risque. Mais, au moins, je lui demande de me confirmer cet accord par e-mail. J'aurai une trace écrite, au cas où...

Dans la gueule du loup

Toulouse. 17 avril 2013. Ciel couvert. Et pas que pour moi. Tiens, une équipe de France 3 m'attend à l'intérieur de l'aéroport. Connaissant parfaitement mon heure d'arrivée. C'est bizarre. On s'était pourtant mis d'accord avec

Serge pour ne pas prévenir la presse de ma venue et communiquer uniquement, ensemble, à la fin de la réunion. Bizarre. Le journaliste présent m'apprend même qu'un duplex avec Serge Simon est ensuite prévu, à 19 heures, lors du journal de France 3, directement depuis le lieu de la réunion. Décidément, le besoin compulsif de mon « ami » de se mettre en scène devant les médias prendra toujours le pas sur tout le reste. Je ne peux pas dire que je suis vraiment surpris. Déçu ? On l'est toujours quand un engagement pris n'est pas respecté, mais je ne vais surtout pas m'arrêter à un tel détail au vu de ce qui m'attend.

Voilà que la scène tourne au cocasse. Le journaliste me demande, face caméra, de lui donner mes impressions... à la sortie de la réunion avec les joueurs ! Et cela, alors que je viens juste d'atterrir et que nous sommes en tout début d'après-midi ! Que je n'ai pas la moindre idée de comment va se passer la réunion ! Et puis, c'est une drôle de conception du métier, quand même ! Déjà que je suis légèrement sur les nerfs en vue de la confrontation qui m'attend, je subis là une soudaine montée en température. J'expédie, malgré tout, l'affaire en me contentant de parler de ma volonté de m'expliquer devant les joueurs et de mon espoir que cette rencontre donne lieu à un échange constructif. Ni plus ni moins. Me voilà maintenant parti pour le boulevard des Récollets, conduit par Thomas Choveau, ancien joueur et salarié de Provale. Je profite de la traversée de Toulouse pour prendre deux, trois informations sur le déroulé de la journée et le nombre de présents mais, surtout, pour essayer de me décontracter le plus possible avant de me retrouver devant une assemblée qui doit certainement m'attendre de pied ferme.

Le Belvédère est un bâtiment typique des années 1970, tout en béton et en grandes baies vitrées, conçu par emboîtement de formes rectangulaires, juste relevé par un zeste de carré, sûrement destiné à démontrer la capacité de l'architecte à apporter une touche de fantaisie – sa froideur n'ayant d'égal que son manque de caractère. Autant dire que l'endroit me met tout de suite dans l'ambiance. Les joueurs présents, ainsi que le bureau directeur du syndicat, sont en réunion, déroulant un ordre du jour dont je ne faisais pas initialement partie. Il ne me reste plus qu'à attendre la pause à venir. L'avantage quand on participe à un match de rugby, c'est que normalement on sait à quelle heure débute la rencontre, ce qui facilite la préparation. Là, je suis livré à moi-même, bien seul au milieu d'une grande salle vide et froide où même les tréteaux dressés pour la pause café-chouquettes ne me font pas très envie. Je commence à voir arriver les premiers journalistes. RMC Info, France 3, toujours prêts à anticiper l'info, *La Dépêche du Midi*... Pour le moment, ce sont les habituels, les spécialistes du rugby. Ils seront plus tard rejoints par quelques confrères généralistes dont les incursions dans le monde ovale sont plus parcimonieuses. Je salue les rares têtes que je connais encore et en profite pour tuer le temps en discutant avec eux.

Ça y est. Les premiers joueurs sortent de la salle. C'est le temps de la pause pour eux et celui de l'action pour moi. Je pénètre dans l'amphithéâtre et me dirige vers la scène où se trouve Serge Simon. Celui-ci m'accueille chaleureusement, comme ce cousin perdu de vue que l'on retrouve le temps d'un mariage, haussant la voix et agitant ses bras pour faire croire à ce parent qu'il avait beaucoup manqué. Sauf que, là, il s'agit plutôt d'un divorce. Incapable de jouer cette bruyante exubérance qui doit être la marque naturelle imposée à tout habitant du sud de la France, j'arrive quand même à imprimer sur mon visage un mouvement de la bouche censé représenter un sourire. Les dés sont jetés. Je m'installe sur cette tribune de laquelle je vais devoir faire face à une petite centaine de joueurs, en plus d'un encadrement à la sauce Provale, dans un amphithéâtre qui peut en contenir le double. Autant dire que la porte de sortie qui se trouve, bien sûr, à l'opposé de la tribune, derrière l'ensemble des rangées, tout en haut alors que je suis tout en bas, paraît bien petite. Mais bon, j'ai choisi d'être là. Il faut que j'assume, même si un match où l'infériorité numérique est de 1 contre 100, heureusement, je n'en avais jamais joué dans ma carrière. C'est le premier et, j'espère, le dernier.

Pendant que je suis envahi par le trac classique qui prend naturellement avant une intervention en public – mais, cette fois, sûrement en un peu plus fort –, les bancs de l'assemblée se garnissent progressivement à nouveau. Et la porte de sortie, tout là-haut, qui ne cesse de rapetisser… Je fais maintenant face à l'ensemble des joueurs. Belle assemblée. Elle ne manque pas de beaux gabarits, c'est le moins que l'on puisse dire. La porte. Encore plus petite. Encore plus loin… Fini de tergiverser. Je dois plutôt me concentrer. Serge Simon prend la parole et revient sur le sujet abordé avant la pause, le problème du calendrier et de la longueur de la saison. Celui-ci semble revêtir une grande importance et les joueurs ont l'air assez véhéments par rapport à la volonté des clubs d'imposer un dispositif qui ne cesse d'empiéter sur les plages de repos prévues par la convention collective. Trop, c'est trop. Un vent de révolution semble souffler dans les travées du Belvédère. Enfin, un vent… ce serait plutôt une légère brise qui ne risque pas beaucoup de décoiffer les présidents de clubs et, encore moins, Paul Goze, celui de la LNR. Il y a peu de risque que Serge Simon monte au créneau et appelle à l'action. En effet, Provale fonctionne en parfaite harmonie avec la LNR au travers d'une convention qui doit, justement, bientôt être renouvelée. Et Serge Simon, son président, est bien trop malin pour mordre la main qui le nourrit. Alors, le nouveau calendrier imposé par les clubs ? Il va passer comme une lettre à la poste, pour sûr, et, après un petit coup de gueule pour la forme, Provale rentrera bien gentiment dans le rang. C'est écrit...

Cette fois, c'est à moi. Serge Simon, après avoir promis l'impossible à ses adhérents, change de sujet et annonce ma présence : « Nous nous retrouvons maintenant pour la dernière partie de cette journée. Comme je vous l'ai dit, Laurent Bénézech a accepté de nous rejoindre pour venir s'expliquer sur ses propos dans la presse. Je tiens déjà à le remercier d'avoir accepté notre invitation. C'est courageux. Alors, avant de débattre avec lui, il a souhaité prendre la parole et s'adresser à vous, donc je vais le laisser s'exprimer. Laurent... »

À ce moment-là, quatre ou cinq joueurs se lèvent et font un signe à Serge Simon qui ajoute : « Ah oui, je remercie les joueurs de Grenoble et de Clermont d'être venus. Ils sont obligés de nous quitter car ils ont un avion à prendre et s'en excusent. » C'est ainsi que des joueurs comme Rida Jahouer ou Benjamin Kayser quittent la salle avant que je n'aie pu commencer à parler. Ce qui ne va pas empêcher ce dernier de déclarer, dans la foulée, aux journalistes croisés à sa sortie que je n'avais aucune preuve de ce que j'avançais et que je ne cherchais qu'à faire le buzz. Ah ! apparemment, les éléments de langage pour communiquer avec les médias ont été distribués avant la réunion...

Mais là, c'est bon, c'est maintenant à moi de parler. Je me lève et me place au milieu de la scène, faisant face à l'ensemble des joueurs avec, comme seules armes, un peu de courage et beaucoup de détermination...

7

Où j'assiste à ma propre lapidation

« Il me paraît important de bien expliquer ce que j'ai dit et pourquoi je l'ai dit. Dans mon interview dans *Le Monde*, j'ai précisément parlé d'accompagnement médicalisé de la performance et non de dopage. Moi, ce qui m'intéresse, c'est la santé des joueurs. Votre santé. Quand je parle d'accompagnement médicalisé de la performance, je veux parler de tout ce qui peut être pris en complément de l'entraînement et de la compétition, et cela va des protéines et des compléments alimentaires jusqu'aux cocktails médicamenteux tels qu'on a pu les voir, par exemple, dans le cyclisme. Tout, pour moi, est ouvert à la discussion et je n'ai jamais cherché à être un accusateur. J'ai seulement voulu ouvrir un débat et faire que l'on se pose les bonnes questions en ce qui concerne la santé des joueurs. Votre santé.

« Si la question est de savoir pourquoi je l'ai fait, pourquoi j'ai pris la parole, la réponse est simple : je suis tout simplement inquiet face à la fuite en avant que constitue cette course à la performance à laquelle vous êtes obligés de souscrire. Je m'inquiète pour votre santé quand j'entends le sélectionneur de l'équipe de France parler de faire passer le temps de jeu effectif de quarante à cinquante minutes alors qu'il n'était que de trente minutes il n'y a pas si longtemps. Et ce, d'autant plus que, dans le même temps, un des votres comme Julien Bonnaire, déclare, dans *L'Équipe*, qu'il ne voit pas comment aller plus loin sans tomber dans le dopage. Je trouve qu'il y a de quoi s'inquiéter et ça me semble normal de le dire !

« Mon inquiétude vient aussi de ce que j'observe. Quand je vois, en quelques mois, le physique de quasiment tout l'effectif d'une équipe, et notamment l'aspect des visages, évoluer de manière sensible alors que, pour la plupart de ces joueurs, la période naturelle de croissance est terminée, j'ai tendance à penser qu'il y a une amplification des pratiques qui me paraît dangereuse. C'est pour cela que j'ai parlé de fuite en avant dans la recherche de la performance, comme cela existait dans le cyclisme dans les années 1990. Je n'ai pas dit que le niveau du dopage était le même, j'ai dit que la logique de la course à la performance est exactement la même.

« Si je me suis servi de l'exemple de l'hormone de croissance, c'est que ce produit est, à mes yeux, un parfait exemple des limites du contrôle antidopage puisqu'il n'est généralement pas détecté et que, de toute façon, quand un joueur qui en aurait pris est contrôlé, la fenêtre de détection, très courte, laisse peu de chance de l'attraper. Et comme, ainsi que je l'ai dit, je vois des signes qui me font dire qu'il y a une amplification des pratiques, il m'a semblé normal de m'inquiéter. Parce que, notamment, personne ne connaît les incidences que cela peut avoir pour la santé. Pour votre santé.

« En ce qui concerne le problème du dopage, il faut que vous compreniez que les choses ont changé depuis l'affaire Armstrong. Il a perdu sept Tours de France sans avoir été, une seule fois, déclaré positif et puni. À partir de là, les sportifs ne peuvent plus se contenter de dire qu'ils ne sont pas dopés parce qu'ils n'ont pas été contrôlés positifs. Il y a une obligation d'exemplarité de votre part qui oblige, par exemple, à accepter les contraintes de la géolocalisation. C'est à vous, maintenant, de faire preuve de transparence si vous voulez être crédible.

« Alors, je suppose que vous vous demandez pourquoi ce vieux con vient vous emmerder avec ses déclarations. Dans "vieux con", il y a aussi "vieux" ! Moi, j'ai plus de 45 ans et je sais maintenant que je ne suis pas immortel. Vous, vous avez 25 ans et vous vivez une expérience formidable, mais vous devez comprendre que, cette expérience, vous ne devez pas la vivre à n'importe quel prix ! »

Voilà. Ce que j'avais à dire a été dit. Ou presque. J'ai encore de quoi parler, aller plus loin dans ma démonstration, insister sur les risques encourus. Mais je ne veux pas, non plus, paraître trop alarmiste au risque, sinon, de faire le jeu de mes détracteurs. D'être accusé de n'être qu'un pompier pyromane, un oracle dont la peur est le fond de commerce, prédicateur de fin du monde à tout bout de champ. Et puis, plus je regarde les joueurs qui me font face, moins je les sens prêts à vraiment m'écouter. C'est vrai que ma prise de parole les a touchés. Je ressens bien un léger flottement dans les rangs. Mais je n'ai fait qu'érafler la cuirasse. Mon discours a beau les avoir surpris, ma logique et mes convictions insinué un début de doute, c'est loin d'être suffisant. Et surtout je vais maintenant découvrir que le scénario de notre rencontre est tellement écrit à l'avance qu'il n'est pas question que mes propos ne viennent y semer le désordre. Le temps d'un mauvais procès stalinien est venu. L'accusé que je suis a beau se rasseoir, je n'en suis pas moins bon pour le peloton d'exécution de pacotille concocté par mon « ami » Serge.

Où Serge Simon se croit sur RMC Info

Serge Simon reprend la parole, mi-président du syndicat des joueurs, mi-animateur radio : « Mon cher Laurent, je dois t'avouer que je suis déçu. Moi, je m'attendais à ce que tu viennes avec des preuves de ce que tu avançais. Je pensais que tu étais arrivé avec ton cartable, là, plein de dossiers. Que tu avais des faits basés sur des données scientifiques qui fassent bien la démonstration de ce que tu avançais. Les gars qui ont la mâchoire déformée, je pensais que tu allais nous livrer une liste de nom... Non, tu vois, je suis déçu. Je pensais que tu étais quelqu'un de sérieux. Parce que, moi, en tant que médecin... »

Ah ! maintenant, c'est le médecin qui me parle. Et comme tout bon médecin qui s'adresse au *vulgum pecus* que je suis, je vais normalement avoir droit à un ton condescendant.

« ... en tant que médecin, je participe à beaucoup de colloques sur le dopage et je fais toujours bien attention à faire référence à des éléments scientifiques quand je m'exprime. À surtout être capable de citer mes sources et à toujours amener des preuves de ce que j'avance. Ce que tu as fait est grave. Dénigrer l'ensemble des joueurs professionnels comme ça, sans preuve... »

Qu'est-ce que je disais... Cela fait maintenant plusieurs minutes que Serge Simon a commencé à parler. Je sais bien que je dois accepter les règles du jeu fixées par d'autres, même si elles l'ont été à mon détriment, mais, là, la séance prend un tour qui me déplaît. Je ne suis pas là pour servir de faire-valoir au président de Provale. Je ne suis pas là pour me faire donner la leçon par quelqu'un pour lequel je n'ai aucune estime. Je suis là pour parler aux joueurs. Si des personnes ont le droit d'avoir des récriminations contre moi, c'est eux, et seulement eux. Et si j'ai accepté d'être là, c'est pour les entendre. Eux. Pas Serge Simon.

« Serge, s'il te plaît ! » J'essaie de garder mon calme. « ... J'ai accepté de venir ici pour échanger avec les joueurs, donc c'est eux que je veux entendre. Si c'est juste pour avoir une explication entre toi et moi, il n'y avait pas besoin de me faire venir ici, on pouvait le faire entre nous. Je suis là pour échanger avec les joueurs donc j'aimerais, maintenant, qu'ils aient la parole et qu'ils s'expriment. »

En acceptant de me retrouver face aux joueurs, je savais que je n'avais rien à gagner et donc peu à attendre. L'idéal aurait été d'avoir, dans ce lieu clos, un débat franc entre nous qui aurait permis de parler de sujets concrets, que ce soit la prise de compléments alimentaires, dont la majorité des joueurs reconnaissent qu'elle est pour eux quotidienne, de médicaments type corticoïdes, dont certains admettent y avoir recours dans le cadre d'un traitement prescrit par le médecin du club, tout en continuant à jouer, et pourquoi pas aussi des produits beaucoup plus sensibles comme l'hormone de croissance ou les stéroïdes, où là, par contre, personne n'en a jamais vu et, encore moins, pris. Mais, avant même de mettre les pieds dans cet amphithéâtre, je savais bien que cette rencontre ne pouvait se passer selon cette vision idéale. Je n'espérais quand même pas, juste en pointant ma gueule, briser l'omerta qui régnait sur le sujet depuis longtemps. À moi tout seul, créer une sorte de commission vérité et réconciliation. NON. Et cela risquait d'autant moins d'arriver que l'invitation ne venait pas de moi. Je m'attendais à ce que l'accueil soit musclé. Ça, oui. Que les premières prises de parole me tombent dessus comme des rafales de mitraillettes. C'était une évidence. J'allais devoir subir, maintenant. Pire même. Accepter de subir sans rien faire. Tout le contraire de ce que le rugby m'avait appris. C'était le prix à payer si je voulais espérer voir la lumière. Entendre les critiques pour peut-être, ensuite, démarrer un début de dialogue. Pas grand-chose, non, mais juste le début d'un petit quelque chose, oui. Pour me dire que, finalement, je n'étais pas venu pour rien. C'était mon espoir.

Pour le moment, je n'avais qu'à écouter. À me laisser attaquer. Critiquer. J'inspirais longuement. Profondément. Histoire de me relâcher. De créer un filtre entre moi et la salle. Une bulle de protection. Surtout, ne pas chercher à réagir immédiatement. Au coup par coup. Analyser, plutôt. Mesurer ce qu'il était important de dire et de ne pas dire. Se retenir pour ne pas enflammer encore un peu plus une salle qui paraissait maintenant être sur des charbons ardents.

Distribution de coups

Le premier à s'exprimer est Robins Tchale-Watchou, le seconde ligne du Montpellier Hérault Rugby :

– Tu as dit que pour jouer au rugby maintenant il faut prendre des produits, qu'il y a besoin de se doper pour être performant. Mais, moi, cela fait une dizaine d'années que je joue dans le championnat et mes performances sont toujours les mêmes. J'ai toujours les mêmes statistiques. Je cours toujours pareil, pas plus vite en tout cas. Les entraîneurs me reprochent toujours les mêmes choses. Je ne vois pas, moi, ce que tu dénonces. Par contre, si tu cherches des gars qui prennent des produits comportant des dangers pour la santé, tu devrais plutôt faire un tour du côté de La Junquera[1], le samedi soir. Tous les gars, là-bas, qui prennent du Viagra, ceux-là, tu devrais leur dire de faire attention, qu'il y a des dangers pour le cœur.

Houla ! Ça démarre fort ! Je n'avais pas prévu ce petit détour par l'Espagne. J'essaie quand même de formuler une réponse :

– En ce qui concerne les performances sur le terrain, je suis désolé, mais quand tu regardes les statistiques, tu vois des différences importantes. Encore une fois, le temps de jeu effectif a augmenté de dix minutes ces cinq, six dernières années. C'est pas neutre. Tu ne peux pas dire que rien n'a changé…

La réponse de Robins Tchale-Watchou fuse comme un plaquage sur un joueur sans ballon :

– Mais tu es qui, toi, d'abord, pour nous accuser ? Tu as joué au rugby, toi ? Moi, je ne te connais pas…

L'homme qui ne fait pas un interview dans la presse sans se vanter d'être un lecteur assidu de la « grande » littérature, des plus grands penseurs, semble manquer d'un minimum de culture rugby. C'est vrai que la lecture de *Midi Olympique* n'est pas à la portée du premier philosophe venu. Mais bon, tu verras, toi aussi, que vieillir n'est pas une tare. Je te souhaite même, de tout mon cœur, de devenir ancien joueur et, surtout, de le rester le plus longtemps possible.

Serge Simon tente de reprendre le contrôle des débats :

– Messieurs, nous avons parmi nous le capitaine de l'équipe de France, Thierry Dusautoir. Je voudrais d'abord le remercier de nous avoir rejoints et, surtout, je pense qu'il est important qu'il puisse maintenant prendre la parole. Thierry…

1. Commune située à la frontière espagnole côté Catalogne, connue pour les bordels et autres clubs à hôtesses qui s'y trouvent.

– Bonjour à tous. Alors, c'est la première fois que je suis parmi vous, mais il m'a semblé important d'être là, de venir apporter mon témoignage car toutes les accusations que subissent le rugby jettent le discrédit sur l'ensemble des joueurs et nous font beaucoup de mal. Aujourd'hui, avec les déclarations qu'il y a eu ces derniers temps, les gens pensent que l'on ne peut pas jouer au rugby sans prendre de produits. Au quotidien, en tant que joueur, on est obligé de vivre avec la suspicion des personnes qui nous entourent, avec les regards inquisiteurs qui pensent qu'un rugbyman, obligatoirement, il se dope. Ce que tu as dit, Laurent, nous a fait beaucoup de mal. Cela a fait beaucoup de mal au rugby en général.

Ce n'est pas là Thierry Dusautoir qui s'adresse à moi, mais le capitaine de l'équipe de France. Normal. Il est venu, à la demande de Serge Simon, pour être le représentant de l'ensemble des joueurs. Mais, moi, celui qui m'intéresse, c'est l'homme. Je suis sûr que, dans un autre contexte, on aurait pu avoir un débat avec des choses intéressantes à échanger. On aurait eu des désaccords certainement, mais on aurait sûrement aussi pu trouver des points d'entente. Dommage...

Un joueur assis tout en haut de l'amphithéâtre, que je ne reconnais pas mais qui a indéniablement l'accent du pays basque, prend alors la parole :

– Moi, je voudrais parler de mon ami François Carillo qui est là, à côté de moi, parce que ce que tu lui as fait est dégueulasse. À cause de toi, François est soupçonné de s'être dopé alors même qu'il est obligé d'arrêter sa carrière. Avec ce que tu as dit, il va lui être impossible de trouver du travail. Qui va vouloir embaucher un gars qui s'est dopé ?

Ils ont fait venir François Carillo[1]. Je m'y attendais.

1. Voir chapitre 4.

C'est logique que son cas soit utilisé pour me déstabiliser et m'attaquer. C'est vrai que s'il y a une personne qui peut se sentir directement visée par mes propos, c'est bien lui. Même si j'ai uniquement voulu faire un parallèle avec le football et en aucun cas attaquer quelqu'un que je ne connais pas, je suis là en position de faiblesse.

François Carillo enchaîne :

– C'est vrai que ma carrière est maintenant derrière moi, que j'ai dû accepter de tirer un trait sur le rugby. Et que maintenant il faut que je reparte à zéro. Alors, quand je me retrouve accusé par M. Bénézech de m'être dopé, cela me fait mal. Alors que j'ai failli mourir, qu'aucun des spécialistes que j'ai vu n'est capable d'expliquer ce que j'ai eu, voilà que M. Bénézech est, lui, capable de le faire dans les journaux, d'expliquer que ce qui est arrivé, c'est à cause du dopage ! C'est comme si la terre s'écroulait sous mes pieds une seconde fois ! Voilà M. Bénézech qui se permet d'expliquer à tout le monde ce que j'ai fait et ce qui m'est arrivé ! Par contre, à moi, quand je vous appelle et vous laisse un message pour, justement, avoir des explications, là, par contre, il n'y a plus personne, vous ne me rappelez pas !

Pour le moment, j'en prends surtout plein la gueule et la seule chose à faire est de me taire et de ne pas rentrer dans un débat où j'aurais, de toute façon, toujours tort aux yeux de l'assemblée. Si j'attends la fin de la réunion pour aller le voir en tête-à-tête, là, il me sera peut-être plus facile de me faire entendre. Peut-être qu'il m'écoutera, alors, au moins un tout petit peu. Pas sûr. Mais, en tout cas, c'est la seule possibilité que j'ai de m'expliquer avec lui.

C'est au tour, maintenant, d'une ancienne connaissance dont j'avais préféré oublier l'existence de prendre la parole.

Franck Belot. Ancien joueur des années 1990. Comme moi. Mais c'est là notre seul point commun.

– Toi, tu te poses en une sorte de gardien de la morale, tu accuses les joueurs de rugby d'être comme les cyclistes, de prendre de l'EPO, de se faire des injections de produits tous les jours. Mais tu te rends compte de la gravité de ce que tu avances ? Quelles preuves tu as de cela ? Et puis, aussi, j'aimerais savoir si, toi, tu as pris des produits pendant que tu jouais ?

Nous y voilà ! Les anciens joueurs disposés de manière « naturelle », aux différents points cardinaux de la salle, ont pour mission de me déstabiliser alors que, finalement, les joueurs actuels ne sont, d'une certaine manière, que des faire-valoir, plutôt spectateurs. Tout cela placé sous le contrôle de Serge Simon qui a écrit le scénario de la pièce qui se joue devant mes yeux et pour laquelle je tiens le premier rôle, à mon corps défendant.

Comme deux questions me sont posées en même temps, je vais surtout m'efforcer de répondre à la première. Je sais que si jamais je m'aventure à répondre à cette question sur ce que j'aurais pris ou pas pris, quoi que je dise, cela sera retenu contre moi !

– Comme j'ai essayé de l'expliquer dans mon intervention du début, je n'ai pas accusé les joueurs de suivre les mêmes pratiques que les cyclistes des années 1990, je me suis inquiété de l'état d'esprit du rugby aujourd'hui qui est le même que dans le cyclisme des années 1990, cette fuite en avant de la performance. Ce qui est très différent...

Tout en continuant de parler, mon cerveau est titillé par l'envie de répondre à la seconde question, d'être totalement transparent et capable d'aborder n'importe quel sujet. Je sais que ce serait une erreur, que je ne dois pas le faire. Et cela, même si je n'aime pas les insinuations sous-jacentes à cette question. À moins que, apparemment, dans leur esprit, il ne fût déjà pas possible de jouer à mon époque sans rien prendre pour accompagner la performance. Peut-être qu'ils en savent beaucoup plus que moi sur les pratiques que je dénonce, finalement !

J'ai à peine le temps de finir ma réponse que Pierre Rabadan, capitaine du Stade Français, placé, lui, au milieu de l'amphithéâtre, prend la parole, m'évitant ainsi de devoir répondre à cette deuxième question :

– Moi, j'aimerais exprimer ma colère par rapport à ce que tu as fait. À cause de tes propos, il nous faut maintenant vivre dans la suspicion et être obligés de se justifier alors que, nous, on demande juste à pouvoir faire notre métier du mieux possible. Tu te rends compte dans quelle situation tu nous mets ? Tu te rends compte des torts que tu nous causes ?

Je suis surpris par cette prise de parole. Ce joueur est en fin de carrière. C'est un joueur dont le profil n'est pas bâti sur la puissance et qui aurait, justement, intérêt à ce que le phénomène soit jugulé s'il veut jouer encore un peu dans le Top 14. Pourtant, son attaque à mon égard est acérée. Mais c'est vrai que, en tant que vice-président de Provale, Pierre Rabadan doit coller au scénario mis en place par son président. Et puis je découvrirai aussi, plus tard, qu'il apparaît sur le site internet et dans le dossier de presse d'Alain Camborde[1] comme un joueur supposé avoir fait appel aux services de ce préparateur physique. Ce qui peut expliquer sa colère.

Un autre ancien joueur, dont je ne retrouve pas le nom, prend à son tour la parole pour insister sur mes torts et l'absence de preuve apportée mais aussi, à nouveau, pour me

1. Voir chapitre 3.

demander si je me suis dopé pendant ma carrière. Décidément, cette dernière question semble importante. Une nouvelle fois, je concentre mon effort sur la première question et tente d'éviter de répondre à la seconde, ce qui est plutôt facile finalement, car il y a toujours quelqu'un pour reprendre la parole sans me laisser le temps de tomber dans le piège.

C'est au tour, cette fois, de Benoît August, talonneur du Biarritz Olympique :

– Moi, cela fait plus de dix ans que je joue au niveau professionnel et je n'ai jamais rien vu qui ressemble à du dopage de près ou de loin. Que ce soit à Biarritz ou ailleurs, ce que tu racontes n'existe pas. Quand tu avances des choses, il n'y a rien de concret dans ce que tu dis. Mais est-ce que tu es allé dans les clubs ? Est-ce que tu as rencontré des joueurs qui ont témoigné de l'existence de certaines pratiques ? Et puis aussi, j'aimerais que tu nous dises qu'est-ce que tu prenais, toi, quand tu jouais ?

Toujours la même question... C'est à croire d'ailleurs que, quelle que soit l'époque considérée, il n'a jamais été possible de jouer au rugby sans prendre quelque chose. À nouveau, je concentre ma réponse sur la première question. Enfin, je ne sais même pas si c'est bien utile. Benoît August est en train de partir avant même que je ne prenne la parole. Apparemment, sa mission, c'était de poser des questions. Pas d'écouter les réponses ! Et comme le petit soldat a fini sa mission, il rentre maintenant à la maison. Eh oui, il a de la route pour rejoindre Biarritz et il se fait tard...

Quand je pense que Benoît August vient juste d'affirmer n'avoir jamais vu le moindre comportement suspect, le moindre soupçon de déviance autour de lui. Benoît August, talonneur du Stade Français en 2002, au moment du contrôle positif à la cocaïne de Pieter de Villiers. Benoît August, talonneur du Biarritz Olympique lors du titre de champion de

France 2006, quand Alain Camborde, préparateur physique bien connu de la justice, avait ses entrées à Aguilera, stade et lieu d'entraînement de l'équipe de Biarritz, pour s'occuper d'une quinzaine de joueurs – « Ce n'était pas caché. J'intervenais une fois par mois à la demande d'une quinzaine de joueurs, a même précisé le préparateur palois. Cela se passait dans le bureau du médecin et avec l'aval des préparateurs du club[1]. » Benoît August, le bon petit soldat de Serge Simon qui attaque ma probité mais semble ne pas trop se soucier de la vérité. Ou alors, c'est, comme d'habitude pour les sportifs, jouer sur les mots et les situations avec le sempiternel « je n'ai pas vu de dopage car je ne connais pas de joueur de rugby contrôlé positif »... Pieter de Villiers, son coéquipier à l'époque, a d'ailleurs été « blanchi », terme approprié en la circonstance, car la cocaïne n'était pas censée être recherchée en période hors compétition. Et cela ne compte donc pas, bien sûr ! C'est évident.

Serge Simon profite de ce petit moment de flottement pour reprendre la parole :

– Alors, Laurent, maintenant que tu es en face de l'ensemble des joueurs, j'aimerais que tu ailles au bout de tes accusations. Que, par exemple, tu nous dises, toi, si Thierry Dusautoir, qui est là, et Yannick Nyanga, qui est à ses côtés, sont des joueurs qui se dopent ? Est-ce que Thierry Dusautoir, le capitaine de l'équipe de France, prend des produits dopant pour être meilleur ? Dis-nous, toi qui sais tout !

Tiens, l'animateur de RMC Info a repris le rôle de M. Loyal. Parti maintenant dans la provocation. Attention. Surtout ne pas répondre. Ne surtout pas rentrer dans son jeu. Respirer... Rester calme...

1. *Sud-Ouest*, 12 septembre 2013.

– Je croyais avoir expliqué que je ne suis pas là pour parler de cas individuels mais pour que l'on débatte d'un état d'esprit général, de cette course à la performance que subissent les joueurs !

– Mais, quand même, tu te permets de porter des accusations sur l'ensemble du rugby, il faut que tu sois capable de les assumer et d'aller jusqu'au bout. Est-ce qu'il y a dans cette salle des joueurs dopés ?

Ça pourrait faire un bon jeu pour RMC Info, ça : « Y'a-t-il un dopé dans la salle ? ». Rester calme... Toujours...

Face à mon mutisme, Franck Belot, toujours dans le rôle de porte-voix de son maître, en remet une couche sur LA question, la seule qui semble aujourd'hui importante :

– Mais, toi, tu ne nous as toujours pas répondu ? Alors, qu'est-ce que tu prenais quand tu jouais ?

Assurément, cette question, c'est l'obsession du jour. Je me contente d'afficher un sourire de façade particulièrement destiné à l'auteur de la question. J'aimerais donner plus qu'un sourire à celui que je n'appréciais déjà pas vraiment à l'époque où nous étions l'un en face de l'autre, comme joueurs. Silence, surtout ! Comme ils ne sont pas très astucieux dans leurs attaques, je n'ai qu'à attendre que quelqu'un prenne la parole. Qu'il y en ait un qui, trop pressé de s'exprimer, m'enlève ce poids des épaules... Les secondes s'égrainent comme des minutes... Je me retiens de parler. De m'énerver. Même si l'envie est là. Quelques secondes se sont écoulées. Rien ? Je cherche du regard dans l'assistance celui qui pourrait me sauver. Toujours rien... Plus que quelques respirations et je devrai parler...

Les masques tombent

Bingo ! ça y est ! Une voix qui provient du dernier rang. Tout en haut de l'amphithéâtre, caché au milieu de quelques joueurs. Il s'agit d'un ancien joueur que j'ai croisé à la fin de ma carrière, au RC Narbonne Méditerranée. Il jouait en première ligne et évoluait avec l'équipe espoir. Je me rappelle assez bien de lui, même si, ensuite, il n'a pas vraiment percé au niveau professionnel. Cyril Vancheri. Il est le trésorier du syndicat et, apparemment, il a un message de la plus haute importance à délivrer :

– Moi, je sais pourquoi tu ne veux pas répondre à cette question. Parce qu'en fait tu t'es dopé pendant toute ta carrière et, aujourd'hui, tu as nourri un sentiment de frustration qui fait que tu veux te venger. Tu en veux à la terre entière et tu veux faire payer le monde du rugby pour ce qu'il t'a fait !

Là, la messe est dite. Je crois que cela ne sert plus à rien de rester et de participer encore à ce qui n'est qu'un simulacre de débat transformé en une sorte de mauvais procès stalinien.

Serge Simon intervient à nouveau :

– Laurent, est-ce que tu te rends compte que tes propos ont blessé l'ensemble des joueurs ? Est-ce que tu te rends compte que tu as porté des accusations gratuites qui ont fait beaucoup de mal alors qu'elles ne reposent sur rien. Est-ce que tu as conscience de cela ? Et est-ce que tu ne regrettes pas, maintenant, d'avoir tenu de tels propos ? Est-ce que tu es prêt à admettre que tu es allé trop loin et que tes déclarations ont été excessives ? Est-ce que tu es prêt à le reconnaître ?

C'est donc cela ! Il m'a fait venir à Toulouse pour me mettre sous pression face aux joueurs et m'extirper des excuses qu'il pourrait ensuite aller brandir comme un trophée, sur l'air du « Circulez il n'y avait rien à voir ! », aux journalistes qui, justement, attendent dans la salle d'à côté. Bien sûr ! c'était évident. Et logique. Il faut éteindre le feu et je suis quand même le mieux placé pour le faire. Un pyromane rhabillé en pompier, voilà ce qu'il voulait faire de moi. Ce n'est pas idiot ! Enfin, en théorie...

– Ce que je regrette surtout, Serge, c'est de voir qu'il y a deux murs qui se font face et qu'il n'est pas possible d'établir le moindre dialogue. Ce que je regrette, c'est que l'on ne soit pas capable d'évoquer un problème qui, quoi que vous en disiez, existe et doit être évoqué. Le pire, c'est de ne pas en parler, c'est de le cacher et de faire comme s'il n'existait pas. Que je sois le seul, apparemment, à m'inquiéter pour la santé des joueurs, ça, oui, je le regrette ! Mais pas question de renier ce que j'ai dit !

– Si c'est comme ça, je crois que l'on n'a plus rien à se dire !

– Effectivement !

D'un coup, tout s'arrête. La séance se termine, débouchant sur une impasse. À la limite de la confusion mais dans la certitude de l'incompréhension. On sera au moins d'accord sur ce point-là. Je me lève, soulagé d'en finir avec cette épreuve. Je reprends mon cartable et quitte la tribune sans saluer Serge Simon. Je remonte le long des rangées, une marche après l'autre, passant à proximité des joueurs qui, eux aussi, quittent leur place et se dirigent, par grappes, vers la sortie. Pas un mot. Je continue ma progression. Je vois maintenant la porte qui se rapproche. Qui, au rythme de ma progression, retrouve une taille plus accueillante. Plus rassurante. Plus que quelques marches et je pourrai m'y engouffrer. Plus que quelques marches et j'en aurai fini. C'est à ce moment-là qu'une voix interrompt mon échappée…

Le débat commence enfin

J'ai à peine franchi la porte de l'amphithéâtre que je suis déjà rejoint par Fulgence Ouedraogo, troisième ligne du club de Montpellier et de l'équipe de France, qui semble-t-il a envie d'échanger avec moi. Cela me rassure de voir, même si cela arrive un peu tard, que certains joueurs souhaitent aller plus loin que les seules attaques imposées par le scénario de Serge Simon. D'autant plus que, sans que je ne demande rien, Ouedraogo commence par me dire que j'ai raison, que le dopage existe, qu'il a été témoin de scènes où certains coéquipiers prenaient des produits d'aide à la performance dépassant le cadre des simples compléments alimentaires. Après toutes les dénégations et autres accusations en sorcellerie que j'ai eu à subir pendant presque deux heures, je suis heureux d'entendre de telles paroles, même si son propos tend à minimiser les pratiques et, surtout, à faire savoir que, pour sa part, il n'est jamais rentré dans cette logique.

Après lui, c'est au tour de quelques autres joueurs, actuels et anciens, tel Laurent Travini, ancien joueur de l'Union sportive Dax Rugby Landes et du Stade Montois Rugby, de discuter directement avec moi. Il s'agit pour eux, là aussi, de dire qu'ils ne sont pas d'accord avec ma vision jugée trop extrême, mais peu importe, il est enfin possible d'échanger et de dialoguer. Il est enfin possible de débattre, sur ce pas-de-porte, à quelques mètres de l'estrade où je n'étais alors qu'une cible. Et non plus de tenter de déstabiliser mon amour-propre. C'est rassurant.

Serge Betsen se joint maintenant à nous, regrettant que mes paroles soient gratuites et sans lendemain. Effectivement, Serge, tu as raison. Je n'ai pas prévu, tout seul, de partir en croisade contre des moulins à vent ou, plus exactement, contre toute la grande famille du rugby dont je suis, pourtant, censé faire partie. Moi, pas Don Quichotte ! Moi, pas Sancho Panza ! Pas question d'aller plus loin, seul contre vents et marées. Pas question de prêcher dans le désert ou dans des stades vides. Si mes propos ne recueillent pas un assentiment ou une écoute minimes, pas de problème, je rentre chez moi. Je n'ai pas la prétention, tout seul, de faire bouger les choses. J'ai dénoncé ce que je crois être un état de fait, une escalade dangereuse, pour que l'on ne puisse plus dire que l'on ne savait pas, que l'on n'avait pas vu. C'est tout !

Si une vraie volonté de changement se met en place et que l'on me propose de m'y associer, j'en serai ravi. Mais, encore une fois, j'accepte les lois de la démocratie, même à considérer que celles-ci bafouent la vérité. Voilà, Serge, tu sais tout maintenant. Et moi, je peux aller répondre aux questions des journalistes. Ah non ! il me reste un joueur à voir. Et pas n'importe lequel. François Carillo. Le seul qui peut véritablement s'être senti attaqué quand bien même je ne l'ai pas visé.

Je m'approche de celui qui, malheureusement, alors qu'il n'a que 25 ans, n'est déjà plus joueur de rugby. Je lui explique la logique de mon argumentation, le fait que je me suis servi de son accident pour dénoncer une fuite en avant de notre sport qui, comme le football, considère maintenant que, coûte que coûte, *the business must go on*. Peu importe qu'un joueur puisse tomber inanimé.

Qu'une vie soit suspendue à un battement de plus ou de moins. Le spectacle doit avoir lieu. Les supporters sont là. Les bandas chauffent leurs instruments. Les saucisses se vendent comme des petits pains. La bière coule plus vite que l'Adour. Pas question d'annuler la fête du rugby au dernier moment ! Il sera toujours temps de prier, dans trois jours, le 25 décembre, tradition et passage à l'église obligent.

Alors, bien sûr, François Carillo est toujours vivant. L'arrivée des secours a été efficace et leur intervention salutaire. Hourra ! Mais suis-je le seul à m'interroger sur le fait qu'un jeune joueur en pleine santé peut tomber suite à un arrêt des battements de son cœur alors qu'il n'est même pas en plein effort ? Une malformation cardiaque ? Bien sûr ! c'est probable, même si aucun cardiologue n'a, semble-t-il, rendu de diagnostic précis. Mais arrêtons de faire croire à une cause unique là où le problème est visiblement multifactoriel. Suis-je le seul à m'étonner et à m'inquiéter qu'un haut niveau de pratique sportive, au lieu d'induire une santé éclatante, fabrique des malades en puissance ?

Bien sûr, François Carillo n'est pas près d'adhérer à mon propos. Bien sûr, je m'excuse d'avoir fait de lui une victime collatérale de mon combat. Mais, malheureusement, il ne m'était pas possible de mettre en avant mon inquiétude sans me servir d'un événement aussi exceptionnel que celui qui allait marquer sa vie à jamais. Cette journée aura, au moins, permis notre rencontre et de m'expliquer auprès de quelqu'un qui est déjà suffisamment blessé par la vie et qui a, c'est certain, besoin de temps et de tranquillité pour s'en construire une nouvelle. Nous nous quittons, certes, pas vraiment amis, mais pas ennemis pour autant. Lui, s'engageant, sans que je le lui demande, à ne pas donner de suites judiciaires à mes propos et, moi, lui promettant de communiquer dans la presse mon regret de l'avoir indirectement stigmatisé.

Le rouleau compresseur des journalistes

Médias, me voilà ! Dernière épreuve avant la libération. Même si les questions des journalistes devraient être moins agressives que les attaques de Provale, je dois rester concentré et peser le moindre mot. Pas question de dévier de mon propos. Pas question de me laisser emporter par la fatigue ou l'énervement. Pas question de prononcer des paroles qui pourraient se retourner contre moi et m'envoyer devant un juge. La menace est déjà là. Pas la peine d'en rajouter. De donner des arguments à mes opposants.

Malgré un cadre bon enfant, le mur des journalistes qui se dresse en face de moi reste impressionnant. Ils veulent tous la même chose en même temps. Pris un par un, ils n'effraieraient pas grand monde. Mais là, tous ensemble, au même moment, ils représentent une force capable de vous écraser sous le poids de ses questions. Ils ont beau vouloir la même chose, avoir les mêmes interrogations et vous placer au centre de leur attention, vous vous sentez en situation de faiblesse, susceptible de commettre l'irréparable juste parce que votre langue a fourché, votre esprit a dérapé, votre pensée a été mal exprimée. Ce n'est pas ce que vous vouliez dire ? Un mot vous a échappé ? Trop tard ! Tant pis pour vous ! Votre bourde est publiée. L'info n'a pas le droit de s'arrêter. Tel un char d'assaut, elle écrase tout sur son passage. Même vous qui en êtes à l'origine. Pas le temps d'expliquer. Pas le temps d'analyser. Elle tourne en boucle. Et vous avec. Quoi qu'il arrive. Pour le meilleur et pour le pire. Tant pis pour vous si vous êtes pris dans la tourmente. Cela ne dure jamais bien longtemps, certes, mais cela peut quand même vous sembler une éternité. Alors, attention ! Peser le moindre mot. S'en tenir aux phrases déjà construites. Aux expressions toutes prêtes. Pas le moment de réinventer la syntaxe. De chercher l'originalité. Simple et sans fioriture. Sans prise de risque, surtout.

Je passe devant les micros après Serge Simon et les joueurs désignés pour témoigner. Par contre, moi, je n'ai pas reçu les éléments de langage distillés par le grand ordonnateur. Les « il n'a pas de preuves », « c'est juste pour faire le buzz », « il veut se faire de la pub », qui sortent de toutes les bouches, même de celles des joueurs partis avant de m'écouter. Serge Simon déclare dans le *Midi Olympique* : « S'il nous avait amené des preuves, nous aurions été prêts à aller de son côté, mais il n'en a pas. Il veut juste tirer une sonnette d'alarme. C'est un peu décevant et pathétique. Ses motivations sont sûrement de l'ordre du buzz ou de la pub. C'est moche. C'est ce que les joueurs lui ont dit[1]. » Puis maniant l'ironie pour *L'Équipe* : « C'est juste du buzz : il n'a apporté aucune preuve de ses allégations. On espère qu'il en a gardé et qu'il les apportera devant la justice... une instance qui n'en a rien à faire du buzz[2]. »

Seul Serge Betsen restera dans sa logique, quitte à s'éloigner des propos qu'il était prévu qu'il tienne : « Il aurait mieux valu qu'il vienne mettre son expertise en matière de santé au service du syndicat pour rendre notre sport

1. *Midi Olympique*, 19 avril 2013.
2. *L'Équipe*, 18 avril 2013.

le plus propre possible. Au lieu de dire que l'on va tomber dans la même situation que le cyclisme, qu'il nous dise quoi faire pour l'éviter[1]. » Apparemment, les deux Serge ne sont pas totalement sur la même longueur d'onde. Un monde les sépare, même. Parce que, moi, collaborer avec le syndicat ? Je ne pense pas que ce soit à l'ordre du jour, ni aujourd'hui ni demain...

Après avoir refusé de m'installer devant l'incontournable panneau des sponsors – eh oui, même un syndicat ne peut y échapper –, je m'exprime sur ma frustration de ne jamais avoir pu entamer ne serait-ce qu'un embryon de débat. De m'être retrouvé face à une accusation systématique lors d'une rencontre où la seule question apparemment importante était de savoir quels produits dopants j'avais pris lorsque j'étais joueur. J'essaie de faire court et concis, toujours par peur de perdre le fil de ma pensée, de faire des circonvolutions qui m'entraîneraient sur des chemins dangereux proches du contre-sens, pain béni pour un procès en diffamation. Même si je me sens rattrapé par la fatigue et mis sous pression par la succession des questions, l'exercice ne se passe pas trop mal. Après avoir bien insisté sur ma rencontre avec François Carillo et ma volonté de ne pas stigmatiser le cas d'un seul individu, j'arrive à conclure l'exercice et à mettre fin à mon éprouvante journée. Ouf !

Je sors enfin de ce paquebot de béton à l'atmosphère devenue presque irrespirable et je m'éloigne, seul, croisant au passage Franck Belot, mon agréable débatteur de tout à l'heure. Nous ne manquons pas de ne pas nous saluer. Chacun prenant une destination bien marquée et différente. Lui, retournant à l'agence d'événementiel gravitant autour

1. *L'Équipe*, 18 avril 2013.

du Stade Toulousain. Moi, m'éloignant à nouveau du monde du rugby en souhaitant très fort, à ce moment-là, refermer la porte sur cette partie de ma vie et faire qu'elle reste ce qu'elle a toujours été : une formidable manière de passer ma jeunesse et de me découvrir à la vie. Ni plus ni moins...

Morale de l'histoire

La journée est terminée. Je ne peux pas dire que j'ai passé un moment agréable en face du plus gros pack du rugby français. Mais, si les coups donnés étaient d'une lourdeur certaine, ils n'étaient quand même pas d'une violence extrême, ce qui m'a permis de les éviter tout en en sortant un peu groggy, certes, mais pas vraiment meurtri. Avec le recul, je ne sais pas si je dois me féliciter de m'être à peu près bien dépêtré des chausse-trappes qui m'ont été tendues ou me dire que le niveau des attaques était si médiocre que, même moi, je n'en sors pas vraiment grandi. Si on a les attaques que l'on mérite alors, apparemment, je ne méritais pas grand-chose. Les ficelles étaient des cordes à nœuds et les chausse-trappes des attrape-nigauds. C'était dur mais pas insurmontable. Le pire, c'est que j'étais prêt, en arrivant, à faire des concessions ! Mais encore aurait-il fallu qu'un débat ait lieu. Déballer nos désaccords pour mieux trouver un terrain d'entente. Reconnaître, de leur part, certaines évidences pour que je puisse admettre, de mon côté, l'outrance dans le propos. Mais, là ! nier tout en bloc. Tenter de m'impressionner en attaquant systématiquement ma personne avant de me proposer de me rétracter pour faire un *mea culpa* général devant les médias. Un peu court, quand même, comme stratégie ! Il y avait mieux à faire, c'est certain. Mais, pour cela, il aurait fallu être... comment dire... ah oui, c'est ça... honnête ! Mais ça, effectivement, ce n'était pas possible. Trop compliqué. Inacceptable même.

J'étais venu dans l'espoir de créer un début de dialogue, possibilité que je savais de toute façon faible mais à laquelle je me raccrochais. Je ne pouvais qu'être déçu du déroulement de la rencontre. De ce scénario de série B destiné à me déstabiliser pour me pousser à demander grâce à mon bourreau. Impossible de changer le déroulé de la scène, les acteurs avaient trop le nez collé sur leur texte.

Néanmoins, je trouvais que ce non-dialogue avait révélé quelque chose d'intéressant. Que, dans les non-dits et dans cette volonté de faire corps entre eux, les joueurs m'avaient finalement envoyé un message qui me paraissait, avec le recul, limpide. Ce message, bien sûr, ils ne l'avaient pas exprimé clairement, il n'était qu'une interprétation de ma part. Mais, si j'avais eu à le mettre par écrit, il aurait pu se formuler de la manière suivante : « Laisse-nous tranquille, l'ancien. Le mode de fonctionnement actuel, tel qu'on l'a, nous va très bien. Nous, on ne veut rien changer. »

Et en lisant entre les lignes, je rajouterais même : « Maintenant, on gagne bien notre vie et, plus ça va, moins c'est difficile de s'entraîner et d'être performant. On est appréciés, estimés par nos proches. Donc, on est heureux comme on est. On n'a pas envie d'aborder un quelconque problème prétendument lié au dopage. D'autant plus qu'il y a un système mis en place qui fonctionne très bien puisqu'il prouve qu'il n'y a pas de dopage dans le rugby. »

Et même si aucun de ces mots n'a été prononcé en l'état, je devine très bien ce qu'ils n'ont pas osé me dire. Pire, même, je trouve leur comportement normal et très logique finalement...

8

Mon témoignage devant le Sénat

Me voici maintenant convoqué devant la commission d'enquête sénatoriale sur l'efficacité de la lutte contre le dopage, celle-là même par laquelle, d'une certaine manière, tout a commencé, avec l'audition de Françoise Lasne. Comme toutes les commissions parlementaires, elle paraît au départ anodine, mais le nombre et le statut des personnes amenées à témoigner, que ce soit Travis Tygart de l'United States Anti-Doping Agency (USADA), Pierre Bordry, ancien président de l'Agence française de lutte contre le dopage ou, côté scientifique, les professeurs Michel Audran, Michel Rieu, Yves Le Bouc ainsi que les médecins Armand Mégret, Jean-Pierre de Mondenard et Patrick Romestaing, ou même, côté paillette et témoignages personnels, Michel Platini, Didier Deschamps, David Douillet, Richard Virenque, Laurent Jalabert, sans parler de la publicité faite autour du sujet, notamment à cause de la publication de la liste des cyclistes comme ce dernier, contrôlé positif rétrospectivement à l'EPO sur le Tour de France de 1998, en ont fait le dernier salon à la mode où l'on cause de dopage et où se font, malgré tout, quelques révélations intéressantes.

Où la vérité tient beaucoup de la théorie de la relativité

Felipe Contepomi, alors joueur du Stade Français, entendu en tant que représentant des sportifs auprès de l'Agence mondiale antidopage, reconnaît qu'il y a une tendance à une certaine médication pratiquée par les médecins de club auprès des joueurs : « Encadrés dans une équipe, les sportifs font confiance à l'entourage médical du club, si bien qu'ils suivent les protocoles ou prennent les produits ou substances qu'on leur prescrit. » Intéressant. Dans la foulée, il complète son propos en parlant de sa sélection nationale : « En équipe d'Argentine, la préparation physique des joueurs est prise en charge par une société, Athletes' Performance, qui administre des compléments alimentaires lors des stages réalisés aux États-Unis. » Une société dont les joueurs de rugby français paraissent friands puisque notamment Dimitri Szarzewski et Vincent Clerc sont déjà allés en stage de préparation physique aux États-Unis, encadrés par cette structure dont le savoir-faire provient plus particulièrement de la préparation des joueurs de football américain, une discipline au sein de laquelle les contrôles antidopage ne sont qu'urinaires, leur syndicat de joueurs s'opposant à l'introduction des prélèvements sanguins – je connais quelqu'un qu'un tel pouvoir doit faire rêver –, et où la durée moyenne d'une carrière n'est que de 3,9 saisons[1]

1. D'après une enquête du *Washington Post* auprès de cinq cents anciens joueurs de la NFL, la ligue de football américain, citée dans Frédéric Autran, « Des pieds au cerveau, le football américain fabrique des infirmes », Rue89.com, mai 2013.

et l'espérance de vie de 55 ans[1], la plus basse de tous les métiers, et de loin, aux États-Unis.

Felipe Contepomi, durant toute sa carrière, en équipe nationale d'Argentine, dans la province irlandaise du Leinster, au RC Toulonnais et au Stade Français, affirme n'avoir jamais été confronté à une quelconque forme de médicalisation de la performance autre que la prise de compléments alimentaires. Autorisés, bien sûr. À tel point, d'ailleurs, qu'il ne s'est même pas aperçu, ou si peu, du passage d'Alain Camborde au chevet de l'équipe argentine lors de la préparation à la Coupe du monde en 2007.

Quant à Bernard Laporte, invité à témoigner en tant qu'ancien secrétaire d'État aux sports et qui lance sur le ton badin de celui qui fait la blague à la fin du banquet : « Il y a vingt-cinq ans, quand je jouais, nous prenions tous des cachets de Captagon, sans savoir que cela était interdit », c'est surtout une perte totale de mémoire qui marque son passage. Oubliés, les résultats des prélèvements capillaires qui indiquent que près de 20 % des joueurs professionnels sont susceptibles d'avoir pris des hormones stéroïdiennes alors que le professeur Michel Rieu affirme que le ministère de la Jeunesse et des Sports, en 2009, a bien été averti d'une telle situation. Concernant Pieter de Villiers et l'utilisation des corticoïdes et de la cocaïne, c'est différent. C'est certainement que Christian Bagate, petit cachotier, a gardé l'information pour lui tout seul. À moins qu'il n'ait simplement oublié d'en parler à celui qui n'était alors que le manager de l'équipe de France. Du coup, Bernard Laporte ne pouvait évidemment pas savoir. Croyant que Pieter de Villiers n'était qu'un fêtard

1. Jean-Pierre de Mondenard, « Super Bowl : neuf repris de justice sur le terrain », Rue89.com, 4 février 2008.

qui ne pensait qu'à se coucher à 5 heures du matin, alors que le joueur, en fait, était un acharné de travail qui faisait le maximum pour s'entraîner le plus possible. Quelle terrible méprise...

Côté rugby, toujours, notons l'audition de Bernard Lapasset en tant que président de l'International Rugby Board, au cours de laquelle il va expliquer, d'une manière lénifiante, que le dopage, c'est les autres, les étrangers, et notamment tous ces îliens, Fidjiens, Samoans, Tongiens, aux pratiques peu contrôlables : « La façon d'aborder la lutte antidopage n'est pas partout perçue de la même manière, et certains organismes n'ont pas le sentiment de mener le même combat que les autres. Il existe en quelque sorte une distorsion quasi permanente entre intervenants... Le cas est différent quand on examine des pays comme les îles Fidji, Tonga ou Samoa. L'IRB a investi beaucoup d'argent pour créer des systèmes nationaux de formation et de contrôle. Ce sont des pays extrêmement difficiles et peu stables. Aujourd'hui, les îles Fidji sont sous la domination d'un régime militaire qui régit jusqu'au sport. Le président de la fédération est un militaire. Ce n'est pas pour autant que les Fidjiens recourent au dopage, mais cela traduit le fait que la société reste refermée sur elle-même. Les traditions jouent leur rôle, les systèmes interagissent les uns avec les autres, et il est très difficile d'agir. Les rencontres étant fort peu nombreuses, le risque de dopage n'est toutefois pas très marqué. » Heureusement qu'ils ne jouent pas beaucoup, ces pauvres îliens. Heureusement, aussi, qu'ils ne sont pas disséminés aux quatre coins du monde, dans les structures des clubs et des provinces des nations majeures du rugby mondial car, sinon, le rugby courrait à la catastrophe, mon bon monsieur...

Ce même Bernard Lapasset en profite, au passage, pour

faire une révélation dont je vais être le premier surpris. En effet, il va déclarer, sous serment, devant les sénateurs de la commission, dont le rapporteur, Jean-Jacques Lozach, que je n'en suis pas à mon coup d'essai en matière de déclarations fantaisistes et de fausses alertes sur le sujet puisque, en tant que président de la Fédération française de rugby, il a déjà été le témoin d'une de mes premières tentatives de crier au loup, histoire de faire l'intéressant : « Bénézech m'a déjà fait le coup quand j'étais président de la fédé. Un jour, il y a eu une déclaration de Laurent Bénézech. Donc j'avais convoqué Bénézech et je lui avais dit : "Laurent, dis-moi, qu'est-ce qui se passe, qu'est-ce que tu sais ?" "Ah, bé... non... je ne sais pas, mais si, c'est des rumeurs !" » Apparemment, là, Bernard Lapasset est en train de m'imiter alors qu'il s'adresse aux sénateurs. Et apparemment, donc, quand je ne sais pas répondre à une question ou que je suis dans l'embarras, je bêle comme un mouton. Bêêêêêêê...

« Je n'ai jamais pu obtenir de Laurent quelque chose de précis pour faire valoir ses arguments. Je lui ai dit, écoute, ça m'embête, tu fais des déclarations où tu es reconnu. À l'époque, il était international, il était acteur, il était joueur. Je lui ai dit, Laurent, tu ne peux pas dire des choses comme ça si tu n'as pas des choses précises. Moi, je suis prêt à entendre, dis-moi ce qui se passe, pourquoi et comment. On va y aller, on va le faire. Mais on n'a jamais pu. Je répète, pour Laurent, ça m'embête de le voir encore une fois comme cela, parce qu'il ne va pas plus loin que le discours et, si c'est pour faire des discours autour d'une table et boire des coups derrière, ce n'est pas suffisant. »

Ainsi, toujours selon Bernard Lapasset, je suis aussi quelqu'un qui a l'habitude, sous l'emprise de l'alcool, de faire des déclarations publiques à tort et à travers. Je me demande s'il ne me confond pas avec Gérard Depardieu, là. C'est vrai qu'à l'époque j'étais plus gros, mais quand même. Néanmoins, c'est fou le nombre de choses que j'aurai apprises sur moi-même en ces quelques semaines... « Laurent Bénézech, avec ce discours, c'est pas bien. Il faut qu'il aille plus loin. S'il a vraiment des choses à dire, il le dit ou alors il donne des moyens pour faire autre chose et trouver des solutions. Mais pas comme ça ! Voilà, c'est un peu mon sentiment. Je suis un peu passionné quand je dis cela parce que je trouve que c'est pas bien, quoi, vraiment ! » Oh ! mais c'est qu'il va finir par s'énerver, le Béarnais. Et tout cela par ma faute....

Je ne vais surtout pas chercher à me défendre vis-à-vis d'un événement qui n'a jamais existé et de déclarations qui ne visent qu'à me décrédibiliser, surtout après l'insidieux « faire des discours autour d'une table et boire des coups derrière ». Mais ce qui est sûr, en tout cas, c'est que, apparemment, le fait de prêter serment devant des sénateurs et de s'engager à dire toute la vérité lors de ces auditions n'a pas la même valeur pour toutes les personnes qui doivent le faire...

L'obligation d'être pertinent

Pour avoir visionné les vidéos des témoignages qui m'ont précédé, je sais que j'aurai droit à une dizaine de minutes sous forme de monologue avant de devoir répondre aux questions des sénateurs présents. Il s'agit donc de préparer mon intervention de manière suffisamment concise et précise pour donner du crédit à mes propos. Et surtout de la faire porter sur un élément précis qui est celui sur lequel j'ai passé des années à réfléchir : la compréhension de la logique qui se met en place dans la course à la performance et l'incapacité de résoudre un tel problème en se plaçant sous l'unique angle de la lutte antidopage. Bien sûr, un tel sujet dépasse le cadre de la simple problématique du rugby et, bien sûr aussi, les sénateurs attendent de mon témoignage qu'il illustre les pratiques du monde du rugby. Rien de plus. Du coup, je suis obligé de mettre en avant un certain nombre d'exemples concrets qui viennent apporter de la force à mon propos. Si je n'évoque pas de cas précis, ils ne m'écouteront pas et me considéreront comme un charlatan qui vient profiter du cadre du Sénat pour jouer à l'orateur de pacotille, ce qui donnera du crédit à mes détracteurs. Je ne peux être, à leurs yeux, qu'un témoin direct de la tendance que connaît mon sport à s'éloigner, depuis des années, de l'image de pureté qu'il cherche pourtant à véhiculer. Je ne peux pas répondre à l'invitation à témoigner sans parler de mon expérience en équipe de France lors de la Coupe du monde de 1995. Il est évident, aussi, que je me dois de parler des différentes sollicitations dont j'ai fait l'objet, des liens sulfureux que j'ai pu observer dans les salles de musculation entre certains sportifs et des culturistes qui proposent d'améliorer chimiquement leur corps, et des cas les plus flagrants du rugby français : le club de Brive des années 1990 ainsi que le rôle d'Alain Camborde, alors en plein jugement. Ce qui représente déjà pas mal d'éléments pour espérer sembler crédible.

Quitte à devoir me rendre au Sénat, à passer devant une commission qui doit proposer des mesures pour l'avenir, pas question pour moi de ne parler que du passé. Voire même du présent. La situation est grave. Les dysfonctionnements mis au jour, notamment par l'affaire Armstrong, sont suffisamment importants pour que le sport ait besoin de se construire un avenir nouveau. Quelque chose qui dépasse la simple vision manichéenne du dopé/pas dopé. La logique du sport spectacle est acceptable si elle se fait dans le respect de la santé des sportifs. Tout le monde doit prendre conscience que répéter les erreurs du passé serait une ineptie de plus. Si je passe devant cette commission, c'est surtout avec la volonté de donner ma vision de l'avenir sur un sujet que, depuis 1998, j'ai beaucoup étudié. Et vis-à-vis duquel, en tant qu'ancien sportif de haut niveau, je peux apporter une vision différente et proposer des changements profonds susceptibles d'en faire évoluer l'approche. Après tout, il n'y a pas que des anciens dopés repentis qui peuvent être crédibles en tant que sportifs capables d'évoquer le sujet.

Lundi 20 mai 2013. Sénat, palais du Luxembourg, salle Clémenceau.

– Monsieur Bénézech, en tant que président de cette commission d'enquête sur le dopage, je vous demande de prêter serment, de dire la vérité, toute la vérité et de lever la main droite en disant « je le jure ».

– Je le jure.

– La démarche habituelle de cette commission d'enquête, c'est de vous donner d'abord la parole pendant environ un quart d'heure pour que vous nous disiez quelle est votre manière de voir cette question de la lutte contre le dopage de manière générale. Nous aurons ensuite l'occasion de vous poser quelques questions.

– Je vais essayer d'être le plus concis possible tout en évoquant trois périodes différentes : le passé, le présent et l'avenir. Alors, je tiens tout d'abord à préciser que je ne suis pas venu devant cette commission pour parler de dopage mais pour parler d'accompagnement médicalisé de la performance. Je vais m'efforcer, bien sûr, d'expliquer pourquoi je fais cette distinction.

Pour commencer par le passé et par des faits, je suis obligé de revenir sur ma carrière de joueur qui s'est terminée en 2000, sachant qu'en 1999 j'ai été opéré d'un décollement de rétine qui m'a amené à être traité à la cortisone. Comme c'était une opération à l'œil, j'ai pu reprendre l'entraînement. Et là, j'ai découvert les effets bénéfiques de la cortisone, cette euphorie physique qui permet, comme on ne ressent plus les barrières de la fatigue et de la douleur, de s'entraîner beaucoup plus et d'avoir cette envie physique d'aller encore plus loin dans la performance. Cette anecdote aurait peu d'intérêt si elle ne m'avait révélé que, le ressenti physique que j'avais eu à ce moment-là, je l'avais déjà eu à un moment donné précis de ma carrière.

À un moment donné de ma carrière, en effet, dans un cadre bien particulier, je me suis retrouvé avec cette même sensation physique, la sensation de ne plus ressentir la fatigue, de ne plus ressentir la douleur et de pouvoir même améliorer mes performances physiques, ce qui était mesurable puisque c'était notamment des performances en musculation et que l'effet était notable. Quand j'ai travaillé sur mes souvenirs, je me suis rappelé que, dans ce cadre bien particulier, on nous demandait d'être responsables de notre propre boisson, d'avoir donc pendant les entraînements des bidons individualisés, qu'il fallait bien faire attention, on était sensibilisés au fait qu'il ne fallait pas prendre les bidons des autres, officiellement pour des risques de maladies diverses et variées. Au moment des repas, on nous donnait des produits qui étaient censés être des fortifiants et qui me paraissaient, moi, être, à l'époque, naturels comme ceux que j'avais pu prendre au moment de passer le bac, par exemple. Mais, quand j'ai commencé à reconstituer les pièces du puzzle, j'ai eu de sérieux doutes sur un produit qui s'est avéré être la cortisone... J'avais été traité à cette dernière sans en avoir été informé, et sans, bien sûr, mon accord. Cette période, c'était la Coupe du monde 1995 avec l'équipe de France de rugby.

Voilà un début d'intervention qui a le mérite d'être clair et qui a la capacité de satisfaire les attentes des sénateurs. C'est exactement ce qui se passe puisqu'une des premières questions qui me sont posées par le rapporteur de la commission, Jean-Jacques Lozach, revient sur le sujet :

– Vous avez anticipé nos questions en rappelant votre expérience dans l'équipe de France en 1994 et 1995. Quelle organisation, quelles complicités, quels produits, quelles méthodes ?

J'essaie de faire la réponse la plus précise possible tout en précisant bien que, à l'époque, je ne maîtrisais pas du tout les tenants et aboutissants de la situation :

– À mes yeux, il ne se passait rien : j'ai passé un mois et demi en Afrique du Sud à l'entraînement. Ce n'est que quelques années plus tard, en reconstituant les pièces du puzzle, que mon ressenti physique et ma conviction intime m'indiquent que j'avais dû prendre un produit spécifique, la cortisone. En tout état de cause, cette expérience me semble intéressante pour voir qu'il est possible de faire prendre aux sportifs certains produits dans un cadre légalisé, qu'il s'agisse d'un club ou d'une équipe. Cela fait le lien avec ce que vous a exposé Felipe Contepomi, selon lequel trop de joueurs sont capables de prendre des pilules proposées par le médecin ou l'entraîneur sans se poser de question.

J'ai lu que, normalement, un protocole d'accompagnement médicalisé de la performance associe plusieurs produits, mais je n'ai pas d'éléments allant dans ce sens.

L'équipe de France avait deux principaux cadres : un médecin responsable de toute la partie médicale, le docteur Marc Bichon, et un manager, Pierre Berbizier. Je ne pense pas que le docteur ait pris la responsabilité de mettre en place un tel protocole sans en référer au manager, et ce dernier, que je connais bien pour l'avoir eu comme entraîneur en club, je ne pense pas qu'il ait pu prendre non plus une telle décision tout seul, dans le cadre de l'équipe de France, sans en référer au président de la FFR. En équipe de France, le capitaine est choisi par proposition du manager et par décision de la fédération : je ne peux donc pas croire que la même procédure n'ait pas été suivie pour une question aussi sensible que l'accompagnement médicalisé de la performance des joueurs.

S'agissant du contexte, je rappelle que nous étions dans une Coupe du monde où les joueurs des équipes favorites, comme l'Afrique du Sud et l'Angleterre, prenaient du volume à vue d'œil. Il y avait une course à l'armement qui peut expliquer une certaine fuite en avant pour être suffisamment performant sur cette épreuve.

Mon audition par les sénateurs va durer, en tout, plus d'une heure et demie, mais ce n'est que ces quelques minutes, et les déclarations qu'elles contiennent, qui vont être reprises par les journalistes présents dans la salle, dont le correspondant de l'AFP, et par l'ensemble de ses confrères, à la suite de la dépêche que celui-ci réalise dans la foulée. Tout le reste de mon intervention, les explications sur l'impossibilité de résoudre la problématique du dopage en l'état, la proposition de sensibiliser les enfants de 12 à 16 ans, tout cela est complètement occulté par une information qui date déjà de près de vingt ans. Je ne peux pas me montrer surpris mais simplement déçu que quelques détails puissent faire complètement disparaître les problèmes de fond.

Tout à mon monologue, je continue à dérouler une remontée dans le temps qui passe par Brive, Toulouse, Pau et Biarritz pour le passé, le Stade de France et la réunion toulousaine de Provale pour le présent, avant d'en arriver à un futur que j'aimerais meilleur :

– Cet ensemble de témoignages que j'ai voulu vous apporter n'a qu'un but, c'est de regarder vers le futur. C'est ce qui m'importe le plus, ici, parce que vous vous doutez bien que je vais encore me faire de nouveaux amis, mais, moi, ce qui m'intéresse, c'est le futur. Vous avez créé cette commission suite à l'affaire Armstrong. C'est une période qui, effectivement est intéressante, c'est peut-être une période où on peut essayer d'avoir un regard nouveau sur l'approche, et c'est bien là où j'en arrive avec mon propos, l'approche de l'accompagnement médicalisé de la performance. Le dopage ne m'intéresse pas parce que la lutte antidopage est un échec. L'affaire Armstrong l'a prouvé. Lance Armstrong a perdu sept Tours de France sans que ce soit une sanction suite à un contrôle antidopage positif ; et en plus, il les a perdus bien après les avoir gagnés. Quel est l'effet positif d'une telle situation ? Et en plus de cela, quand vous avez une approche globale du sport professionnel, vous avez l'obligation de le voir comme un sport spectacle, qui est un événement comme un autre dans le marché des activités du spectacle. Et donc, aujourd'hui, qui peut être intéressé par, éventuellement, revenir cinquante ans en arrière, pour avoir des matchs de foot où les joueurs marchent entre les deux surfaces de réparation et où, éventuellement, il y a une ouverture d'un Michel Platini de quarante mètres qui pourrait éclairer un peu le spectacle et donner quelque chose à voir. Je pense que, aujourd'hui, on est obligé d'avoir une vision pragmatique de la situation avec l'obligation de reconnaître l'échec de l'approche de la médicalisation de la performance par l'unique approche de la lutte antidopage. Je n'ai jamais cru que l'on puisse résoudre un problème en l'attaquant par l'aval, *a posteriori*. Je pense qu'il faut se focaliser sur l'amont et anticiper la problématique pour éventuellement trouver des solutions. Et je vais en proposer quelques-unes. Il faut être pragmatique aussi à une période où on fait face à une crise économique et où tout contrôle coûte cher et donne très peu de résultat.

Il faudra un jour – je ne suis pas très optimiste sur le fait que cela puisse arriver rapidement – qu'il y ait un changement dans l'approche philosophique de la problématique de l'accompagnement médicalisé de la performance. Et je pense qu'il ne peut se faire que sur trois axes.

Le premier, c'est l'axe de la répression. L'USADA a montré que son action n'a pu être efficace que parce qu'il y avait un volet répressif important. En France, tant que l'on ne donnera pas plus de pouvoir à l'organisme de la gendarmerie qui est en charge de lutter contre le dopage, et notamment dans sa capacité à avoir accès aux résultats des contrôles antidopage de manière à pouvoir mettre en place des actions de police, il n'y aura pas la possibilité d'aller plus loin dans l'efficacité de la lutte antidopage. Le cyclisme a changé de philosophie à partir du moment où les douanes ont arrêté Willy Voet. Sans cela, la lutte antidopage ne serait pas parvenue à la même efficacité. Le vélo a changé, les mentalités ont changé parce qu'il y a eu le procès de l'équipe Festina.

Premier axe, donc, l'action de la lutte antidopage sur le terrain de la police et de la répression.

Le deuxième axe, qui porte, bien sûr, sur la réflexion et la capacité à amener des solutions, c'est un comité scientifique indépendant, ça, c'est essentiel : indépendant. Alors, vous allez me dire, l'AMA ressemble relativement bien à cette description. Effectivement, la mise en place de l'AMA va plutôt dans le bon sens. Par contre, il manque une chose à l'AMA, c'est la capacité à mettre en place des études épidémiologiques qui permettent de distinguer ce qui est acceptable de ce qui ne l'est pas en termes d'accompagnement médicalisé de la performance. Aujourd'hui, personne n'en sait rien, il n'y a pas de publication, il n'y a pas de test. On ne sait pas si donner de l'hormone de croissance à quelqu'un qui a une activité physique importante a des effets secondaires importants. Pourquoi ne le sait-on pas ? Déjà parce qu'il n'y a pas d'étude mais, surtout, parce que le problème du dopage, d'une manière générale, ce n'est pas un problème de produits, c'est un problème de dosages et de posologies. À la fois par produits et par mélange de produits. Quelque chose qui est fédérateur dans ma réflexion sur le sujet et qui m'a vraiment impressionné, c'est que, lors du procès Festina, un biologiste est venu témoigner pour expliquer que, en l'état actuel de la science, personne n'était capable d'expliquer ce que le mélange de deux médicaments dans le corps pouvait amener comme effets secondaires et comme réactions chimiques. Il l'a fait, bien sûr, devant des sportifs comme Richard Virenque, qui était à dix prises médicamenteuses par jour. Obligatoirement, se trouver dans cet obscurantisme, dans cette incapacité à savoir... qui est voulue, qui est recherchée, c'est un véritable problème aujourd'hui et il doit être dépassé si on veut avancer. Quand je parle d'accompagnement médicalisé de la performance, j'ouvre un spectre qui est très large, qui part des compléments alimentaires, protéines et autres produits tels qu'on les connaît, et qui va jusqu'à l'armement lourd comme l'EPO. L'approche psychologique est la même, c'est la dangerosité qui fait la différence. Il est important, à un moment donné, d'avoir cette approche en amont, cette réflexion scientifique indépendante. Ça, bien sûr, c'est important, de manière à vraiment obtenir des résultats et des certitudes scientifiques qui permettent de définir des procédures et des modes de fonctionnement. Quand j'ai pris l'exemple de l'équipe de France de rugby en 1995, c'est pour une raison qui trouve son application, là, maintenant : il faut arrêter ces pratiques où un médecin se sent investi d'une mission – je ne dis pas que c'est un médecin qui a pris la décision tout seul dans son coin, je pense que vous allez me poser des questions ensuite mais je préfère préciser –, un médecin investit d'un savoir suffisant pour mettre en place des protocoles chimiques, médicaux, qui vont obligatoirement avoir des conséquences sur les individus qui vont les prendre.

Deuxième axe, donc, ce comité scientifique indépendant qui mènerait des études épidémiologiques.

Et le troisième et dernier axe, qui me paraît, moi, père de famille, le plus important, d'autant plus que vous pouvez le mettre en place très vite, c'est la prévention. Aujourd'hui, l'AFLD ne remplit plus ce rôle et, ça, c'est un vrai problème. Une prévention au niveau d'une tranche d'âge qui n'est pas neutre, celle des 12-16 ans. Passé 16 ans, il va être difficile de convaincre des adolescents qui, naturellement, vont avoir tendance à refuser le système et qui, pour certains, vivent leur pratique sportive au travers d'un rêve. Par contre, celle des 12-16 ans est beaucoup plus intéressante. À partir de 12 ans, vous pouvez faire comprendre à un enfant des messages cohérents et importants, les faire accepter surtout, et faire que ces jeunes, que ces nouvelles générations aient un regard différent de celui des rugbymen que j'ai rencontrés récemment...

Je suis désolé j'ai été un peu long !

Le Sénat m'avait proposé de prendre la parole pendant une quinzaine de minutes, j'ai parlé exactement trente-trois minutes. Mais, apparemment, personne dans l'assistance et, en particulier, ni le président ni le rapporteur de la commission n'ont trouvé à y redire. Il faut dire que, pour des politiques, j'étais un cas intéressant. Quelqu'un qui ne pratique pas la langue de bois au moment de prendre la parole en public et qui s'en tient aux faits, seulement aux faits, c'est plutôt rare, par les temps qui courent, sur les bancs de la République...

L'échec de la logique antidopage

À la suite de mon intervention, les sénateurs posent leurs questions. En plus de revenir sur le cas de l'équipe de France en 1995 et de s'interroger sur mes motivations initiales, j'ai droit à quelques questions qui tournent toutes autour des problèmes actuels, que ce soient les contrôles antidopage et leur organisation ou le calendrier encombré du rugby français jugé pousse-au-crime. J'ai l'impression que le rapport de la commission est déjà écrit et que j'arrive un peu tard. Que mes interlocuteurs, à force de toujours entendre les mêmes choses, ont fait de ces allégations des évidences incontestables. C'est dommage.

L'affaire Armstrong, à elle seule, ne semble pas suffire à provoquer une prise de conscience sur les faillites d'un système antidopage qui prend le problème par le mauvais côté. Ou, même si les différents interlocuteurs en charge du problème admettent du bout des lèvres les errements que révèle ce cas d'école, ils s'accrochent à la chimère selon laquelle la chute d'Armstrong n'était qu'un mauvais rêve et que tout va revenir maintenant dans l'ordre des choses. Sauf qu'Armstrong n'est qu'un cas parmi d'autres. C'est un cas exceptionnel de par les résultats sportifs du coureur et le pouvoir que ceux-ci lui ont donné, oui, mais c'est un cas qui se répétera encore à l'avenir si l'approche du problème ne change pas.

Aujourd'hui, il est trop tard pour revenir en arrière. Le sport de haut niveau est un spectacle qui doit être à la hauteur des attentes. Pas question qu'il soit handicapé par des limites physiques qui enlèveraient la dimension surnaturelle des exploits des sportifs. Les Anglo-Saxons l'ont compris. En relâchant la pression sur les corticoïdes pour mieux réprimer ce qu'ils considèrent comme du dopage particulièrement inacceptable, ils acceptent de donner aux sportifs les moyens de garder un niveau de performance suffisant pour assurer un spectacle de qualité. Par contre, où ils se trompent, c'est lorsqu'ils croient qu'ils ont ainsi créé un monde parfait dont ils ont le contrôle. Ce n'est pas en autorisant les corticoïdes que l'on dissuade tout le monde d'arrêter la prise d'EPO, notamment. Ce serait trop simple. Les enjeux sont trop importants pour que l'on s'arrête là. En vue des jeux Olympiques, par exemple, si l'on considère le poids que chaque pays peut représenter en termes de médailles d'or, il me paraît difficile d'imaginer que tous les acteurs acceptent ce petit compromis qui fait que tout le monde partirait sur une seule et même ligne de départ en respectant totalement les règles fixées ; au contraire, quand je vois la surenchère à laquelle donne lieu la course aux médailles, notamment par le pays organisateur des jeux Olympiques, j'ai l'impression de toujours constater cette même fuite en avant concernant la performance. Sauf que, là, elle est démultipliée par le nombre de disciplines représentées aux Jeux. Si on prend un simple exemple, celui de la Grande-Bretagne qui a organisé le Jeux Olympique de Londres en 2012 la progression a été foudroyante :

JO d'Athènes en 2004 :

9 médailles d'or + 9 médailles d'argent + 12 médailles de bronze = 30 médailles

JO de Pékin en 2008 :

19 médailles d'or + 13 médailles d'argent + 15 médailles de bronze = 47 médailles

JO de Londres en 2012 :

29 médailles d'or + 17 médailles d'argent + 19 médailles de bronze = 65 médailles

De 9 à 29 médailles d'or, de 30 médailles au total à 65, le tout en huit ans, sans que rien n'ait changé dans le contexte des Jeux, comme le boycott d'une nation majeure par exemple. Cette progression est affolante par sa constance. L'approche de départ que l'on pourrait qualifier d'artisanale, du fait des incertitudes liées à la préparation des champions et à la réussite de leurs carrières, est devenue industrielle, visant à fabriquer des médailles à la commande. Inquiétant. J'annonce combien je vais faire de médailles et, ensuite, je développe tous les moyens nécessaires pour atteindre mon objectif. Si, ça, ce n'est pas une stratégie d'accompagnement de la performance ! Et ce phénomène est maintenant devenu incontournable. Tokyo vient d'obtenir l'organisation des jeux Olympiques de 2020. Et la première chose que les Japonais ont faite, c'est d'annoncer leur objectif : 30 médailles d'or. Pour information, le Japon a obtenu 7 médailles d'or lors des Jeux de Londres. Ils ont donc exactement le même défi à relever que la Grande-Bretagne en 2004. Et, connaissant le sens du devoir et la capacité de sacrifice au travail des Japonais, j'ai tendance à penser qu'ils atteindront cet objectif. Par contre, je ne suis pas sûr que la possibilité d'utiliser des corticoïdes en dehors des compétitions soit suffisante pour le faire...

Un rapport de la commission d'enquête lucide sur le rugby

Après s'être déplacée en Suisse, en Espagne, aux États-Unis, avoir auditionné près de soixante-cinq témoins dont certains à huis clos, et organisé deux tables rondes sous forme de débat, la commission d'enquête sur l'efficacité de la lutte contre le dopage du Sénat rend ses conclusions le 17 juillet 2013. Le document fait deux cent trente-huit pages, sans compter les annexes. Autant dire qu'il est complet et aborde la problématique de la lutte antidopage dans tous ses aspects... et ses excès.

Pour aller au plus profond de l'analyse, la commission définit sept piliers essentiels dans l'approche de la lutte antidopage (connaître, prévenir, contrôler, analyser, sanctionner, pénaliser, coopérer) et fait soixante propositions qui sont autant d'avancées devant permettre d'augmenter l'efficacité des instances qui régissent la lutte antidopage sur le territoire national. Ces recommandations s'appliquent de la même manière à l'ensemble des disciplines sportives. L'analyse qui permet d'arriver à ces mesures part, elle, du constat fait, sur le terrain, par les acteurs de la lutte antidopage, les représentants des différentes instances fédérales et quelques sportifs ou anciens sportifs. Elles ne visent jamais un sport en particulier mais se focalisent plutôt sur les faiblesses du système et des pratiques qui ont tendance à se généraliser et à se répéter d'une discipline à l'autre, surtout quand ces pratiques sont délictueuses ou, tout au moins, se font à la marge des règles édictées. Le rugby n'est donc pas un sport particulièrement visé par l'enquête, ni plus ni moins que les autres disciplines. Il ressort cependant de manière remarquable au détour de certaines statistiques, voire de certains témoignages, et j'en suis un peu responsable. En revanche, lorsque l'on reprend un certain nombre de propositions qui doivent rendre la lutte antidopage plus efficace et qu'on les considère en regard des pratiques actuelles existant dans le rugby français, on se rend compte de l'importance du décalage et, donc, du besoin de changement dans le fonctionnement de ce dernier.

Petit rappel des faits

« Ce n'est pas parce que les contrôles sont négatifs que les sportifs contrôlés ne sont pas dopés. La réalité du dopage ne peut donc pas être basée sur les statistiques de l'antidopage. » Voilà une évidence qu'il semble bon de rappeler à la grande famille du rugby français, plus particulièrement aux joueurs que j'ai eus en face de moi dans l'amphithéâtre du Belvédère toulousain et à leur *deus ex machina*, le docteur Simon, qui, quand cela l'arrange, se raccroche beaucoup au nombre de contrôles qui se sont révélés positifs dans le rugby. Et cela, en insistant toujours lourdement sur le cas des joueurs contrôlés positifs au cannabis, dont la fumée forme un écran parfait pour décrédibiliser la logique antidopage et crédibiliser le sérieux de la discipline concernée. Du coup, même si le rapport de la commission d'enquête ne le propose pas, moi, je le fais : libéralisons le cannabis... du contrôle antidopage, au moins !

C'est en gardant cette idée en tête qu'il faut remettre les déclarations de François Lasne dans leur contexte : « Avec un pourcentage de résultats anormaux s'élevant à 3,91 %, le rugby figure au premier rang du classement. Il est suivi par le football, l'athlétisme et le triathlon. » Précisant que « si l'on ne tient pas compte du cannabis, on trouve le rugby en tête de liste ». Donc, même en considérant qu'un certain nombre de cas de dopage ne sont pas révélés par les contrôles, le rugby est déjà en tête de liste.

En continuant l'examen des chiffres et statistiques figurant dans le rapport, il ressort aussi que le rugby est, selon l'AFLD, le cinquième sport qui connaît le plus de cas de contrôles positifs entre 2007 et 2012, avec 6,5 %. Loin derrière le cyclisme qui est à 13,7 %, mais pas si éloigné du second, l'HMFAC, fédération qui regroupe les disciplines que sont l'haltérophilie, la musculation, la force athlétique et le culturisme, qui compte 8,7 % de contrôles positifs. Ce qui est finalement assez logique pour ces sports où la construction de la puissance physique et le besoin de volumes musculaires importants sont les mêmes, en prenant aussi en compte le fait que les contrôles sont plus efficaces pour détecter les différents types d'agents anabolisants que les autres pratiques dopantes, comme tout ce qui touche au dopage sanguin notamment.

Plus inquiétant encore, cette étude montre que le rugby est premier en termes d'usage de narcotiques. Ce qui est logique au vu des contraintes que présente ce sport et du besoin des joueurs, et de l'encadrement médical, de soigner la douleur. Ce qui n'est néanmoins pas neutre au niveau de la santé, les risques d'addiction et d'effets secondaires à long terme étant importants.

En tout cas, au vu de l'ensemble des éléments chiffrés donnés dans le rapport, il apparaît immédiatement que le rugby est une discipline qui se situe dans le rouge en matière de lutte contre le dopage. Ce sport est une des premières disciplines concernées par les contrôles positifs et a développé des comportements à risques sur certaines familles de produit. Et là, c'est la réalité des chiffres qui le démontre, très loin des cris d'orfraie poussés par la grande famille du rugby à la suite des déclarations de la directrice du laboratoire de Châtenay-Malabry.

Pour évaluer le ratio entre le nombre de cas positifs constatés et celui des sportifs qui se dopent réellement, on peut s'appuyer sur la déclaration de l'ancien directeur médical et scientifique du Comité international olympique, Patrick Schamasch, devant la commission sénatoriale : « Je ne suis pas naïf. La proportion des dopés est supérieure à celle des contrôles positifs (1 % à 2 %) ; sans doute, les tricheurs représentent-ils 7 % à 8 % des sportifs. » C'est une estimation qui paraît relativement réaliste, mais tout de même optimiste. Réaliste par ce qu'elle reconnaît le décalage. Optimiste parce qu'elle se garde bien de franchir la barre des 10 % qui, pourtant, dans certaines disciplines, ne paraît par être une limite infranchissable. En tout cas, si on applique le rapport de 1 à 7, dans sa fourchette haute donc, dans le cas du rugby en partant du nombre de contrôles positifs, 3,91 %, on arrive à un peu moins de 28 % de joueurs qui seraient dans l'illégalité. Si l'on se réfère ici aux résultats de l'étude des prélèvements capillaires qui révélait la présence de stéroïdes anabolisants sur 16,7 % de l'échantillon de joueurs étudié, la projection paraît cohérente puisque, dans ce cas, on se projette sur l'ensemble des familles de produits figurant sur les listes de l'AMA. Ici aussi, les cris d'orfraie des Pierre Camou,

Paul Goze, Serge Simon, Guy Novès et Fabien Galthié ont peu de poids face à la réalité des faits et des chiffres...

Là où mes déclarations sont en phase avec le rapport de la Commission

Une omerta omniprésente

« Les différentes informations communiquées à votre rapporteur ont confirmé l'existence indéniable et généralisée d'une “loi du silence” entretenue par le monde sportif lui-même. »

Sans commentaire...

« Il n'est pas rare que le dopage fasse l'objet d'un déni de la part des sportifs eux-mêmes, en particulier dans un contexte d'hypermédicalisation de certaines disciplines. Marc Sanson, ancien président du Conseil de prévention et de lutte contre le dopage, CPLD, ancêtre de l'AFLD, résume ainsi l'absence de tout sentiment de culpabilité chez certains sportifs : “Ils admettent le dopage comme un état de fait qui s'impose à eux et qui fait quasiment ‘partie du jeu’.” » Voici ce qui peut expliquer qu'il ne m'a pas été possible, même avec des joueurs que je connaissais avant de prendre la parole dans *Le Monde*, d'échanger et de débattre sur un tel sujet. De tels propos ne peuvent que me rassurer.

Des valeurs qui se perdent

Dans son introduction, le rapporteur note que « le dopage traverse toutes les disciplines à tous les niveaux de performance », insistant sur le fait que « tout le dilemme du monde sportif, soumis à des enjeux financiers et politiques qui le dépassent, est en effet de devoir concilier les attentes de la société de consommation avec la promotion des valeurs humanistes censées l'animer (respect, loyauté, solidarité ou encore dépassement de soi) ». C'est à croire que le rapporteur aurait pu directement poser la question de savoir si la discipline qui se targue par sa pratique de proposer le plus bel éventail de valeurs humaines en est encore, toujours, le dépositaire : rugby, où sont passées tes valeurs ?

Des médecins de club pris entre le marteau et l'enclume

« Le médecin d'équipe agit aussi au soutien de la performance dans l'intérêt de son employeur, ce qui brouille les frontières entre ce qui relève du domaine sanitaire et ce qui ressortit au domaine sportif. » À la suite d'un certain nombre de témoignages – celui d'Armand Mégret, le médecin de la Fédération française de cyclisme, dont c'est le cheval de bataille, ou de Marc Sanson, ancien président de la CPLD, qui rappellent que les médecins du sport « sont chargés de mettre l'athlète en état de concourir au besoin par n'importe quel moyen et subissent trop souvent des pressions considérables de l'entourage du sportif (famille, entraîneurs, club), voire du sportif lui-même, de la fédération et des partenaires financiers » –, le rapport de la commission soulève le problème de la dépendance des médecins des clubs qui sont à la fois sous l'emprise du management sportif des clubs dont ils sont le salarié et victime d'un syndrome de Stockholm qui en fait les premiers supporters de leurs patients.

Le rugby illustre parfaitement ce problème, vis-à-vis duquel deux paramètres importants doivent être mentionnés : l'importance des chocs physiques, et des coups qui en résultent, qui tend à habituer les joueurs à participer aux matchs sans être totalement rétablis du précédent et fréquemment amené à jouer uniquement grâce à une infiltration à base de corticoïdes ; et la longueur de la saison qui fait se multiplier les rencontres à travers nombre de compétitions, ce qui met la pression sur les meilleurs joueurs qui doivent être compétitifs pendant plus de dix mois malgré l'usure physique et psychologique.

La pression qui en résulte sur le corps médical est désormais d'un tel niveau que le monde du rugby s'est choqué lui-même, le 9 mai 2014, lors de la rencontre éliminatoire entre le Stade Toulousain et le Racing Métro 92, quand le manager du club de Toulouse, Guy Novès, est allé, devant les caméras de Canal Plus, mettre devant ses responsabilités d'employé le médecin du club qui était en train d'examiner Florian Fritz. Le joueur venait d'être victime d'une commotion cérébrale et le manager toulousain est intervenu pour que celui-ci reprenne sa place avant la limite de temps au-delà de laquelle sa sortie aurait été définitive, et ce alors qu'un protocole de contrôle visant à autoriser, ou pas, le joueur à revenir sur le terrain aurait dû être mis en place. Résultat, Fritz a rejoint tant bien que mal ses coéquipiers pour sortir à nouveau quelques minutes plus tard car son état ne lui permettait pas de continuer la rencontre.

Les instances du rugby ont, à la suite de cet événement, décidé que le médecin en charge du protocole de contrôle serait, non plus celui du club du joueur, mais indépendant. Cet événement, et la réaction qu'il a entraînée, démontre bien l'absence de neutralité des médecins d'équipe, simples salariés qui ne sont pas capables d'exercer de manière indépendante et éthique leur fonction, la santé du patient n'étant pas l'unique élément de jugement dans la mise en place du diagnostic. Cette situation est grave, mais n'a finalement pas l'air d'alarmer plus que cela la LNR puisque la nouvelle formule, avec un médecin neutre, ne s'appliquera en 2014-2015 que pour les phases finales du Top 14, c'est-à-dire au maximum cinq matchs dans une saison de l'élite du rugby français qui en comporte près de cent quatre-vingt-dix au total.

Pourtant, alors que récemment encore les clubs refusaient les ingérences extérieures des préparateurs physiques – collaborant directement et indépendamment avec certains de leurs joueurs –, il semblerait que les pratiques soient en train d'évoluer et que de plus en plus de structures privées interviennent pour gérer individuellement le travail athlétique. C'était déjà le cas, de manière très ponctuelle, nous l'avons vu, avec Dimitri Szarzewski et Vincent Clerc, partis s'entraîner au sein de la structure privée Athlete's Performance, à Miami. Désormais ce phénomène s'étend tout au long de l'année et s'installe en France avec, par exemple, une société comme Sport Pro Santé, à Toulouse.

Autant il paraissait logique que les clubs soit les uniques maîtres d'œuvre de la préparation physique de leurs joueurs – une des clés essentielles de la réussite –, autant une possible tendance à externaliser ce travail pose question. Ne serait-ce pas un moyen pour les équipes de se débarrasser d'un problème encombrant, soit la gestion de l'accompagnement médicalisé de la performance ? Il est indéniable que le fait de déléguer une partie de la gestion du niveau athlétique à l'extérieur permet à un club d'exiger du joueur un niveau de performance de plus en plus élevé sans avoir à s'impliquer dans la manière employée pour atteindre un tel objectif.

Les moments clés du recours à l'accompagnement médicalisé

Un autre élément d'analyse ressort du rapport de la commission qui met en lumière le travail de recherche que j'ai effectué sur les pratiques dans le rugby visant à l'accompagnement médicalisé de la performance.

« Les témoignages recueillis par votre commission d'enquête permettent néanmoins d'identifier quatre périodes de plus grande vulnérabilité propres à la carrière d'un sportif :

– la préparation du passage du niveau amateur au niveau professionnel ;

– l'atteinte d'un pic de performance avec la volonté de s'y maintenir ;

– la période de récupération, en particulier lorsqu'elle fait suite à une blessure ;

– la fin de carrière que l'on souhaite différer.

Au-delà des motivations pouvant résulter d'un besoin de reconnaissance, de l'appât du gain ou des pressions financières auxquelles sont soumis les sportifs professionnels de haut niveau, ces moments de fragilité exposent en effet le sportif à un risque particulièrement élevé de dopage. »

Au regard de cette analyse, si l'on cherche à avoir un esprit critique, au risque d'être acerbe, on peut dire que les athlètes se dopent tout au long de leur carrière : chaque saison comportant au moins un pic de performance requise et une période de récupération. Si, de manière plus constructive, je fais le parallèle entre cette analyse de la commission et ma propre réflexion, les correspondances existent et sont même évidentes :

– préparation du passage du niveau amateur au niveau professionnel : la période où les joueurs ont entre 18 et

24 ans est effectivement très propice à une prise considérable de masse musculaire, comme si les joueurs étaient alors mis à niveau physiquement.

– pic de performance particulier : des évolutions physiques « anormales » surviennent dans les périodes qui précèdent les Coupes du monde.

– récupération après une blessure : j'ai quelques cas particuliers en tête qui correspondent à cette logique.

– fin de carrière : là, c'est moins évident au regard des éléments que j'ai pu réunir, mais il existe néanmoins des exemples de joueurs qui semblent, à un moment donné, ne plus avoir la capacité physique de continuer très longtemps à jouer mais qui, quelque temps plus tard, se régénèrent au point de signer un nouveau contrat et de poursuivre leur carrière deux ou trois ans de plus.

Un joueur ne peut plus être contaminé « à l'insu de son plein gré »

Un chapitre entier est consacré au problème des compléments alimentaires contaminés. « En 2004, le laboratoire d'analyse suisse du dopage (LAD) a procédé à l'examen de la composition réelle d'une centaine de compléments alimentaires accessibles en Suisse. Les résultats indiquent que la plus grande vigilance est de mise en la matière : trois compléments alimentaires étaient contaminés à une grande quantité de métandiénone, substance appartenant à la classe des stéroïdes anabolisants. » En outre, « la recherche de testostérone et de nandrolone, ainsi que de leurs précurseurs, a démontré que dix-huit produits analysés n'étaient pas conformes à la composition annoncée par le fabriquant. Quatorze de ces produits étaient dans la catégorie des prohormones, trois dans celle des stimulants et un dans la catégorie de la créatine. Le contaminant le plus fréquent est la molécule mère de testostérone ».

Là, effectivement, on a affaire à des compléments protéiniques qui vont avoir un véritable effet sur le développement musculaire, si l'athlète, bien sûr, pratique en parallèle un entraînement à base de musculation. Par contre, « il convient de noter que la France s'est dotée en juillet 2012 d'une norme française AFNOR (NF V94-001) visant à garantir l'innocuité des compléments alimentaires en matière de dopage ». Ce qui veut dire que, aujourd'hui, sur le sol français, plus personne ne peut faire valoir l'excuse d'avoir été contaminé « à l'insu de son plein gré » pour justifier un contrôle positif ou une prise de masse musculaire importante en un temps relativement court liés à la consommation de compléments alimentaires « améliorés ».

Des études épidémiologiques qui changeraient beaucoup de choses

À la lecture du rapport de la commission d'enquête, il semblerait que je n'ai pas été le seul à regretter l'absence d'études épidémiologiques. Certains ont même proposé d'en réaliser à partir d'éléments existants : « Michel Rieu a en effet indiqué à votre commission d'enquête demander sans succès depuis des années la réalisation d'études épidémiologiques rétrospectives : “On pourrait se servir des dossiers pluriannuels de suivi des sportifs de haut niveau dont dispose l'INSEP [Institut national du sport, de l'expertise et de la performance] et qui permettraient de connaître, sport par sport et décennie par décennie, les programmes d'entraînement réalisés et les taux de morbidité, voire de mortalité, observés chez les sportifs. Je n'ai jamais pu obtenir ces dossiers.” »

Du coup, la septième proposition insiste sur ce fait : autoriser et financer la réalisation d'études épidémiologiques rétrospectives susceptibles d'améliorer l'état actuel des connaissances relatives au recours au dopage et aux risques sanitaires encourus.

La preuve que le rugby prend la mauvaise direction

Des clubs bien soucieux des variations hormonales de leurs joueurs

Une information me saute aux yeux au détour de la lecture du rapport : la possibilité pour certains clubs « de faire tester tous les joueurs par des laboratoires d'analyses afin de savoir si les protocoles sont respectés ».

Jean-Pierre Verdy, qui est en charge à l'AFLD de l'organisation des contrôles, décrit ici une méthode de contournement possible des contrôles qu'il met en place, par un système d'autosurveillance qui oblige les structures médicales des clubs à vérifier que les variables hormonales de leurs joueurs ne vont pas au-delà des limites permises. Ces propos font immédiatement écho, dans mon esprit, à une déclaration de Jean-Marc Lhermet, directeur sportif de l'ASM Clermont Auvergne, dans *Midi Olympique* daté du 15 avril 2013, en réaction à mon interview dans *Le Monde* : « Les portes du club ont toujours été ouvertes à toutes les personnes voulant faire des contrôles. C'est d'ailleurs très régulièrement le cas par des instances extérieures ou par nous-mêmes qui diligentons des contrôles en interne, sans jamais aucun cas positif à l'ASMCA. » La question est maintenant de savoir pourquoi aucun cas positif n'a été révélé à Clermont : est-ce parce que les joueurs ne prennent aucun produit d'accompagnement de la performance ou parce que les contrôles internes permettent de maintenir des niveaux hormonaux en deçà des normes permises par les contrôles ? Il semblerait que Jean-Pierre Verdy ait une réponse assez tranchée sur la question.

Des préconisations qui pourraient changer beaucoup de choses pour le rugby français

Sur le suivi longitudinal

Le rapport reprend ces mots de Bernard Ansellem, président de la Fédération française d'athlétisme : « Sur le suivi médical réglementaire (SMR), le code du sport indique qu'il s'agit d'un suivi de la santé des athlètes. Or nous l'utilisons comme un moyen de prévention du dopage, pour traquer les tricheurs, la recherche de pathologies étant secondaire. Il y a donc une certaine hypocrisie dans ce système et il conviendrait de clarifier les choses. » Cette citation résume assez bien les problèmes liés à l'utilisation du suivi longitudinal. Et encore, elle est faite par le président de la fédération d'un sport, l'athlétisme, qui se sert aussi du passeport biologique pour traquer les tricheurs. On est bien loin des discours du monde du rugby qui font du suivi longitudinal l'arme absolue de la lutte antidopage. Et ce, d'autant plus que les rugbymen sont avertis qu'ils devront faire une prise de sang plusieurs jours avant qu'elle ne soit effectuée.

Du coup, la vingtième proposition risque, si elle est appliquée, de changer en profondeur les pratiques mises en place par la commission médicale de la LNR : « Rattacher clairement le SMR à la prévention du dopage en transmettant les résultats au département des contrôles de l'AFLD et en permettant à ces résultats d'alimenter le passeport biologique. » Une proposition qui condamne les pratiques actuelles du rugby où la gestion des cas d'anomalies dans les paramètres du suivi longitudinal se fait, au mieux, en catimini entre le docteur Gérard Dine et les médecins des clubs concernés. Et sans, surtout, transmettre aucune information à l'AFLD.

Autre mauvaise nouvelle pour les tricheurs, la mise en place du passeport biologique imposée par la loi. Ce devrait déjà être fait, mais le rugby aime à se hâter lentement. À sa décharge, sa mise en application pose autant de problèmes dans les autres sports, mis à part quelques élèves vertueux comme les instances dirigeantes du cyclisme qui possèdent toujours en la matière un temps d'avance. L'AFLD aura ainsi le contrôle de cet outil de surveillance mais, en plus, les mailles du filet vont avoir tendance à se resserrer pour ne plus laisser la possibilité de passer au travers : organisation inopinée des prises de sang, nombre de paramètres hormonaux considérés beaucoup plus importants, comparaison entre les différentes périodes de contrôle avec surveillance des variations anormales...

Des sanctions sportives pour les clubs

« Permettre à l'AFLD de prononcer des sanctions collectives, en particulier un retrait de points ou une disqualification, à l'encontre des équipes ayant fait l'objet de plus de deux sanctions individuelles au cours d'une même saison. » Si cette quarante-septième proposition se concrétise, ce serait une première. Et quelle première ! À l'instar d'une équipe cycliste membre du Mouvement pour un cyclisme crédible qui s'oblige à ne pas participer à la compétition qui suit la révélation d'un deuxième cas positif durant la même saison, exemple de l'équipe AG2R La Mondiale qui n'a ainsi pas pu être présente lors du Dauphiné Libéré en 2013, une équipe de rugby perdrait des points dans le classement du Top 14 ou, pire, serait disqualifiée en cas de récidive. J'attends de voir la tête du président de club à qui on annoncerait la nouvelle...

Un état des lieux qui empêche de se cacher

Proposition 36 : « Faire établir par les fédérations une analyse des risques de dopage propres à chaque discipline. »

Si je me fie aux déclarations des Bagate, Novès et surtout Galthié, le document va être vite rempli puisque la situation est sous contrôle et que le rugby est un sport hautement technique qui met au second plan la dimension physique. Par contre, si la demande est prise en compte sérieusement, elle provoquera, d'elle-même, un électrochoc. Il n'y a pas une substance ou un effet qui ne puisse être bénéfique pour la préparation des joueurs de rugby. En plus de l'équation magique que l'on retrouve dans les disciplines sportives majeures – accompagnement médicalisé optimisé de la performance = anabolisants pour fabriquer de la masse musculaire + hormone de croissance pour l'augmentation de la masse musculaire et la résistance à la fatigue + corticoïdes ou autres stimulants pour la résistance à la fatigue et à la douleur permettant aussi un accroissement de la charge de travail + manipulation sanguine de type autotransfusion et/ou EPO pour augmenter les capacités aérobies –, il est encore possible d'ajouter, par exemple, des bêtabloquants, pour l'acuité visuelle, la capacité à prendre la bonne décision au cœur du combat, ou les diurétiques pour la perte de poids et l'effet masquant. Sans oublier tous les types de narcotiques, qu'ils soient à base de morphine pour lutter contre la douleur ou de cocaïne pour obtenir un effet stimulant.

D'un coup, cette liste à la Prévert perd toute sa poésie et glace le sang par sa longueur. Et dire que l'on nous explique que la tentation est marginale chez le joueur de rugby...

Une mesure dédiée spécifiquement au rugby

Proposition 21 : « Instaurer une procédure de validation des calendriers sportifs par le ministère sur la base des risques pesant sur la santé des sportifs. »

Voilà une proposition intéressante par sa capacité à résoudre les problèmes entre les clubs et la fédération. Ou, plutôt, à les exacerber. Si c'est la santé des joueurs qui prime, il est évident qu'une saison qui commence mi-août et se termine début juillet pour les joueurs internationaux, avec une toute petite semaine de coupure à Noël, n'est pas envisageable. Autant dire que, grâce à cette seule proposition, la commission tend à supprimer une petite dizaine de rencontres par an, au moins. C'est le président du Racing Métro 92, Jacky Lorenzetti, qui va être déçu, lui qui trouve qu'il n'y a pas assez de matchs dans la saison...

Une mesure dédiée spécifiquement à Serge Simon

Proposition 33 : « Prévoir, dans les sports collectifs professionnels, une localisation collective de l'équipe pendant la saison et une obligation individuelle pour l'ensemble des joueurs hors saison. »

Dites 33, docteur Simon. 33. Comme la proposition. Mais pourquoi tu tousses, docteur ??? Et attention à ne pas s'étouffer en lisant la proposition suivante, car elle va même encore plus loin : « Inciter l'AFLD à passer des conventions avec les principales fédérations aux fins d'organiser l'échange des données de localisation. »

Si, en plus, la fédération se met à collaborer avec l'ennemi, euh, je veux dire, l'AFLD, alors...

Une mesure inacceptable

Proposition 37 : « Prévoir une transmission prioritaire des résultats du passeport aux autorités antidopage avant transmission aux athlètes. »

Là, c'est l'ensemble de l'ovalie qui tousse. Avec cette proposition, c'en est fini de la gestion opaque du suivi longitudinal. En transmettant les informations du suivi longitudinal à l'AFLD, la commission médicale de la LNR accepterait de mettre sous surveillance les quelques cas éventuellement identifiés présentant des variations hormonales anormales. Ce serait une révolution dans les mentalités du monde du rugby professionnel, même si ce n'est, en matière d'antidopage, qu'un tout petit pas en avant.

Une mesure encore plus inacceptable

Proposition 55 : « Préciser à l'article L. 232-20 du code du sport que les informations impliquant des faits de dopage sont systématiquement portées à la connaissance de l'OCLAESP[1] et que la communication des informa-

1. L'Office central de lutte contre les atteintes à l'environnement et à la santé publique, créé par le décret 2004-612 du 24 juin 2004, est un service de police judiciaire à compétence nationale qui coordonne les enquêtes liées aux problématiques de trafic de produits dopants.

tions relatives aux faits de dopage est formalisée par une convention entre chacun des acteurs. »

Là, c'est de la délation pure et simple. Et, dans le rugby, on ne mange pas de ce pain-là, monsieur le rapporteur. Autant dire que, là, les choses vont mal se passer. Enfin, en même temps, l'OCLAESP, c'est les forces de police et l'obligation serait inscrite au code du sport, autant dire dans la loi... Donc, comme d'habitude, si la proposition est adoptée, la grande famille du rugby poussera un grand coup de gueule, criant à l'outrage et à l'absence de présomption d'innocence et tout le toutim. Puis, en traînant des pieds, elle finira tant bien que mal par obéir au législateur...

Des risques réels pour la santé

Même si ce n'est qu'un rappel ou une évidence, il me semble, néanmoins, important de reprendre une petite partie des éléments tirés du rapport qui insistent sur la dangerosité des produits utilisés dans tout accompagnement médicalisé de la performance – de manière à faire écho à mes propos et, ainsi, à légitimer ma prise de parole.

« Étant dans leur grande majorité des médicaments ou des stupéfiants dont les effets indésirables sont connus, les substances dopantes sont toutes porteuses de risques sanitaires à court, moyen ou long terme[1].

1. Voici les références des différentes études citées dans les extraits du rapport sur la dangerosité des produits dopants utilisés : *George J. Mitchell Report to the Commissioner of Baseball of an Independent Investigation into the Illegal Use of Steroids and Other Performance Enhancing Substances by Players in Major League Baseball*, 13 décembre 2007 ; Jay R. Hoffman, Nicholas A. Ratamess, « Medical Issues Associated with Anabo-

[...]

Bien entendu, la survenue de ces effets secondaires dépend de nombreux facteurs (parmi lesquels la durée de consommation et la quantité utilisée, les conditions d'administration ou encore l'état général du sportif).

Il convient de noter que plusieurs éléments sont de nature à démultiplier les risques encourus :

– l'association de plusieurs substances et pratiques dopantes considérées comme complémentaires dont les effets secondaires sont individuellement connus mais dont on n'ignore parfois les interactions pharmacologiques ;

– l'existence d'une pluralité d'intervenants (médicaux ou non) dans la préparation des sportifs qui peut compliquer le suivi médical d'ensemble.

[...]

Le lien entre des comportements addictifs et des antécédents d'une pratique sportive intensive a été établi par des études épidémiologiques. Loïc Sallé et Jean-Charles Basson renvoient à une enquête conduite en 1997 par le docteur William Lowenstein au centre Montecristo de l'hôpital Laennec de Paris qui "met en évidence que 20 % des patients accueillis dans le centre de prise en charge des toxicomanes sont d'anciens sportifs de haut niveau. 75 % étaient des hommes pour qui la consommation d'héroïne

---

lic SteroidUse: Are They Exaggerated? », *Journal of Sports Science & Medicine*, n° 182-183, 2006 ; Chang Hee Choi, Harrison Pope Jr., « Violence toward Women and Illicit Androgenic-Anabolic Steroid Use », *Annals of Clinical Psychiatry*, n° 1, 1994, p. 21-25 ; Jean-Pierre de Mondenard, *Dopage, l'imposture des performances. Mensonges et vérités sur l'école de la triche*, Paris, Chiron, 2000, p. 22 ; Pierre-Édouard Sottas, Neil Robinson, Giuseppe Fischetto, Gabriel Dollé, Juan Manuel Alonso, Martial Saugy, « Prevalence of Blood Doping in Samples Collected from Elite Track and Field Athletes », *Clinical Chemistry*, vol. 57, n° 5, 2011, p. 762-769.

avait débuté pendant la pratique sportive et s'accompagnait, pour certains, d'usage de produits dopants (amphétamines, anabolisants), voire d'autres stupéfiants (cannabis, cocaïne)[1]".

La mise au jour d'une surreprésentation, par rapport à la population générale, de sportifs de haut niveau ayant concouru sous l'emprise de substances dopantes montre ainsi que le glissement vers l'addiction à partir du dopage constitue un risque à ne pas négliger. »

En lisant ces lignes, je ne peux m'empêcher de penser au témoignage du père d'Anthony Martrette[2] et aux problèmes liés à la prise de corticoïdes et de cocaïne associée aux entraînements qui ne semblent, pourtant, pas inquiéter les médecins de la FFR...

Là où le rapport encourage la parole à se libérer

Mon combat a du sens

« L'une de mes conclusions, déclare alors le rapporteur de la commission, est également que le fait de parler de dopage ne nuit pas au sport, mais contribue, au contraire, à moyen et à long terme, à lui redonner ses lettres de noblesse. Ne pas en parler, c'est souvent ne rien faire. » C'est bien comme cela que je voyais les choses...

« L'application de la loi du silence sur le sujet transformerait l'activité professionnelle en jeux du cirque et à une perte de valeur symbolique des compétitions, sans compter les effets dévastateurs sur la pratique amateur. » Le

1. Cité dans Patrick Laure, *Éthique du dopage*, Paris, Ellipses, 2002, p. 89.
2. Voir le document p. 171.

rapporteur fait ici référence à ce qui s'est passé dans les années 2000 dans le cyclisme avec les révélations d'Erwann Menthéour et de Philippe Gaumont, ou aux États-Unis le rapport Mitchell qui fait suite au scandale Barry Bonds dans le base-ball, avant d'insister une nouvelle fois : « Ce sont bien les révélations qui vont faire avancer la lutte, car on ne traite pas un problème que l'on ne connaît pas. »

Je n'aurais pas mieux dit…

Pour finir, une dédicace spéciale à Bernard Lapasset

« Il est particulièrement révélateur qu'à de nombreuses reprises devant votre commission d'enquête d'anciens sportifs ou représentants d'une discipline sportive donnée aient cherché à minimiser l'exposition de leur sport respectif au risque du dopage tout en pointant du doigt d'autres sports qui seraient plus touchés. Ainsi en convient Michel Rieu, "tous les dirigeants de clubs et de fédérations affirment que le dopage est une chose épouvantable mais qu'heureusement le sport dont ils ont la responsabilité est plutôt épargné (…). Ce déni de responsabilité laisse en outre songeur quant à la capacité du sport à s'autoréguler." »

Je ne sais pas si le rapporteur avait ici un nom précis en tête, mais je crois que, malheureusement, les exemples illustrant ces propos sont très nombreux. En tout cas, moi, j'en ai un qui me vient immédiatement à l'esprit…

9

Les ennuis commencent vraiment

C'est fini. Je suis encore dans la cour intérieure du palais du Luxembourg, bloqué par une averse impitoyable, mais je suis déjà loin. Pressé de revenir à un quotidien, certes, où les ors de la République et les micros des médias n'ont plus leur place, mais où je sais retrouver calme et sérénité. Loin de cette polémique que j'ai lancée mais qui ne doit pas me rattraper. J'ai maintenant envie de passer à autre chose. Comme quand j'ai arrêté ma carrière de joueur. Capable de regarder devant moi. De m'inscrire dans une nouvelle vie en laissant le rugby derrière moi. À nouveau. Même si la période de perturbation a été courte, je souhaite maintenant que la séquence se termine. Pour moi, d'ailleurs, elle l'est déjà. J'ai dit ce que j'avais à dire. Pas la peine d'en rajouter. Si je suis seul et si personne ne veut rien faire, ce n'est plus mon affaire.

Il me paraissait important de dénoncer une situation, mais je n'ai pas l'intention de rentrer en croisade contre la « grande » famille du rugby. Ses membres me voient comme celui qui crache dans la soupe ? Pas de problème. De toute façon, j'ai toujours été regardé comme une sorte de gars pas dans le moule, entre l'emmerdeur que l'on aime bien, dans le meilleur des cas, et le mouton noir dont il faut se débarrasser. Mon éviction de l'équipe de France m'a servi de leçon.

Envie de passer à autre chose

Viré pour avoir créé le premier syndicat des joueurs. Ça, ça m'a drôlement vacciné vis-à-vis de mes rapports avec le monde du rugby. Je croyais rendre service et je suis devenu un pestiféré. Rien de moins. Dans mon esprit, créer une représentation des salariés était une évidence parce que le rugby devenait professionnel et qu'il était légalement obligatoire de signer une convention collective. Pour la famille du rugby, je n'étais qu'une sorte de communiste qui ne pensait qu'à sa gueule. Drôle de vision du communisme. Il s'agissait surtout de faire un exemple, au cas où je me mettrais à monter des barricades et à fédérer des joueurs autour de moi. Pas question que je crée des vocations. Du coup, de vice-capitaine de l'équipe de France au sortir de la tournée des All Blacks, en novembre 1995, je me suis retrouvé remplaçant au démarrage du Tournoi des cinq nations en 1996. Et ensuite, je me suis fait virer à la suite d'une défaite en Écosse à laquelle je n'ai même pas participé. Apparemment, ma prestation dans les tribunes du stade Murrayfield d'Édimbourg n'avait pas dû correspondre aux standards internationaux. J'avais sans doute une tache de vaseline sur mon survêtement ou mes crampons n'étaient pas assez bien cirés. Je me rappelle bien le coup de téléphone de Jean-Claude Skrela, l'entraîneur de l'équipe de France, qui pour expliquer l'inexplicable s'était servi d'un prétendu problème avec mon club du Racing Club de France. Et moi, garçon poli qui pensait surtout que la situation allait s'arranger, qui pensait rejouer un jour en équipe de France, j'avais écouté sagement, sans élever la voix, les foutaises du préposé à la mauvaise nouvelle, incrédule et encore naïf devant cette situation.

Là, je dois reconnaître que le coup a porté. Quand ma tête a roulé dans la sciure, pas un joueur ne s'est approché pour m'aider à la ramasser. Aucun. Le silence qui a suivi était pesant. Oh, pas pour moi. Non. Pour tous les autres, surtout. Ceux qui étaient derrière moi quand je les représentais auprès de la Fédération française de rugby. Et qui, d'un coup, ont disparu, préférant sauver le reste de leurs sélections. Mais ils avaient raison. C'est moi qui étais crédule. Et qui avais besoin d'une bonne leçon. En cela, je dois remercier Bernard Lapasset, qui a vu dans mon action, à l'époque, une menace quant à sa place de président de la FFR. Moi qui voulais juste rendre service, j'ai payé pour apprendre que le monde n'est jamais tel que je voudrais qu'il soit mais tel qu'il se montre à moi. Et que je ne peux espérer le changer qu'en me mettant en symbiose avec lui. Pas en décalage. Car ce qui est drôle dans cette histoire, c'est que la fameuse convention collective, à laquelle je pensais apporter ma contribution, a mis plus de dix ans à voir le jour et que l'embryon de syndicat que j'avais créé a été ensuite remplacé par une structure mise en place par les clubs eux-mêmes, se rendant compte de la nécessité d'avoir un organe de représentation des salariés et pensant sûrement qu'il ne serait pas idiot d'en garder le contrôle. C'est comme cela qu'est né le syndicat Provale. Grâce au financement des clubs professionnels. Les employeurs. Drôle de conception du syndicalisme.

Une telle expérience a forgé en moi des certitudes quant à ce que je peux attendre du monde du rugby. Rien. Enfin, si peu. De la solidarité, oui, mais seulement pendant les quatre-vingts minutes que dure une rencontre. Celles où la peur de l'adversaire, notamment, vous rappelle l'importance d'être plusieurs et rend évidente la force du collectif. Le rugby a des spécificités en tant que discipline sportive qui font qu'il véhicule des valeurs exceptionnelles. Peut-être. Mais uniquement pendant la durée d'une rencontre. Après, dans le quotidien, pourquoi un joueur de rugby serait-il différent de n'importe quel individu ? Pourquoi sacrifierait-il ses intérêts au nom d'une logique collective ? Parce que c'est ce qu'il a appris en jouant ? Oui, peut-être. Néanmoins, il passe quand même beaucoup plus de temps à vivre dans une société qui prône l'individualisme et met en valeur la réussite individuelle qu'à porter le maillot de son équipe. Même son environnement proche l'isole. Moi, j'ai commencé à jouer sérieusement au rugby à une époque où il était encore amateur. Pourtant, le président du club expliquait déjà, en catimini, à chaque joueur, qu'il lui faisait une faveur exceptionnelle en lui donnant trois francs, six sous, mais que, surtout, il ne fallait pas qu'il le dise aux autres. Qu'il était privilégié et qu'il fallait que ça reste secret. Est-ce que vous pensez que c'est la meilleure façon de développer des valeurs collectivistes ? Et aujourd'hui, dans un système où les inégalités de salaires peuvent facilement s'échelonner d'un à vingt-cinq et où les joueurs se créent des gardes rapprochées pour veiller sur leurs intérêts, vous pensez que la mode est à une pensée égalitaire et collectiviste ? Je ne crois pas. L'individu, qu'il soit joueur de rugby ou simple quidam, ne voit son intérêt dans un projet collectif que s'il y trouve des avantages à l'échelle de sa personne. C'est normal. C'est la vie.

Alors, c'est vrai, les principaux acteurs de la « grande » famille du rugby savent, pour un oui ou pour un non, se draper des belles valeurs propres à ce sport pour s'approprier une aura dont, sans cela, ils ne pourraient se prévaloir. Tentant ainsi de se placer au-dessus des autres. Mais c'est un leurre. Les grandes valeurs du rugby ont une durée de vie de quatre-vingts minutes. Et le joueur de rugby est un individualiste comme les autres...

Des soutiens, mais pas que...

Malgré les déclarations d'Abdelatif Benazzi sur mes supposés problèmes psychologiques datant de cette époque[1], mon éviction de l'équipe de France n'a pas fait de moi un aigri présentant toujours une « blessure béante ». Non. Tout va bien, Abdel. Merci. J'ai, heureusement, réussi à faire le deuil de mon passé rugbystique et, surtout, à me tourner vers l'avenir. Un avenir, justement, que je vois cette fois encore sans rugby même si, comme le sparadrap du capitaine Haddock, celui-ci me colle toujours aux basques et me met, à nouveau, au ban de la « grande » famille. Par contre, cette fois, ce n'est pas par naïveté. Non. Plutôt par honnêteté. Je ne pouvais pas ne pas dénoncer ce que je voyais. Et même si ces deux notions, naïveté et honnêteté, ne sont pas très éloignées l'une de l'autre, mon appréhension des situations en est complètement transformée. Cette fois-ci, je n'ai pas foncé délibérément, sans réfléchir, pensant juste à aider mon prochain. Non. J'ai bien réfléchi aux conséquences. Enfin, aux risques. Les conséquences, c'est maintenant que je vais les mesurer.

Ne vivant pas dans le cœur du sud-ouest de la France, n'étant pas rattaché à l'environnement économique de ce sport, j'ai évalué que la prise de risque était limitée. Que, malgré un contexte économique général déjà difficile et bien que je travaille à mon propre compte, je ne courais pas trop le danger de voir mes clients me quitter du fait

1. *Midi Olympique*, 15 avril 2013.

de mes prises de parole trop politiquement incorrectes. Et pourtant, je compte quelques passionnés de rugby parmi ceux-ci : Jean-Laurent, dirigeant au Stade Français et prosélyte du rugby chez AXA, Patrick et Christophe qui supportent le Racing Métro 92 tout en défendant les couleurs de Lesieur, Jean-Michel qui, malgré quarante ans de présence au Racing, aime bien aller supporter l'équipe de Toulon au Stade Vélodrome, Jean-Pierre dont le cœur bat pour l'ASM Clermont Auvergne autant que pour son entreprise, Éric, ancien demi de mêlée du Rugby Club Orléans et communicant en chef chez AXA France, Jean-Marc qui oscille entre vallée de Chevreuse et Bretagne en passant par le Stade de France, ainsi qu'un autre Jean-Pierre, albigeois et carmausin de cœur, toujours prêt à accompagner les arbitres anglo-saxons dans leur découverte des saveurs de nos terroirs. En effet, mes propos ont de quoi éprouver leur passion pour ce sport et leurs héros.

Pourtant, aucun d'eux ne s'écartera de moi. Tous me manifesteront même leur soutien. J'ai, bien sûr, noté, au tout début, un ou deux regards d'incompréhension. Et surtout, de l'inquiétude. « Dans quelle galère est-il allé se mettre ? » Réaction plutôt normale pour des responsables d'entreprises ou d'entités qui voient, avant tout, les difficultés et les risques auxquels m'expose ma prise de position. Mais tous ont accepté et comprennent ma démarche. C'est le cas aussi de beaucoup d'autres passionnés de rugby que je croise au gré de mes activités, dans tous les coins de France comme au Rugby Club, le bien nommé club privé situé avenue Hoche, où je suis juste considéré tel un ancien joueur de l'équipe de France de rugby comme un autre. D'un peu partout, je reçois régulièrement des messages d'encouragement de personnes ayant trouvé mon coup de gueule juste et légitime. Bien sûr, cela reste limité à des passionnés qui ne se laissent pas aveugler par leur dévotion pour leur équipe favorite et leurs joueurs préférés. Bien sûr, mes différents périples ne m'ont pas spécialement conduit à me rendre sur la côte basque ou dans les bars de supporters varois. Bien sûr, je n'oublie pas les quelques insultes laissées en commentaires des articles faisant référence à mes propos sur les sites internet spécialisés. Et surtout, il est quand même un de mes clients pour me rappeler qu'il aurait été plus facile de ne rien dire que de dénoncer les faits publiquement. Un client, en plus, qui a une valeur sentimentale pour moi, puisqu'il représente mon département, l'Ariège, là où je suis né. Plus du tout naïf, mais encore un petit peu sentimental. Du coup, j'accompagne le conseil général de l'Ariège en matière de communication et de relations publiques dans sa volonté de mettre en avant le département. Je devrais dire j'accompagnais.

Intéressé personnellement par le sort de cette partie de la France où les difficultés économiques n'ont fait que s'accentuer depuis la fin des années 1980, je travaille avec les services du conseil général pour faire parler du département et surtout créer une dynamique positive qui aide au développement de secteurs d'activité comme le tourisme ou l'accompagnement des seniors.

Avant de prendre la parole, j'avais bien sûr pensé au risque que cela représentait pour un client situé en plein territoire du rugby, au cœur des Pyrénées, quasiment équidistant de Perpignan, Toulouse et Pau. Je m'étais dit, pour me rassurer certainement, que, du moment que l'Ariège n'avait pas de club de rugby professionnel, ce risque restait limité. En même temps, mes propos ne pouvaient laisser insensibles des interlocuteurs directs comme un ancien rédacteur en chef de *Midi Olympique* ou un seconde ligne du RC Narbonne des années 1990. Et pour Henri Nayrou, ancien député et conseiller général, ou Francis Dejean, le secrétaire général du conseil général de l'Ariège, sans parler de son président, Augustin Bonrepaux, j'avais non seulement touché le cœur de leur passion mais surtout fait une faute politique. Que je dénonce une fuite en avant du rugby actuel était déjà un geste répréhensible. Mais que j'aille m'asseoir sur les bancs du Sénat français pour souiller le maillot de l'équipe de France était inacceptable.

L'Ariège est une terre de taiseux où toute vérité ne doit pas être bonne à dire. Là, en plus, j'obligeais les élus de la République que sont les conseillers généraux de l'Ariège à collaborer avec un personnage dangereux pour leur image. Parce que le problème est là. L'image de l'homme politique. Plutôt la garder insipide et neutre que de l'associer à des éléments négatifs. Et moi, avec mes déclarations intempestives, je venais mettre à mal des décennies passées à polir cette image. Honte à moi. Alors que je travaille, dans la même période, à l'organisation d'un événement qui vise à rassembler des décideurs parisiens susceptibles d'aider le département et que je dois faire figure de lien avec l'Ariège, je découvre, quelques jours avant l'événement, que je ne suis plus invité à y participer. Je suis tellement devenu *persona non grata* qu'il faut me cacher et surtout ne pas se montrer avec moi. Autant dire que cet événement, qui a bien eu lieu, n'a débouché sur rien depuis et a surtout été une belle occasion perdue pour le département. Mais je suppose que j'en suis l'unique fautif, moi, le fils indigne qui n'a pas su se montrer respectueux de l'institution avec laquelle je travaille. C'est dommage. J'aime mon département et j'aimerais sincèrement l'aider, mais ça n'a pas été possible cette fois-ci. Tant pis...

Dans la réaction des élus du conseil général de l'Ariège,

un élément, que je vais retrouver par ailleurs chez d'autres interlocuteurs, est intéressant à noter : le changement de comportement après mon passage au Sénat et la dénonciation d'un traitement à la cortisone subi alors que j'étais joueur de l'équipe de France. Je passe très vite sur le « Quel con, il ne sait même pas ce qu'il prend » de Sébastien Chabal, qui laisse surtout à penser que lui, au contraire de moi, n'aurait certainement pas manqué d'identifier tout produit chimique et médicamenteux potentiellement ingurgité tout au long de sa carrière sportive. Je préfère m'arrêter sur l'e-mail d'un ex-coéquipier du Racing envoyé quelque temps après ma déclaration devant la commission sénatoriale alors que, peu de jours avant celle-ci, il semblait totalement me soutenir : « Tu nous as fait beaucoup de mal. » De quel mal me parle-t-il ? Et pourquoi me reproche-t-il maintenant mes déclarations ? Un autre de mes anciens partenaires, pourtant réputé pour sa politesse de fils de bonne famille, habituellement incapable de dire non à ses interlocuteurs de peur de les froisser, s'est lui aussi fendu d'un message violent à mon égard dans *Le Parisien* : « Lui, se mettait des cotons imbibés de Synthol dans les narines avant chaque match. Cela a dû détruire quelques neurones[1]... » Pour que Franck Mesnel, car c'est de lui qu'il s'agit, s'énerve et fasse montre de tant de fureur, c'est que j'ai dû, sans le savoir, appuyer sur un nerf sacrément sensible.

J'ai l'impression qu'en ayant parlé de l'équipe de France de rugby j'ai franchi une limite, et surtout touché à un Graal, ce qui n'est pas, semble-t-il, acceptable. Mais ce que ces personnes ne veulent pas voir, bien évidemment, c'est le fond de mon discours. Le fait que mon propos ne porte

1. *Le Parisien*, 14 mai 2013.

pas sur l'équipe de France de rugby mais sur ma santé et les potentiels risques qu'on lui fait courir sans même me demander mon avis. Mais, ça, toutes ces personnes s'en moquent. Ce qui compte dans mes déclarations, c'est que j'ai touché à la part de rêve de chacun ou, pour certains qui ont aussi fait partie de cette équipe, mis le doigt sur des non-dits enfouis au plus profond d'eux-mêmes. Et qu'il n'est pas concevable de remettre cela en question. Ce qui va totalement dans le sens de l'antienne expliquant les comportements actuels et passés : l'enjeu de spectacle justifie tous les moyens permettant de l'atteindre.

Les réactions vont même être poussées à l'extrême. En déclarant avoir été sous cortisone lors d'une compétition, je suis devenu un dopé aux yeux de certains. Pas pour des raisons purement éthiques. Non. Je ne suis pas dupe. Ceux de mes relations qui sont très à cheval sur l'éthique n'ont apparemment pas modifié leur regard sur moi. Par contre, ceux à qui cela permettait de trouver une faiblesse en moi, propre à justifier qu'ils prennent leurs distances, en ont ainsi profité, plutôt que d'admettre qu'ils refusaient de remettre en question leur vision du rugby tel qu'il se pratique actuellement.

Au milieu de tout cela, il reste bien évidemment les proches. J'ai la chance d'être bien entouré, mais les attaques sur ma personne ont surtout des répercussions sur les gens qui m'entourent, mes enfants en premier lieu. Heureusement, les conséquences de mes déclarations se sont limitées à l'univers sportif et à une période courte. Heureusement, je ne vis pas au beau milieu du sud-ouest rugbystique. Cependant, malgré cela, ma vie familiale s'est vue agrémentée de quelques débats au cours desquels les raisons de ma démarche étaient jugées bien moins importantes que ses conséquences sur ma famille. Certes. Mais le risque pris pour mener un combat ne doit pas occulter la juste cause qu'il défend.

Je ne peux pas finir ce tour d'horizon sans parler de ma mère. Soutien de tous les instants, elle n'a quand même pas manqué de me faire cette réflexion qui m'a coupé les jambes plus efficacement que n'importe quel plaquage subi pendant ma carrière : « Je savais bien, quand je te voyais prendre ces poudres, que ce n'était pas normal ce que tu faisais. » Accusé de dopage par ma propre mère ! Que puis-je faire contre cela ? Expliquer que ces poudres étaient des protéines qui ne me servaient à rien puisque j'en avais en quantité suffisante dans mon alimentation naturelle pour répondre aux besoins de mon corps ? Que je n'étais que le énième sportif à être entraîné dans cette logique qui vise à rechercher toujours de nouveaux accompagnements alimentaires et médicalisés pour continuer à progresser ? Cela aurait-il suffi à la rassurer ? Je ne crois pas. Cela lui aurait-il évité de regretter de ne pas être intervenue à cette période-là de ma vie ? Je ne le crois pas non plus. Encore une fois, c'est bien la preuve que le problème n'est pas simple mais que la pire manière de l'aborder est de refuser d'en parler.

L'ombre des procès

Serge Simon, en tant que président de Provale, avait menacé de me faire un procès. Pour une fois, il n'allait pas changer d'avis. Moins de trois mois après la parution de mon interview dans *Le Monde* – limite légale pour déclencher des poursuites en diffamation –, un huissier vient sonner à mon domicile pour me remettre une citation à comparaître devant le tribunal correctionnel de Paris. Surprise à la lecture du document. C'est non seulement le syndicat Provale qui m'attaque mais aussi, nommément, cent trente-quatre joueurs qui accompagnent la démarche. C'est une véritable équipe de France qu'il me faudra affronter avec : Thomas Domingo, Benjamin Keyser, Brice Mach, Vincent Debaty et Renaud Boyoud en première ligne ; Julien Pierre et Thibaut Privat en seconde ligne ; Julien Bonnaire, Rémy Martin, Ibrahim Diarra et Elvis Vermeulen en troisième ligne ; Julien Thomas et Rémi Tales à la charnière ; Wesley Fofana et Romain Cabannes au centre ; Anthony Floch, Florent Denos et Brice Dulin pour composer le triangle à l'arrière. Une équipe renforcée, si d'aventure cela ne suffisait pas, par quelques étrangers de poids et de niveau international comme le Géorgien Davit Zirakashvili, les Argentins Agustin Creevy et Santiago Fernandez, le Samoan Sanele Vavae Tuilagi, le Néo-Zélandais Dwayne Haare ou les Anglais Jamie Noon et Joe El Abd.

Cette centaine de joueurs représente principalement les clubs de Clermont, Castres, Bayonne, Grenoble, Brive, Narbonne, Béziers, Tarbes, Colomiers, Auch, Oyonnax et Massy. Pas de trace des Stade Toulousain, Stade Français, Racing Métro 92, RC Toulonnais, ou même Biarritz Olympique. Cela n'a rien à voir avec moi mais est plutôt dû aux déséquilibres que présente la représentativité du syndicat par club. C'est grâce à l'ASM Clermont Auvergne, notamment Jean-Marc Lhermet, qui devient alors le président du Syndicat national des joueurs de rugby, l'ancêtre de Provale, Jean-Louis Jourdan et Patrick Wolff, dirigeants du club, que le syndicat des joueurs a pu se constituer à nouveau, en février 1998. Il est donc normal que la syndicalisation des joueurs auvergnats reste importante. Mais il semblerait que, du côté du Stade Toulousain par exemple, le jeu collectif ne soit seulement encouragé que pendant les quatre-vingts minutes que dure une rencontre… Je suis, en revanche, étonné de ne pas voir dans cette liste les noms de Pierre Rabadan et de Robins Tchale-Watchou, si virulents à mon égard lors de notre rencontre au Belvédère toulousain[1]. Ou même ceux de Benoît August – mais il était peut-être déjà reparti chez lui au moment de signer – et de Cyril Vancheri – mais je suis sûr qu'il est prêt à fournir à cela une explication des plus crédibles.

Surprise encore, le premier nom à figurer en tête de la liste est celui de François Carillo, alors que celui-ci s'était engagé à ne pas m'attaquer lors de notre échange verbal, et ce sans que je lui demande quoi que ce soit à ce sujet. Je ne sais pas s'il était sincère lorsqu'il m'a fait cette promesse mais, en même temps, il est bien évident que son cas doit servir d'exemple et qu'il est un élément essentiel de la stratégie de l'avocat de Provale car je fais fortement référence à son accident cardiaque, ce qui, dans le cadre de la diffamation, équivaut à citer directement son nom et rend recevable une action en justice de sa part.

Surprise aussi, la présence en tant que signataire de Julien Bonnaire qui, dans un article dans *L'Équipe*[2], dénonce la course à la performance et, à mots à peine voilés, le risque de tomber dans le dopage, ce qui ne l'empêche pas, dans cette citation à comparaître, d'attaquer celui qui, justement, s'inquiète pour la santé des joueurs et dénonce une telle fuite en avant. C'est vrai que, dans le rugby français, on n'a jamais été à une contradiction près.

Surprise enfin, le montant des sommes demandées en réparation. Colossal. Si, en termes de dommages et intérêts pour avoir diffamé publiquement la profession de joueur

1. Voir chapitre 7.
2. *L'Équipe* du 3 avril 2013.

de rugby, il ne m'est demandé qu'un euro symbolique par plaignant, soit un total de 135 euros, je dois, par contre, faire face à une requête visant à obtenir 2 000 euros par requérant pour remboursement des frais de justice, ce qui représente un montant de 268 000 euros. Autant dire que l'épée de Damoclès qui se trouve maintenant au-dessus de ma tête est sacrément lourde. J'ai beau tenter de me rassurer en me disant que des frais de justice ne peuvent atteindre un tel montant ; que connaissant l'état d'esprit des joueurs de rugby, s'il leur avait été demandé d'engager la somme de 2 000 euros chacun au moment de lancer la procédure, le syndicat Provale aurait, en tout et pour tout, récolté une demi-douzaine de signatures, au mieux ; et que si la plaidoirie que maître Romuald Palao, l'avocat de Provale, délivrera devant les juges du tribunal correctionnel est valorisée à 268 000 euros, cela donne un sacré prix à chacun des mots que ce spécialiste du droit social basé en Avignon va prononcer – ses honoraires n'auraient alors rien à envier à ceux facturés par ses homologues new-yorkais. Il n'en reste pas moins que je suis désormais sous la menace théorique, mais réelle, d'une condamnation qui m'obligerait à payer à mes différents détracteurs près de 300 000 euros de compensation. La menace est donc bien là, et je vais devoir vivre avec elle au cours des prochains mois.

Dans mon malheur, je ne suis pas tout seul puisque la loi exige du plaignant qu'il attaque en justice les organes de presse qui ont relayé ses propos. Du coup sont aussi convoqués monsieur Louis Dreyfus, alors directeur de la publication du *Monde*, et monsieur Jean-Michel Baylet, celui de *Midi Olympique*. Au début, ce soutien, légalement imposé, est plutôt rassurant ; il me laisse penser que plusieurs équipes d'avocats vont travailler ensemble pour défendre la liberté d'expression et toutes ces valeurs prétendument bien françaises et républicaines. Mais plus l'échéance se rapproche et plus je vais me rendre compte que cette association salutaire n'est qu'une vue de l'esprit et que seul mon avocat sera là pour défendre mes intérêts. Ceux des deux journaux assureront, pour leur part, le service après-vente de journaux dont le service financier et comptable, mécaniquement, a sans doute déjà budgétisé des provisions pour risques correspondant aux sommes demandées. Impossible alors de compter sur quelque soutien que ce soit. Il me faut un avocat et un bon !

Malheureusement, mis à part quelques amis qui exercent cette profession et une compagne qui est spécialisée en droit maritime, je n'ai pas, dans mes connaissances, de spécialiste en liberté d'expression. Pourtant, au vu de la situation, hors de question de ne pas faire appel à un spécialiste. On n'appelle pas un électricien quand on a un problème de plomberie. Dans un domaine où tout se joue sur la subtilité de la rhétorique et la parfaite connaissance de la jurisprudence et autres articles de droit spécifiques, il vaut définitivement mieux un plombier qui coûte cher mais qui sait quoi faire qu'un bricoleur dont l'intervention approximative a toutes les chances de se payer cher après la fin des travaux. Je n'ai pas le choix.

Basile Ader. Maître Ader. Basile. Ce nom sonne comme celui d'un personnage d'Arthur Conan Doyle mais, heureusement pour moi, celui qui le porte est bien un être de chair et d'os. Maître Basile Ader, avocat au barreau de Paris, vestiaire T11, spécialiste du droit de la presse, ayant comme client le groupe Amaury, le propriétaire du journal *L'Équipe*. Autant dire que, s'il a étudié le droit, il connaît aussi le sport côté prétoire, notamment dès que cela touche à la pharmacopée et ses petits tracas. Il est ainsi chargé, au moment où je cherche une robe pour m'accompagner, de défendre Damien Ressiot, le journaliste du quotidien sportif spécialisé sur le dopage, contre l'athlète français Bob Tahri. Ce dernier l'attaque pour recel de secret médical après que le journaliste a écrit un article s'appuyant sur des taux d'hématocrite et d'hémoglobine relevés chez l'athlète. Procès à multiples rebondissements qui verra le client de maître Ader bénéficier d'un jugement favorable en cour d'appel, après être passé par la Cour de cassation, une première fois déjà en cour d'appel et devant un tribunal de première instance. Autant dire que cet avocat est combatif et sait défendre les causes justes. Ça tombe bien. C'est exactement ce dont j'ai besoin. Pas de doute. Maître Basile Ader est le bon choix, celui qui va me donner toutes les chances d'être bien défendu devant les juges.

Un homme touché dans son honneur

Je n'ai pas vraiment le temps de digérer cette convocation et de contacter mon sauveur qu'un second huissier vient frapper à ma porte. Après Provale, qui peut bien m'attaquer cette fois ? La Ligue nationale de rugby, accompagnée des trente clubs professionnels qui composent le rugby français, pour avoir dit que l'accompagnement médicalisé est organisé au sein même des structures des clubs ? Non. La Fédération française de rugby, pour avoir terni l'image de son sport ? Non plus. C'est… Philippe Saint-André !?! Il était pourtant mon ancien partenaire en équipe de France, celui avec qui j'ai battu trois fois les All Blacks. Avec qui j'ai fini troisième de la Coupe du monde de 1995 en Afrique du Sud. Et dont j'ai même été le vice-capitaine. Sans oublier le conflit avec la FFR lorsque nous étions, tous les deux ainsi qu'Émile N'Tamack, les représentants des joueurs et avions décidé de boycotter une réception à la mairie de Toulouse, en préambule du test-match contre la Nouvelle-Zélande du 11 novembre 1995, suite à l'interdiction de sélection de Laurent Cabannes, Thierry Lacroix et Olivier Roumat, qui revenaient d'Afrique du Sud et étaient considérés comme des joueurs professionnels alors que le rugby français tentait de rester amateur. Philippe Saint-André, aux côtés duquel j'ai traversé cette crise, ballotés de toutes parts alors que nous n'en maîtrisions pas vraiment les tenants et aboutissants.

Enfin, à bien y réfléchir, traverser la crise ensemble n'est pas vraiment une description exacte de cette expérience. Pendant que je jouais le pompier auprès des médias et de Jo Maso, l'émissaire de Bernard Lapasset venu prendre la place d'André Herrero en tant que manager de l'équipe de France, alors complètement dépassé par la situation, Philippe, lui, multipliait les échanges téléphoniques directement avec le président de la FFR pour lui jurer qu'il n'y était pour rien et que je n'étais qu'un révolutionnaire qu'il n'arrivait plus à contrôler. Peu de temps après, je quittais l'équipe de France la tête sous le bras – tranchée qu'elle avait été par oukase du président fédéral – alors que Philippe gardait, lui, tous ses attributs, continuant à amasser quelques sélections supplémentaires jusqu'à ce qu'il finisse écrasé sous le bulldozer sud-africain, lors de la cuisante défaite de l'équipe de France pour son dernier match au Parc des Princes[1].

Suite à l'aventure toulousaine, je n'ai revu que très rarement Philippe Saint-André. Le temps, juste, de lui faire

1. France-Afrique du Sud, 10-52, dernier match, le 22 novembre 1997, au Parc des Princes avant que les Bleus ne s'installent au Stade de France.

un cadeau, au moment de la première et unique assemblée générale de l'Association des joueurs de rugby ancêtre de Provale que je préside, lors de laquelle je l'ai fait élire comme mon successeur. À l'époque, je partais jouer aux Harlequins à Londres et je n'avais pas vraiment le choix. Malheureusement, cette nouvelle présidence allait signer la mise en sommeil de l'instance, mon ancien partenaire en équipe de France faisant à nouveau la preuve que les combats collectifs n'étaient pas son fort, lui, l'ancien tennisman. C'est sur cette passation de pouvoir que nos routes se sont séparées et, jusqu'à cette convocation devant le juge, je m'en portais très bien ainsi.

Que me reproche-t-il ? Je n'ai pas besoin de m'interroger longuement puisque j'avais repris sa prophétie sur le temps de jeu – « Quand j'entends un sélectionneur national annoncer que le temps de jeu effectif, qui est actuellement de quarante minutes en moyenne, doit passer à cinquante minutes pour la Coupe du monde de 2015 et que seuls les joueurs capables de tenir ces cadences pourront prétendre à jouer en équipe nationale, je ne peux y voir qu'un appel au dopage » –, m'en servant pour dénoncer la fuite en avant du rugby et les dangers qu'elle représente, comme la citation à comparaître le dit si bien : « Il est clairement imputé à monsieur Saint-André, par ses prises de position en faveur d'un temps de jeu plus long, d'appeler et d'inciter les joueurs de rugby à se livrer à des pratiques dopantes susceptibles d'avoir de grandes conséquences sur leur santé. »

Mais, et c'est la particularité de cette plainte, l'ancien capitaine de l'équipe de France ne m'attaque que sur mes propos exposés dans *Midi Olympique*, pas sur l'interview du *Monde*. Il faut dire que, dans l'hebdomadaire du rugby, figure une question qui le touche directement « Vous avez beaucoup attaqué Philippe Saint-André à ce sujet ? » et qui, par sa formulation, peut à elle seule expliquer qu'une procédure ait été engagée. Le problème, c'est que, comme le journaliste ne me l'a jamais posée, cette question, il ne m'a pas été possible d'y répondre par la négative et de préciser que c'était uniquement la déclaration du manager de l'équipe de France qui m'intéressait, pas l'individu. Dommage.

Philippe Saint-André se sent outragé. Et cet outrage a un prix. 15 000 euros à titre de dommages et intérêts en réparation des préjudices moral, matériel et professionnel subis et 5 000 euros pour les frais de justice. Mourad Boudjellal, qui a eu Philippe Saint-André comme manager de 2009 à 2011, a affirmé que celui-ci avait un rapport particulier avec l'argent : « Dans son contrat, il est précisé qu'il peut partir contre une indemnité qui m'agrée. De cette façon, je suis certain que Saint-André restera motivé. Car, là, on touche un point sensible chez lui[1]. » Il doit savoir de quoi il parle, lui qui passe la majeure partie de son temps à négocier des contrats avec les meilleurs joueurs de la planète rugby et leurs agents. Et ce n'est pas moi qui, sur cette déclaration, le contredirait.

Quand c'est fini, il y en a encore

Deux procès. Ça commence à faire beaucoup. Et je n'ai toujours rien reçu de la part des clubs ou, plus exactement, de la LNR qui est la plus à même de les représenter. C'est pourtant eux qui étaient principalement visés dans mes propos : « Cela veut dire qu'aujourd'hui, dans

1. *L'Équipe*, 5 septembre 2011.

certains clubs, il y a une légalisation du suivi médicalisé[1]. » Pareil pour la FFR. Elle peut considérer que mes déclarations nuisent gravement à l'image de son sport, et même que sa valeur marchande se trouve altérée par mes propos. Et que, pour doublement galvauder ainsi ses valeurs pécuniaires et morales, je dois être un sacré diffamateur.

La fin du mois de juin 2013 arrive. Si j'ai bien fait mes calculs, la période de trois mois durant laquelle il est possible légalement de poursuivre pour diffamation mes propos ne se terminera que mi-juillet. Encore deux bonnes semaines à attendre. Pour moi, c'est une éternité. Chaque jour se lève avec la menace de voir débarquer un huissier et son poids de procédure. Chaque coup de sonnette fait naître une appréhension. Les jours s'égrainent lentement. Le soleil a beau faire sa réapparition après un long tunnel de pluie et de froid, je ne me sens pas pour autant l'esprit léger et tourné vers les vacances. Je sais que les mois à venir vont être longs et pénibles. Outre un contexte économique de plus en plus compliqué professionnellement, il va falloir que je trouve le temps de préparer ces procès qui s'annoncent. Heureusement, j'ai pu rencontrer maître Ader et je me sens épaulé en vue d'affronter l'adversité. Il a su trouver les mots pour me rassurer. Ou, plus exactement, la jurisprudence. Jurisprudence du tribunal de grande instance, dix-septième chambre correctionnelle, 1er mars 2013, concernant les gardiens de la prison de Fleury-Mérogis qui avaient été déboutés de leur demande collective, la cour considérant qu'une critique visant un nombre important de personnes ne peut être accusée par chacune d'entre elles d'être individuellement diffamatoire. Pareil pour Provale qui, en tant que

1. *Le Monde*, 6 avril 2013.

syndicat, n'est pas, au regard du droit, fondé à agir en diffamation pour défendre ses membres. Voilà une douce musique qui berce mes oreilles.

Il reste, bien sûr, le cas de François Carillo qui, au travers de son accident qui me sert d'exemple, est en droit de se sentir visé même si j'ai tout fait pour ne pas le désigner nommément. Mais déjà, si mon avocat peut retirer l'épée de Damoclès qui, avec cent trente-quatre plaignants plus Provale, me menace d'avoir à payer près de 300 000 euros, j'ai de quoi mieux respirer.

Je ne vais, bien sûr, pas prendre pour argent comptant les propos de mon avocat et m'en contenter. Je vais, d'arrache-pied, travailler de mon côté pour constituer un dossier de défense qui, en plus de ma bonne foi, mettra en avant les éléments prouvant que l'accompagnement médicalisé existe dans le rugby. Tout seul, ça va être long et compliqué, mais il est important que je le fasse. Non seulement pour me défendre dans le cadre de ce procès, mais aussi pour montrer, à tous ceux qui ont dit ou écrit que je n'étais que bruit et affabulation, qu'ils se trompent.

Ça y est. C'est bon. 14 juillet 2013. C'est la fête nationale. Surtout pour moi. Même si je ne risquais pas que l'on me coupe la tête et même si la justice est aujourd'hui moins partiale qu'en 1789, je suis soulagé qu'aucun nouveau procès ne vienne assombrir mon avenir. J'en ai deux à affronter et c'est suffisant pour un homme normalement constitué. D'un coup, je me sens plus léger. Enfin, moins lourd, surtout. Car les deux pèsent quand même d'un certain poids. Financier principalement. Entre les frais d'avocat et les demandes de réparation diverses et variées, l'addition est en théorie lourde et a déjà commencé à égrener son chapelet de factures. Je ne sais pas si ma parole a un poids mais, en tout cas, elle a un coût.

La bonne nouvelle, c'est donc que ni la LNR ni la FFR ne sont partie civile contre moi. Je profite, là, un peu sûrement, beaucoup peut-être, du manque de concertation de la grande famille du rugby qui a passé la majeure partie de la saison à se déchirer sur le sort des internationaux et la nouvelle convention régissant les rapports entre clubs et la FFR. Plus certainement encore, je bénéficie de la volonté de ces instances de ne pas ouvrir le débat et relancer la polémique. En ne me répondant pas, elles me laissent sans voix. C'est bien joué car, sans la réaction épidermique de Serge Simon, ma prise de parole serait restée sans écho et n'aurait pas permis, à elle seule, de mettre en lumière la face sombre du rugby. Je n'aurais été qu'un ancien qui pousse, dans son coin, son petit cri. Alors que là, en me répondant, Serge Simon crée une caisse de résonance qui va, au moins le temps du procès, remettre le sujet sous les feux de l'actualité rugbystique. En cela, ma démarche a trouvé un soutien pour le moins inattendu…

Coup de grâce

Je ne comprends pas. Je suis sur le pas de ma porte en tenue de jardinage, un vieux maillot de rugby en guise d'habit – quelle ironie ! –, faisant face à une jeune huissière qui me tend un papier. Je reconnais immédiatement le type de document dont il s'agit. Nouvelle citation à comparaître. Mais qui, maintenant ? Il est trop tard. La période de trois mois est largement dépassée. Je signe le formulaire et me saisis du document pour découvrir qui se cache derrière. Tribunal de Pau. Alain Camborde. Alain Camborde ? Le préparateur physique palois ? L'homme aux cent cinquante joueurs de rugby ? Oui. Lui-même. Il est un peu en retard, quand même. Nous sommes fin août. La période durant laquelle les poursuites pouvaient être engagées est terminée depuis plus d'un mois. Quoi ??? Il m'attaque pour mes propos tenus au Sénat devant la commission d'enquête ?!? Mes accusations sur le fait que Biarritz Olympique est devenu champion de France grâce à son intervention auprès des joueurs biarrots ?!? Là, il est encore dans les temps. Mais je suis censé bénéficier de l'immunité qui protège de toute poursuite les propos d'un témoin déposant devant une commission d'enquête parlementaire. Comment un avocat a-t-il pu accepter cette démarche ?

« Je me suis retrouvé, en 2006, face à une difficulté qui a été d'expliquer le déroulement de la finale du Top 14 qui avait opposé le club de Biarritz à celui de Toulouse... Quand, dans mon analyse, vous mettez en perspective l'intervention d'un préparateur physique qui s'appelle Camborde, qui est sur Pau et dont on a parlé récemment, d'un coup, ma capacité d'explication devient plus importante. » Je lui fais de la publicité devant les sénateurs, et le gars n'est pas content ! Je mets en avant l'efficacité de son rôle de préparateur physique, et il se plaint ! C'est à n'y rien comprendre. Et ce, malgré mon immunité... Je suis sonné. Vite. Appeler mon avocat. Qui doit être en vacances en cette seconde moitié du mois d'août. Je dois me rassurer. Un troisième procès ? À Pau, qui plus est. Vraiment pas envie d'y aller.

La personne qui me répond au cabinet de maître Ader se veut rassurante, même si elle non plus ne comprend pas cette démarche. Elle apaise mes craintes et me dit que le cabinet va prendre contact avec l'avocat de la partie adverse pour voir de quoi il en retourne et lui parler de la recevabilité de la plainte. Je me sens moins seul, même si le danger n'apparaît pas ici des plus grands. En effet, en plus d'attaquer des propos qui sont couverts par une immunité, la personne qui veut m'envoyer devant les juges sort juste d'un procès où il était lui-même l'accusé et à l'issue duquel il a quand même été condamné à trois mois de prison avec sursis pour importation et détention de produits dopants, et exercice illégal de la profession de pharmacien. Apparemment, l'expérience a dû lui plaire pour qu'il ait envie de retourner aussi vite devant un juge. Moi, décidément, je ne m'en sors pas. Même quand cela ne paraît plus possible, le monde du rugby ne me lâche pas. Et le sparadrap du capitaine Haddock est bien difficile à décoller de ma chaussure...

10

Honneur à la défense

Le procès Provale est finalement fixé au 27 juin 2014. La justice est une vieille dame qui est longue à se mettre en branle. Mais qui ne lâche pas l'affaire pour autant. L'avantage, en l'état, c'est qu'elle me donne le temps de réunir toutes les pièces nécessaires à ma défense, de compléter les éléments que j'ai déjà en ma possession et, surtout, de définir, avec mon avocat, une stratégie pertinente. Le sujet est rendu complexe par ceux qui souhaitent qu'un écran de fumée opaque protège les comportements déviants. Notre travail va justement consister à simplifier les choses. À aider des juges qui n'ont, peut-être, aucun intérêt intellectuel pour le sport, et encore moins son arrière-cour, à comprendre, en quelques mots, tous les tenants et aboutissants du problème. À casser la magie des performances en les considérant par le prisme de la réalité des limites naturelles du corps humain. Effacer l'opacité entretenue à dessein qui entoure dopage, préparation médicalisée et autre traitements, pour bien poser le problème et surtout éviter les poncifs et autres chiffres officiels qui nous expliquent que tout va pour le mieux dans le meilleur des mondes.

Pour ou contre *Midi Olympique* ?

Le procès Saint-André ressort du civil à la différence de celui de Provale qui est de nature pénale. C'est le choix de celui qui dépose la plainte et, bien sûr, l'accusé n'a aucun recours pour l'en empêcher. La procédure civile est, elle, basée sur des conclusions écrites, là où le pénal se joue à la barre par plaidoiries interposées. Tout le travail se fait en amont du passage devant les juges et, dès le début, il est important de définir une ligne de défense qui sera tenue jusqu'au procès. Ensuite, une fois ces conclusions arrêtées du côté de l'accusé, la procédure consiste en un jeu d'allers-retours entre les parties jusqu'à ce que le juge, après avoir vérifié que l'accusation maintient son action, annonce la date du procès.

Il faut donc que nous prenions, avec maître Basile Ader, une décision rapide quant à la ligne de défense à adopter. D'autant plus que, dans ce procès, seul l'interview dans *Midi Olympique* est accusé de diffamation par Philippe Saint-André. C'est même plus précis que cela puisqu'une question, surtout, est à la source de mes ennuis judiciaires – « Vous avez beaucoup attaqué Philippe Saint-André à ce sujet ? ». Question que le journaliste de l'hebdomadaire du rugby, Marc Duzan, ne m'a pas posée. Problème. Comme la question ne m'a pas été posée directement, sous cette forme, il ne m'était pas possible d'y répondre et de nier des attaques *ad personam*. Et donc mon ancien partenaire de l'équipe de France peut se sentir directement visé.

Du coup, il me faut prendre une décision qui peut avoir des répercussions aussi sur les autres procès : agir pour ou contre *Midi Olympique*. Sur le procès Provale, nous sommes censés être solidaires tous les deux. Pas question pour moi, dans cette procédure-là, de ne pas assumer l'ensemble de mes propos. Mais si je me retourne contre cet hebdomadaire dans un autre procès, cela n'aura-t-il pas des répercussions négatives pour moi sur le procès Provale ? En même temps, j'ai de quoi prouver que je n'attaque pas Philippe Saint-André et sa personne, mais que je me sers de ses propos uniquement. En effet. Quelques jours après l'interview dans *Midi Olympique*, je suis passé dans l'émission télévisée d'Olivier Ménard sur L'Équipe 21, où un journaliste, Patrick Lemoine, a mentionné le nom de Philippe Saint-André après que j'ai expliqué la logique de performance absolue imposée aux joueurs. Et là, j'ai bien eu la présence d'esprit, ouf, d'expliquer que ce n'était pas Philippe Saint-André que je visais en particulier, parce que tous les sélectionneurs d'équipe nationale agissent ainsi en prévision, notamment, de la Coupe du monde de 2015. Je l'ai dit, il y a une trace qui, ouf encore ! date d'un moment où il n'y avait pas encore de procédure engagée à mon encontre. C'était dit spontanément, preuve essentielle de ma bonne foi.

J'ai la capacité de démontrer que je n'attaquais pas Philippe Saint-André dans mes propos. J'ai donc tout intérêt à me retourner contre Marc Duzan et son journal car, s'il m'avait posé cette question précisément, mon intervention à L'Équipe 21 prouve que j'aurais commencé à répondre par la négative avant d'expliquer pourquoi. CQFD. D'un autre côté, il est toujours gênant de donner l'impression de se désolidariser de ses propos et de risquer de brouiller un message qui est pourtant clair. Mais je n'ai pas le choix. Le journaliste, et son journal avec, doit assumer son erreur et le fait qu'il réalise un interview par téléphone en prenant en notes mes propos, sans jamais me demander de confirmer quoi que ce soit ni me soumettre l'interview, avant sa publication, pour relecture. Et dans ce cas bien précis, en inventant même la question de départ.

La décision en termes de ligne de défense prise, il ne reste plus maintenant à mon avocat qu'à réaliser le jeu des écritures et à procéder aux tirs croisés avec les parties adverses jusqu'au procès. Ce qui déclenche, côté *Midi Olympique*, une descente hiérarchique de l'information et me vaut un coup de fil de Marc Duzan qui, après avoir été convoqué par Jacques Verdier, son directeur de rédaction, vient se plaindre auprès de moi de la situation. Je ne me fais pas prier pour lui expliquer que ce qui était, pour lui, une simple pratique journalistique avait, pour moi, des conséquences importantes et que je ne pouvais pas faire comme si mes propos avaient été parfaitement retranscrits. Je ne suis pas sûr qu'il ait bien pris et accepté mon explication. Je suis même certain que, au cours de la procédure, il va tout faire pour démontrer que mes affirmations sont fausses et qu'il m'a bien posé la fameuse question. Mais, au moins, j'ai été honnête avec lui et j'ai justifié ma position et ma ligne de défense.

Après de réguliers échanges tripartites, Philippe Saint-André ayant confirmé sa volonté d'aller au bout de la procédure, le juge fixe au 5 novembre 2014 la date du procès. Juste avant les test-matchs de l'automne. J'espère que je saurai être un adversaire à la hauteur du manager de l'équipe de France au moment où celui-ci se projettera dans son rêve de devenir champion du monde.

À vaincre sans péril, on triomphe sans gloire

Comparé aux deux autres procès, celui intenté par Alain Camborde me paraît beaucoup plus simple à appréhender.

Il faut dire que, entre les articles de presse liés à son inculpation et sa condamnation pour importation et détention de produits dopants et exercice illégal de la profession de pharmacien, les déclarations qu'il a faites, et même son dossier de presse où les photos de joueurs se chevauchent les unes sur les autres tellement il y en a, Alain Camborde a déjà fait beaucoup pour ma défense. Et il continue même, en ce début du mois de septembre 2013, en donnant un interview dans le journal *Sud-Ouest* où il en remet une couche sur son intervention auprès du club biarrot : « Ce n'était pas caché. J'intervenais une fois par mois à la demande d'une quinzaine de joueurs, précise-t-il. Cela se passait dans le bureau du médecin et avec l'aval des préparateurs du club[1]. » Quinze joueurs, précisément. Merci Alain ! je n'avais pas cette précision. Et puis quinze, c'est bien. En rugby, cela fait un compte rond. Une équipe tout entière. Je trouve que l'on ne lui donne pas assez la parole, moi, à cet homme. Il devrait même avoir une chronique dans la presse, tant qu'à faire. Et promis, je serais le premier à la lire. Tous les matins...

La procédure est rapide. Le tribunal de Pau semble moins engorgé que celui de Paris puisque je dois passer en jugement dès le mois de novembre. Pas le temps de traîner. En même temps, pour constituer ma défense, il me suffit de me baisser et de ramasser les pièces et arguments qui plaident en ma faveur. Pas mal de témoignages et notamment un interview de Christian Bagate faisant du préparateur palois la source de tous les comportements déviants et de toutes les pratiques condamnables dans le rugby français. Par contre, je garde une légère appréhension quant au fait d'être jugé en territoire rugby. La ville

1. *Sud-Ouest*, 12 septembre 2013.

de Pau est quand même située au cœur des Pyrénées, presque équidistante de Toulouse et Biarritz, et tout bon Béarnais, même lorsqu'il est juge, a été dans sa jeunesse, plus ou moins longuement, allaité au pis du rugby. Mais quand même. Un juge est indépendant et ma position est plus que solide. J'ai de quoi être confiant.

Malheureusement, la solidité de ma position va être renforcée la veille même du procès. Je dis malheureusement parce que c'est à ce moment-là que l'avocat d'Alain Camborde contacte le mien pour lui signifier la décision de son client de retirer sa plainte. Je me retrouve sans recours. Camborde jette l'éponge et je n'ai aucun moyen de l'en empêcher. Il n'a même pas à me rembourser les frais de justice engagés et encore moins les billets d'avion pris pour l'occasion. Je suis frustré. Rien de pire qu'un combat que l'on n'a pas pu mener à son terme. Et ce, même si, comme le souligne maître Ader, ce désistement nous offre une victoire sans contestation là où le juge aurait pu rendre un jugement de Salomon en nous donnant raison quant à l'irrecevabilité de la plainte dans le cadre de l'immunité parlementaire mais en reconnaissant le caractère potentiellement diffamatoire de mes propos. De toute façon, je n'ai pas le choix. Il va falloir que je me contente de ce petit succès et que je garde mon énergie pour les prochaines échéances.

La meilleure défense, c'est l'attaque

Les enjeux du procès Provale sont importants. En plus des risques financiers qu'il représente, c'est de ma crédibilité qu'il s'agit. Serge Simon a orchestré médiatiquement des prises de parole qui ont toutes pour but de faire de moi un affabulateur et un désespéré de la notoriété. Il s'agit donc, dans le cadre légitime d'un prétoire, de démontrer non seulement ma bonne foi, l'accusation judiciaire porte là-dessus, mais aussi d'apporter un faisceau d'éléments suffisants pour prouver que la situation et les pratiques du rugby professionnel sont bien celles que je décris, et notamment le manque d'intérêt de ces instances quant à la santé à long terme des joueurs. La complexité de ce travail provient principalement de l'absence de preuves purement scientifiques. J'aimerais m'appuyer sur des résultats du suivi longitudinal des joueurs pour, notamment, réaliser la comparaison entre les données concernant diverses périodes. Il serait alors facile de se rendre compte si des variations importantes et/ou se situant hors des normes naturelles viennent, ou non, corroborer mes propos. Malheureusement, et ce n'est pas vraiment une surprise, ni la LNR ni la FFR ne communiquent de données de ce type. Rien. *Nada*. Même pas un bilan général de l'état de santé de l'ensemble de la population chaque année comme peuvent le faire, par exemple, la Fédération française de cyclisme et le Mouvement pour un cyclisme crédible. À ce jour, mise à part une étude universitaire dont j'ai réussi à trouver la trace[1], il n'existe rien qui nous dise, par exemple, si la moyenne du poids des joueurs de rugby est stable, en augmentation, légère ou forte, ou en régression. Et quand on parle de chiffres concernant l'ensemble d'une population, il n'y a pas de raison d'invoquer le secret médical pour expliquer un tel refus de communication. C'est tout simplement un manque de transparence qui s'apparente à l'omerta la plus totale.

1. Frédéric Bauduer *et al.*, « Déséquilibres biochimiques, déshydratation, récupération et rugby professionnel... », art. cité.

J'aurais aussi été ravi de pouvoir compiler des études scientifiques sur les effets des différentes médicamentations – hormone de croissance, stéroïdes, EPO… – sur une population de sportifs, comparés à un effet placebo, de manière à identifier les évolutions physiques, ou les variations hormonales anormales, qui seraient liées à des prises exogènes. Mais ce type d'études est interdit par l'Agence mondiale antidopage. Il permettrait pourtant de donner des informations précises sur les pratiques, et leurs effets, dépassant le cadre du simple contrôle, qui reste relativement facile à contourner. Mais, là aussi, je ne peux attendre une quelconque littérature scientifique sur le sujet.

Avant même de commencer mes investigations, je sais donc que je suis dans l'incapacité de trouver les preuves scientifiques qui pourraient pleinement étayer mon propos. Restent les preuves juridiques qui, elles, répondent à une tout autre logique. Il ne s'agit pas d'un procès où des traces d'ADN et d'empreintes retrouvées sur un corps peuvent faire la preuve de ma culpabilité ou de mon innocence. Non. Je suis jugé pour diffamation. Pas pour assassinat… si ce n'est des prétendues valeurs du rugby.

L'enjeu de ce procès, c'est de juger de ma bonne foi. Et uniquement de ma bonne foi. Pas de faire la preuve d'un dopage organisé dans le rugby. Si je dois produire des preuves, c'est uniquement pour justifier le fait que mes propos n'ont pas pour point de départ une volonté de se venger ou qu'ils sont dus à ma mauvaise foi ou à mon opportunisme. Rien d'autre. Et je ne suis certainement pas censé apporter les tests positifs d'un nombre conséquent de joueurs de rugby du Top 14. Bien sûr que, si je possédais de tels éléments, ce serait un plus. Mais, en tout cas, ne pas les présenter au tribunal n'a pas de conséquence rédhibitoire sur une possible condamnation.

Plus j'apporterai d'éléments mettant en cause les pratiques observées dans le rugby actuel, plus je donnerai du crédit à ma démarche. Et pour ce faire, je dois être offensif et non sur la défensive. Ce qui veut dire qu'il me faut inverser la logique de l'accusation. Pour évaluer la bonne foi de Laurent Bénézech, je dois obliger les juges à prendre en compte la mauvaise foi du rugby professionnel français. Histoire de voir où se situe la vérité. Histoire de voir qui cherche à cacher des choses. Qui a un discours immature. Qui profite de la situation. Qui est capable de dire tout et son contraire. Ce procès ne doit pas être que celui de Laurent Bénézech, mais celui du rugby professionnel français et de son inconscience.

L'impression de devoir écrire une thèse

Une fois que la stratégie a été définie avec mon avocat, il s'agit de se mettre au travail. De réunir les éléments que je possède déjà et de faire la liste de tout ce dont j'ai besoin. Sans oublier de commencer à contacter les témoins susceptibles de venir à la barre. Ce qui ne sera pas toujours simple. Et qui va me prendre un temps considérable. Mais je n'ai pas le choix : mon honnêteté est en jeu.

Concernant les éléments de preuve existants, il faut que je remonte au moment où j'ai commencé à m'intéresser au sujet. De cette phrase qui me hante encore, prononcée par le professeur en pharmacologie Marc Devaux lors du procès de l'équipe Festina : « Nul ne peut savoir les effets d'une prescription qui comporte plus de trois produits simultanément[1] », prononcée devant Richard Virenque et ses coé-

1. *Libération*, 28 octobre 2000.

quipiers qui, l'enquête l'avait établi, en étaient à l'époque à une bonne dizaine de prises quotidiennes de médicaments. Une déclaration qui, à mes yeux, justifie que la décision de mettre en place la moindre médicalisation de la performance ne soit pas laissée à des apprentis sorciers qui font ce qu'ils veulent. Que je remonte le fil, d'abord, de mes échanges avec le professeur Jean-Paul Escande, un des précurseurs de la lutte antidopage en France. Celui, ensuite, des éléments qui ont commencé à me faire douter de la capacité du rugby à prendre à bras-le-corps le problème et à chercher à le résoudre. Contrôle positif du talonneur néo-zélandais Anton Oliver lors de la Coupe du monde de 1999 transformé en erreur d'un homme qui avait été soigné maladroitement, afin de lui permettre de participer à la compétition comme si de rien n'était – fait significatif du manque de fermeté et de sérieux des instances du rugby. Je ne pourrai pas manquer d'évoquer le cas du CA Brive à la fin des années 1990 qui, avec le docteur Hervé Stoïcheff, constitue le premier cas révélé de dopage organisé ; d'autant plus que, alors que je recherche de nouveaux contacts, je vais réussir à me procurer une ordonnance prescrite systématiquement, à cette époque-là, aux joueurs du centre de formation du club.

Je profite aussi de ma proximité avec le journal *L'Équipe*, en tant qu'ancien consultant rugby sur la chaîne de télévision et le site internet du groupe, pour rencontrer Damien Ressiot, leur spécialiste sur le sujet, journaliste qui, le premier, a révélé l'analyse positive rétrospective des échantillons de Lance Armstrong. Ce journaliste peut attester la présence du docteur Stoïcheff dans le monde du rugby au-delà de la simple expérience briviste, puisqu'il a vu des joueurs du Stade Français venir le consulter et, parmi ceux-là, un certain Serge Simon.

Parmi les articles qu'il a écrits dans *L'Équipe*, je découvre que, dès 2008, il avait la preuve, à travers les résultats de prélèvements capillaires menés par l'Agence française de lutte contre le dopage sur les joueurs du Top 14 à titre expérimental, de la présence de déhydroépiandrostérone (DHEA) relevant d'une prise exogène de ce stéroïde. Le problème, c'est que cette information figurait dans un tout petit article du quotidien, écrasé entre deux rubriques, dont le titre portait uniquement sur le football, puisque la même étude et les mêmes résultats avaient été observés auprès des joueurs de la Ligue 1. Et que, apparemment, la ligne éditoriale retenue n'invitait pas à mettre particulièrement en exergue ce type d'information.

Lors de notre rencontre, Damien me fait part de son étonnement face à l'omerta qu'il a pu constater dans le rugby dès qu'il a voulu aborder ce sujet sensible. Pire que dans le vélo à la grande époque de l'EPO et de Lance Armstrong, d'après lui.

Ses connaissances sur le dopage sont exceptionnelles, de l'aspect scientifique aux différents réseaux qui ont pu exister ces vingt dernières années en France et dans le monde, en passant par la dimension juridique et procédurale qui accompagne ce type d'affaires. Ce n'est pas une surprise. Par contre, son excellente connaissance du rugby et des points de rencontre entre ce monde et celui du vélo me surprend plus encore. Cela fait de lui un interlocuteur important qui peut me donner des informations susceptibles de me guider dans ma quête. Mieux, avant même que l'idée ait une chance de me traverser l'esprit, Damien me propose de venir témoigner à mon procès. J'accepte, évidemment, ravi d'obtenir une aide que je n'attendais pas...

Les formidables compléments alimentaires de l'équipe d'Angleterre en 2007

Je continue à regrouper toutes les informations dont j'ai déjà connaissance comme, notamment, ce témoignage qui est la parfaite illustration de mon propos et se passe de tout commentaire. J'ai rencontré Jacques Servat presque par hasard. Nous sommes tous les deux originaires de l'Ariège, mais il a fallu un concours de circonstances particulier pour que je me retrouve en même temps que lui dans les allées de ce qui constitue le moment fort de la semaine dans tout le Couserans, le marché du samedi matin à Saint-Girons. Et il a surtout fallu qu'un ami commun, excellent pâtissier, nous réunisse autour de sa table pour que je découvre le secret de l'équipe d'Angleterre lors de la Coupe du monde en 2007.

Jacques Servat est capitaine au GIGN, le Groupe d'intervention de la gendarmerie nationale, et a été en charge, avec ses hommes, de la sécurité de plusieurs des équipes participant à cette Coupe du monde, dont l'Angleterre. À la fin de la compétition, plutôt réussie pour cette équipe qui a battu la France en demi-finale avant d'échouer en finale contre l'Afrique du Sud, les Anglais, qui avaient sympathisé avec leurs chaperons, leur ont offert tout un tas de souvenirs, maillots, ballons, mais aussi les restes de compléments alimentaires prévus pour l'épreuve. Il se trouve que l'un des hommes de l'équipe du GIGN, plutôt féru de musculation, la préparation physique est essentielle à l'exercice de ce métier, a récupéré ces compléments alimentaires. À première vue, ces produits, présentés sous forme de poudre, n'ont rien de particulier, si ce n'est que certains, au moins, semblent provenir directement des États-Unis. Mais, rapidement, Jacques Servat découvre qu'il ne s'agit pas de simples compléments à base de protéines tels qu'on les trouve en vente libre en France. En effet, le membre de son équipe féru de musculation va réussir à prendre quatorze kilos de muscle en l'espace de dix semaines d'entraînement seulement. Un résultat exceptionnel. Un peu trop peut-être. Après une longue discussion avec son capitaine, le nouvel athlète taille XXL décidera de laisser tomber cette aide à la performance, ne voulant pas prendre de risque pour sa santé avec un produit dont la composition restait des plus mystérieuses.

La découverte des effets « miraculeux » des compléments alimentaires de l'équipe d'Angleterre durant la Coupe du monde de 2007 fait écho au discours triomphal de Tim Ricketts, responsable de la lutte antidopage de l'IRB, tel qu'il apparaît dans le communiqué de presse du 14 novembre 2007 de ce même organisme, quelques semaines après la fin de la compétition : « Le programme antidopage pour la Coupe du monde de rugby de 2007 a été le plus important jamais mis en place dans un tournoi de rugby et s'est révélé un succès massif. » Un succès massif, surtout, dans la mesure où les mailles du filet ont été suffisamment larges pour que ne soit mis au jour aucun cas de joueur contrôlé positif, donnant cette formidable impression d'un sport sain où les comportements déviants n'existent pas !

Parmi les éléments qui constituent, à mes yeux, des débuts de preuve se trouvent incontestablement les changements physiques considérables qu'ont connus les joueurs, révélant notamment des prises de poids importantes sur une période relativement courte. L'interview déjà évoquée de l'ancien joueur écossais Paul Dearlove[1], passé par le club de Pau au milieu des années 2000, est particulièrement éclairante sur le sujet. L'explication qu'il donne des effets d'une cure de stéroïdes de quelques semaines sur le corps et ses performances est suffisamment significative pour servir de pièce à conviction. Je vais même ajouter à cet article des courbes théoriques de variation de poids, avec et sans prise de stéroïde, de manière à simplifier la compréhension de ce phénomène pour les juges. Et surtout construire des tableaux reprenant les variations de poids importantes constatées sur des périodes relativement courtes chez des joueurs du Top 14. Même si ces tableaux ne sont, en aucun cas, des preuves scientifiques, les variations constatées posent question.

Ce travail va être sacrément laborieux. D'abord, je dois éliminer tous les joueurs dont la masse graisseuse peut fausser les résultats. Ensuite, je retiens plutôt des joueurs grands et athlétiques de manière à pouvoir constater des variations de poids suffisamment importantes pour être surprenantes. Il est évident qu'en deçà de cinq kilos, même concernant un joueur de toute petite taille, il sera facile d'arguer qu'il s'agit d'une variation naturelle au cours de la vie de l'individu. Enfin, comme je n'ai pas accès à des données fiables, je dois systématiquement croiser les informations entre plusieurs sources – clubs, European Rugby Cup, Rugbyrama.fr, fédérations – de manière à éliminer les joueurs dont les données ne se recoupent pas entre elles, par exemple à cause de fautes de saisie. Ce travail se révèle long et harassant, mais les résultats qui en découlent sont intéressants, surtout quand, pour certains clubs, ils

1. Paul Dearlove, « Drugs in Rugby... », art. cité. Voir chapitre 4.

sont confrontés aux performances réalisées, par exemple les titres de champion de France[1].

Mon code génétique disséqué

Par l'intermédiaire de Damien Ressiot, je récupère les coordonnées du professeur Michel Rieu. C'est un spécialiste du sport et du dopage qui est reconnu au niveau international et qui a aussi été, entre autres, à l'origine de la mise en place de la cellule médicale de l'Institut national du sport et de l'éducation physique. Surtout, il a été, pendant longtemps, le conseiller scientifique de l'AFLD. Mieux, même, il a dénoncé, en avril 2013, un manque d'efficacité et de volonté dans la mise en œuvre d'actions pour lutter contre le dopage. Michel Rieu a en effet donné un long interview à Rue89.com où il discrédite notamment le suivi longitudinal comme moyen de surveiller et de dénoncer les pratiques déviantes[2]. C'est exactement l'homme qu'il me faut. Encore faut-il que j'arrive à le convaincre de me soutenir et, idéalement, de venir témoigner à la barre.

Après un premier contact téléphonique, il accepte de me rencontrer. Une terrasse déserte, pas loin des Champs-Élysées. Un jour de semaine, en milieu de matinée. Je me retrouve face à lui. Ou plutôt face à une paire d'yeux scrutateurs qui cherchent à lire en moi. Sérieux ou affabulateur ? Cohérent ou incohérent ? Structuré dans son discours ou simple orateur manquant de souffle ? Comme il le ferait devant des résultats d'analyse biologique, Michel

1. Voir chapitre 4.
2. Michel Rieu, « Face à ces vrais professionnels du dopage, on ne peut rien faire », Rue89.com, 8 avril 2013.

Rieu cherche à lire mon ADN. À savoir s'il peut m'accorder sa confiance ou s'il ferait mieux de ne pas associer son nom à un personnage qui manquerait de sérieux.

Le moment est important. Si je n'arrive pas à le convaincre, je perds une carte précieuse de mon jeu. Un scientifique reconnu, capable d'apporter un crédit important à mon discours et à ma personne. De prouver, qui plus est, l'innocuité du suivi longitudinal et, par là même, de démonter le discours rassurant de la grande famille du rugby. Je n'ai pas d'équivalent en réserve. Après de longues minutes pendant lesquelles je lui explique ma démarche en partant du tout début et où j'insiste sur ma préoccupation pour la santé des joueurs, je sens le côté inquisiteur de son regard se dissiper progressivement pour laisser place à un début d'empathie et peut-être même de complicité. Une plus grande décontraction dans le visage laisse alors apparaître un premier sourire. Ce sourire bienveillant que le professeur accorde à l'élève méritant qui manque encore d'assurance, ou qui vient de faire une erreur bénigne, tout en apportant un travail sérieux qui mérite les encouragements de l'enseignant. Je sens progressivement ses dernières réserves s'évanouir et nous engageons rapidement un échange constructif. Il me donne même son accord pour venir témoigner. Je repars très heureux de cette rencontre, ou plutôt soulagé. J'ai maintenant l'assurance d'avoir avec moi la référence scientifique qui doit donner du poids à ma crédibilité. Cela ne suffit pas à prouver ma bonne foi, mais c'est une condition, nécessaire et, même essentielle, à mes yeux.

Un joueur m'apporte son soutien

À la suite de ma prise de parole initiale et surtout de mon passage lors de la réunion du syndicat Provale, un joueur, Vincent Clément, a pris contact avec moi pour m'assurer de son soutien. Après plusieurs coups de fil, nous avons décidé de rester en contact et il s'est engagé à témoigner en ma faveur si nécessaire. Le moment est donc venu de faire appel à lui. Même si j'ai totalement confiance en lui, sa situation – joueur professionnel en fin de carrière mais encore sous contrat avec le Lyon Olympique Universitaire, qui pourrait ensuite intégrer l'encadrement du club – me fait craindre qu'il ne puisse tenir sa parole. Je me suis trompé. Même si Vincent n'a pas encore rompu contractuellement avec son employeur, il ne voit aucun problème à m'apporter publiquement son soutien et je sens à ce moment-là, même s'il ne le dit pas explicitement, qu'il a envie de couper les ponts avec l'univers du rugby. Je suis rassuré par sa volonté, toujours présente, de m'aider et de continuer à s'opposer à une logique corporatiste. Son témoignage est important pour conforter ma position et justifier ma prise de parole en montrant qu'elle n'est ni isolée ni fantaisiste.

En plus de son témoignage, Vincent Clément m'amène une pièce essentielle dans la construction de ma défense. Son suivi longitudinal. Ou, pour être plus exact, les feuilles de résultats de ses prises de sang, telles que les lui envoie, à chaque fois, le laboratoire d'analyse. Des feuilles de résultats comme n'importe quel patient en reçoit, avec pour seule différence une liste de paramètres pris en compte un peu plus longue. Ce qui illustre parfaitement mon propos sur ce qui n'est qu'un examen médical un peu plus poussé que pour le commun des mortels. Pour la première fois, quelqu'un d'extérieur à un club, qui n'est ni médecin de ce club ni Gérard Dine, a accès au Graal. Ces documents sont si bien tenus secrets que même le professeur Michel Rieu, pourtant expert scientifique de l'AFLD pendant de nombreuses années, n'a jamais su quels paramètres exactement sont pris en compte dans le suivi longitudinal pratiqué par le rugby et n'avait, jusqu'à ce que je lui montre une copie des résultats de Vincent Clément, pas encore vu le moindre exemple de ce suivi. C'est incroyable, mais c'est la vérité. Il n'y a aucune collaboration entre la commission médicale de la LNR et l'AFLD. Et pour cause : le rugby français reste libre de ses agissements et peut faire ce qu'il veut, même lorsqu'il constate des paramètres sanguins anormaux.

Le document fourni par Vincent Clément montre très bien la légèreté du dispositif. L'idéal serait de pouvoir le comparer avec les documents analogues réalisés dans le cyclisme, où le traitement est informatisé et donne lieu à des suivis sous forme de courbes, aussi bien au niveau du coureur que de l'ensemble de la population des cyclistes professionnels et amateurs, basés non seulement sur une surveillance de chaque paramètre mais surtout de leur évolution dans le temps tout au long de la carrière de chaque individu. La surveillance pratiquée par la FFC est donc d'un autre niveau que celle développée par les instances du rugby qui donnent fortement l'impression de faire du suivi longitudinal un garde-fou permettant d'intervenir en amont et d'éviter qu'un contrôle de l'AFLD ne puisse mettre au jour un cas positif.

Où la parole de Christian Bagate devient sacrée

Si je connais aussi bien ce qui se fait dans le vélo, c'est que j'ai, par un concours de circonstances dû notamment à ma passion pour cette discipline, quelques connaissances dans l'univers du cyclisme professionnel français, plus particulièrement auprès de l'équipe de la Française des jeux et du syndicat des coureurs, l'Union nationale des cyclistes professionnels. Je suis ainsi bien placé pour savoir que le monde du cyclisme est exaspéré d'être stigmatisé et de toujours passer pour la seule discipline sportive à connaître en son sein des pratiques dopantes généralisées. Le dernier exemple en date vient de la commission d'enquête sur le dopage du Sénat qui, au moment de publier ses conclusions, en a profité aussi pour communiquer la liste des coureurs contrôlés positifs à l'EPO lors des Tours de France de 1998 et de 1999, liste dans laquelle le coureur le plus connu est Laurent Jalabert. Celle-ci n'avait, jusque-là, jamais été dévoilée, les tests ayant été effectués rétrospectivement, n'ayant donc aucune valeur juridique et ne pouvant provoquer aucune sanction. Pourquoi un tel acharnement ? Pourquoi toujours parler du passé ? Telles sont les questions qui tournent en boucle dans la tête des acteurs actuels du cyclisme, qui aimeraient plutôt montrer l'évolution certaine que ce sport a connue dans ce domaine ces dernières années. Du coup, ma démarche est accueillie avec intérêt par Pascal Chanteur, ancien coureur et président du syndicat, que je rencontre sur le Tour de France, dans le village de départ, sur mes terres ariégeoises de Saint-Girons. Notamment parce qu'une histoire sur le rugby circule depuis quelque temps dans tout le cyclisme français. De Cyril Guimard à Marc Madiot en passant par

Christophe Agnolutto et la plupart des médecins d'équipe, tout le monde la connaît et l'a entendue de la bouche même de celui qui l'a recueillie, le docteur Armand Mégret. Cette histoire provient d'un colloque qui se serait déroulé deux ou trois ans plus tôt, durant lequel un médecin de la FFR aurait admis que le rugby connaissait des problèmes liés à la prise de corticoïdes et de cocaïne les lundis, mardis et mercredis. Autant dire que je dresse l'oreille. Corticoïdes. Oui, ce n'est pas surprenant. Mais cocaïne. Là, on atteint l'inconcevable. Lundis, mardis et mercredis, cela correspond à la période de la semaine considérée hors compétition et où, actuellement, ni les traces de corticoïdes ni celles de cocaïne ne sont recherchées lors des contrôles antidopage. Voilà une histoire qui m'intéresse. Il faut que je rencontre Armand Mégret. Je suis très curieux de connaître le médecin qui se laisse aller à de telles confidences. Parce que s'il peut m'en faire, des confidences de cet ordre, je suis bien entendu preneur.

Assez rapidement, j'arrive à échanger, par téléphone, avec le docteur Mégret. Celui-ci me confirme la fameuse histoire, qui n'est pas qu'une légende urbaine, comme cela arrive souvent dans ces cas-là. Il me donne le nom du médecin de la FFR qu'il connaît bien à force de le croiser dans des colloques et autres moments d'échanges sur le dopage. Christian Bagate. Mais il ne se rappelle plus exactement de quel colloque il s'agit. Celui de l'AFLD ? Celui du Comité national olympique et sportif français ? En 2009 ? 2010 ?

Démarre alors pour moi un jeu de piste qui ne me mènera nulle part. L'idée de départ, c'est de retrouver le colloque dont il s'agit. Et de mettre la main, surtout, sur le compte rendu des échanges qui me permettra d'avoir une trace écrite de l'aveu. Mais, après avoir surfé sur Internet entre la Maison de la chimie, la Maison du sport, le Comité national olympique et sportif français et même l'Institut océanographique, lieux de différents colloques annuels, fait appel à mes contacts, je ne trouve aucune trace de la fameuse déclaration. Je parviens à m'assurer du fait que le docteur Bagate a bien participé à la plupart de ces rendez-vous et trouve même des extraits de ses contributions. Par contre, de cocaïne et de corticoïdes, il n'y a trace. J'aurai beau chercher dans tous les sens, relancer Armand Mégret, impossible de trouver le moindre élément concret écrit qui servirait d'élément de preuve. En même temps, c'est plutôt logique. Je ne vois pas un médecin de la FFR annoncer à la tribune, devant une bonne centaine de participants, dont des journalistes, que le rugby français produit des cocaïnomanes. Il a dû faire cet aveu entre la poire et le dessert ou, au moment d'une pause, dans une discussion entre experts, au débotté. Et là, pas de risque de reprise par un journaliste.

Je suis énormément frustré d'avoir fait autant de recherches pour si peu de résultats. Que faire ? Demander à Armand Mégret de témoigner à la barre ? Mais ce sera parole contre parole. Rencontrer Christian Bagate ? Pour qu'il me rie au nez, en prétendant que j'ai été abusé par des affabulateurs ? J'aurais perdu mon temps. J'ai beau continuer à échanger avec le docteur Armand Mégret, rencontrer aussi le docteur Gérard Guillaume, médecin de l'équipe de la Française des jeux, qui me confirme, lui aussi, avoir entendu les propos tenus par le docteur Bagate lors du fameux colloque, je suis dans une impasse.

Les semaines passent. Progressivement, je délaisse cette piste. Mais, un matin, alors que je travaille à mon bureau, le téléphone sonne. C'est Damien Ressiot. Il assiste au colloque sur le dopage qu'organise, en ce début mars, le Sénat pour faire suite à leur commission d'enquête.

« Il l'a redit !

– Quoi ? Qui ?

– Il l'a redit !

– Mais quoi ??? Mais qui ???

– Bagate !

– Bagate ???

– Oui !

– Il l'a redit ???

– Oui !

– Les corticoïdes ???

– Oui !

– La cocaïne ???

– Oui !

– Les lundis, mardis, mercredis ???

– Oui !

– Mais pourquoi ???

– Pourquoi, quoi ?

– Pourquoi il l'a redit ???

– Mais... je n'en sais rien. Personne ne lui demandait rien et, là, à la tribune, pendant son intervention, il a, à nouveau, parlé du problème rencontré par le rugby avec les corticoïdes et la cocaïne, avec des prises les lundis, mardis, mercredis.

– Putain ! J'arrive ! »

Voilà, en quelques mots, la conversation qui traduit bien ma surprise lorsque j'apprends, après des mois de vaines recherches, que le docteur Christian Bagate admet, à nouveau, ces pratiques, cadeau qu'il m'offre sur un plateau. J'avais prévu de ne passer à ce colloque que dans l'après-midi seulement, essayant de ne plus trop m'investir dans la préparation du procès pour privilégier mon travail, mais, là, j'accélère le mouvement. Si Christian Bagate passe à confesse, je veux bien être le prêtre qui va l'assister.

J'arrive à la Maison de la chimie où se tient le colloque. Tout excité d'avoir enfin une preuve écrite des propos tenus par Christian Bagate – à travers le compte rendu manuscrit du colloque –, j'ai d'ores et déjà la garantie de la publication d'un article dans L'Équipe du lendemain, par Damien Ressiot, sans parler du compte-rendu manuscrit du colloque. Le médecin élu de la FFR est toujours là et je vais pouvoir essayer d'en savoir plus. J'arrive au milieu d'un débat alors que, justement, le docteur Bagate se trouve sur la tribune en compagnie du professeur Rieu. La salle est aux trois quarts pleine, soit une petite centaine de personnes, parmi laquelle je reconnais quelques figures croisées ici et là comme Éric Boyer, Christophe Bassons, le sénateur Jean-Jacques Lozach, le journaliste Pierre Ballester ou l'ancien ministre des Sports Alain Calmat. Je rejoins Damien Ressiot qui m'explique le déroulé de la matinée et me raconte, une nouvelle fois, l'intervention de Christian Bagate.

Il ne me reste plus qu'à attendre la prochaine pause pour interpeller le médecin.

Après de longues minutes qui m'ont paru plus qu'interminables, j'ai enfin la possibilité de m'approcher de lui. Nous nous connaissons vaguement pour nous être croisés alors que j'étais joueur et lui déjà présent dans les instances fédérales. Mais comme il n'intervenait pas en tant que médecin auprès de l'équipe de France, nous n'avons pas vraiment partagé quoi que ce soit à l'époque. L'avantage, malgré tout, c'est de pouvoir s'adresser l'un à l'autre comme si nous étions des amis de longue date et de briser, de suite, la glace, malgré le fait que je me méfie de ce ton faussement amical qui est aussi une manière de rester toujours dans les généralités et de ne pas avoir à dire grand-chose de compromettant.

Nous nous isolons du reste de l'assemblée. Je prends le premier la parole. Même s'il connaît bien le contexte – puisque, à la suite de mes propos, il a notamment dû faire plusieurs interventions, aussi bien auprès des médias que lors de l'assemblée générale de la FFR en 2013 où, en quelques chiffres, il s'agissait pour lui de rassurer les élus en démontrant que les risques de dopage étaient inexistants –, il m'écoute attentivement, tel le médecin généraliste qui, faisant face à un patient hypocondriaque, tente d'imprimer sur son visage des signes d'empathie et d'intérêt. Je le laisse ensuite parler. C'est le but de ma visite. Espérant secrètement que son aveu public va se transformer en véritable épanchement de sa part. Qu'il va me faire part des secrets de la boîte noire du rugby, connus uniquement jusque-là de quelques initiés.

Autant dire que j'ai été déçu. Il attaque par son cheval de bataille, les préparateurs physiques fonctionnant en marge des clubs et polluant les comportements à coup de recettes miracles. Autant dire qu'Alain Camborde est son principal ennemi. Pour Christian Bagate, c'est à cause de ce préparateur physique que les paramètres thyroïdiens de beaucoup de joueurs se sont retrouvés anormaux entre 2006 et 2007, celui-ci distribuant apparemment des produits à base d'extraits thyroïdiens. Ah, si, quand même, il me donne un petit scoop ! Il y aurait, en France, sept préparateurs physiques dans le collimateur de la FFR. C'est beaucoup en termes de suspects mais peu en ce qui concerne les révélations. Il part ensuite dans un développement avec moult détails sur un nouveau type de pathologie dont seraient victimes uniquement les joueurs en provenance des îles du Pacifique et qui expliquerait certains risques, notamment en termes d'arrêt cardiaque. J'ai surtout l'impression qu'il cherche à m'entraîner loin, très loin du sujet de l'accompagnement médicalisé dans le cadre des clubs. J'ai beau essayer de le recadrer, rien n'y fait. Christian Bagate a un discours fluctuant qui marie quelques aveux suivis de nombreuses dénégations, de rares éléments intéressants qu'il noie rapidement dans des digressions sans intérêt, le tout pour donner l'impression à son interlocuteur, moi en l'occurrence, qu'il est prêt à tout dire mais qu'il ne sait rien. Une sorte de docteur Jekyll, la part en lui du médecin qui a prêté le serment d'Hippocrate, et de M. Hyde, celle de l'élu fédéral qu'il est aussi.

Je suis dépité. En le rencontrant, j'espérais obtenir des éléments concrets et des faits exploitables. En même temps, depuis que j'ai pris la parole, les gens se méfient de moi. Ils ne se confient plus, ne me racontent plus les secrets d'arrière-boutique, les cas un peu bizarres de transformation de joueur ou les profils hormonaux anormaux constatés. Non. C'est une évidence. Il faut que je me contente de la déclaration publique faite ce jour. Un médecin fédéral qui admet un problème de comportement déviant dans le rugby, c'est déjà beaucoup. Même si celui-ci nous explique que c'est le passé et que, bien sûr, de telles pratiques ont maintenant totalement disparu...

Une galerie de photos pour aller jusqu'au bout de la logique

L'hormone de croissance. Sujet important puisqu'il constitue l'un des éléments forts de ce que je dénonce. Tous mes détracteurs m'ont attaqué sur ce point, stigmatisant mon argument sur les mâchoires prognathes comme le signe de mon manque de connaissances scientifiques. À moi de leur prouver qu'ils ont tort. L'acromégalie. Pathologie identifiée, étudiée et expliquée par le monde médical. Elle s'explique par la production non régulée d'hormone de croissance par le corps et elle a pour conséquence, entre autres, des excroissances osseuses au niveau des os du visage et des extrémités, mains et pieds. Ça, c'est scientifique et c'est prouvé. Mais bizarrement, lorsque l'on rentre dans l'univers sportif, ce savoir est censé ne plus être pertinent. Pourtant, je ne vois qu'une différence entre les deux situations : le fait que l'apport supplémentaire d'hormone de croissance soit endogène pour l'un, l'acromégalie, et exogène pour l'autre, l'accompagnement médicalisé de la performance. Et que si, dans le premier cas, la production est constante et entraîne, irrémédiablement, les conséquences décrites, dans l'autre, cela dépend, bien sûr, des quantités prises et de la durée des cures. Ce qui veut dire que tous les sportifs qui prennent de l'hormone de croissance ne seront pas sujets à des excroissances osseuses, notamment si cela reste limité dans le temps et dans les dosages. Par contre, tout cas de sportif dont le visage a subi des modifications significatives au niveau de la mâchoire et du front à une période de sa vie qui se situe au-delà de sa période naturelle de croissance n'a pas d'autre explication médicale et scientifique que celle de la prise exogène d'hormone de croissance dans une logique d'accompagnement médicalisé de la performance. À moins qu'il n'arrive à trouver, pour sa défense, un traitement en lien avec une pathologie qui induit la prescription médicale d'une telle hormone. Ce qui risque d'être compliqué.

Il me faut donc constituer un dossier complet de présentation de l'acromégalie et de description, photos à l'appui, des excroissances physiques telles qu'elles peuvent apparaître sur des patients. L'idéal serait ensuite d'y adjoindre des cas de joueurs dont les transformations du visage iraient dans ce sens. Le problème, c'est que cela m'oblige à stigmatiser quelques joueurs là où je cherche à dénoncer des pratiques collectives. Mais ai-je le choix ? Est-ce que je peux, au vu de la situation, me passer de preuves susceptibles de démontrer ma bonne foi ? L'épée de Damoclès qui pèse au-dessus de ma tête n'est-elle pas suffisamment menaçante pour que je puisse négliger la moindre piste ? Je vais me donner le temps de la réflexion mais, au fond de moi, je sais que je vais devoir mener ma démonstration jusqu'au bout. Que je vais passer des heures devant des galeries de photos à travers différentes époques et sélectionner celles qui seront les plus parlantes afin de montrer des évolutions suffisamment flagrantes pour justifier ma prise de parole. Je le ferai sans plaisir et sans attirance aucune vis-à-vis de cette tâche mais n'ai pas le choix. Je dois me défendre.

Un point faible à ne pas négliger

Les AUT. C'est le point faible de mon argumentation. En effet, le nombre d'autorisations d'usage à des fins thérapeutiques délivrées a baissé ces dernières années. C'est logique puisque l'utilisation des corticoïdes, notamment hors compétition, n'oblige plus à une demande d'autorisation. Et ce rapprochement entre les deux événements n'est pas une vue de l'esprit de ma part, puisque l'étude des demandes d'AUT avant 2011, période où le règlement sur les corticoïdes a évolué, montre que ceux-ci représentaient une des principales raisons de procéder à une telle requête.

Alors, pourquoi j'ai parlé des AUT ? Tout simplement parce que j'ai repris les propos de Françoise Lasne qui, puisqu'ils provenaient de la directrice du laboratoire de Châtenay-Malabry, référent de l'Agence mondiale antidopage pour la France, étaient pour moi incontestables. Sauf qu'ils étaient en décalage avec la réalité. Le nombre important de demandes d'AUT dans le rugby, notamment pour l'utilisation de corticoïdes, datait de la fin des années 2000. Du coup, j'offre un argument dont ne va pas manquer de se prévaloir l'avocat de Provale. C'est bien sûr ennuyeux, mais il ne faut pas que je fasse une fixation là-dessus. Cela m'oblige, avec maître Ader, à expliquer la situation, tout en passant le moins de temps possible sur le sujet. Surtout, ne pas embrouiller les juges avec un problème qui est relativement technique, donc ennuyeux. Il faut désamorcer l'attaque, qui ne peut être évitée, mais ne pas y perdre de force et de temps. Rester simple et éviter de descendre dans la salle des machines technique et administrative pour ne pas faire le jeu de l'adversaire.

Le coup de pouce de Nicolas Geay

En plus de chercher par moi-même des témoins et des preuves, j'ai été sollicité par des personnes intriguées par le sujet. Ainsi, Nicolas Geay, journaliste de France Télévisions en charge du cyclisme toute l'année et du triathlon quand il arrive à passer en force à l'antenne, est entré en contact avec moi. Il est intéressé par l'idée de réaliser un sujet sur les problèmes de dopage dans le rugby mais n'a pas encore trouvé un bon angle. Après avoir longuement échangé ensemble, je lui donne plusieurs pistes possibles dont celles des joueurs sud-africains vainqueurs de la Coupe du monde en 1995 et touchés par la maladie de Charcot. Le cas du demi de mêlée de cette équipe, Joost van der Westhuizen, m'a vraiment marqué quand j'ai appris ce qui lui arrivait. Je me rappelle non seulement du joueur qu'il a été mais aussi de notre conversation, en 2007, alors qu'il n'était plus en activité mais qu'il s'entraînait toujours autant afin de jouer des compétitions comme la Coupe du monde Classic, épreuve dédiée aux anciens joueurs. Savoir qu'il doit faire face à une maladie qui ronge son système nerveux et que son espérance de vie se compte en mois a été, pour moi, un choc.

Quelques semaines plus tard, je reçois un nouveau coup de fil de Nicolas. Directement d'Afrique du Sud. Il est en train de tourner son sujet et m'appelle pour me raconter l'interview qu'il vient de réaliser avec Joost van der Westhuizen. C'est pour lui un moment fort, alors qu'il est confronté aux dommages physiques subis par son interlocuteur. Il me parle aussi des autres entretiens qu'il lui reste à réaliser. À la possibilité, très mince, d'interroger le médecin qui était en charge de l'équipe d'Afrique du Sud à l'époque. Je suis à la fois triste et intéressé. Triste de voir jusqu'où peut aller l'excès même si, bien sûr, le dopage peut ne pas en être la seule explication. Intéressé parce que la diffusion d'un tel sujet, sur une chaîne publique, dans une émission à large audience, « Stade 2 », donne obligatoirement du crédit à mes propos et apporte un élément supplémentaire à ma défense. Voir le capitaine de cette équipe, François Pienaar, reconnaître qu'il a pris des vitamines pendant une partie de sa carrière et admettre qu'il avait arrêté d'en prendre lorsqu'elles ont été interdites constitue un témoignage intéressant lorsque l'on sait que jamais aucune vitamine n'a été bannie par quelque organisme antidopage que ce soit. Les vitamines sont des nutriments essentiels pour le corps qui, en cas de surdosage par rapport aux besoins, sont normalement éliminés par voie naturelle, ce qui ne présente pas de risque réel pour la santé à long terme. Et ne correspond en aucune manière à ce qui s'est passé à l'époque.

Quelques semaines plus tard, Nicolas Geay me confirme la fin du montage et la date de retransmission du sujet dans « Stade 2 ». Ce sera fin mars, après le Tournoi des six nations. Difficile d'être, en même temps, la chaîne qui diffuse les matchs de l'équipe de France de rugby et de critiquer les pratiques de ce même sport. C'est logique. Mais peu importe. Ce qui est important, c'est d'avoir un sujet fort qui montre les conséquences de certaines dérives et aide, peut-être, à ce qu'il y ait une prise de conscience.

23 mars 2014. Le sujet sur le mal étrange qui frappe plusieurs anciens joueurs de l'équipe de rugby d'Afrique du Sud championne du monde en 1995 passe dans « Stade 2 » avec, pour le commenter en plateau, Fabien Galthié, consultant rugby de la chaîne, et Mathieu Lartot, journaliste en charge des commentaires lors des rencontres de rugby diffusées sur France 2. Après quelques banalités d'usage en réaction au sujet de Nicolas Geay, je découvre, affligé, que la véritable motivation de leur présence est la sortie de la biographie de l'ancien capitaine de l'équipe de France, qu'ils ont coécrite. Autant dire que le sort de Joost van der Westhuizen ne semble pas plus que cela préoccuper un de ses anciens adversaires. Tout de même, pour rassurer les téléspectateurs, Mathieu Lartot se pose en ardent défenseur de la virginité du rugby français, le suivi longitudinal encore et toujours, prétendant que le dopage dans ce sport est un non-sujet alors que, dans le même temps, il ne manque pas d'allécher les futurs acheteurs de son livre en évoquant le passage où Fabien Gal-

thié raconte s'être vu proposer des piqûres de vitamines, avant un match, par le médecin de l'équipe sud-africaine pour laquelle celui-ci avait joué le temps d'un été.

Autant le sujet de Nicolas Geay est fort et captivant, notamment lorsque Joost van der Westhuizen avoue que le plus dur, pour lui, est de ne plus avoir la force de prendre ses enfants dans ses bras, ou bien encore avec la démonstration qui est faite de la pression mise sur les jeunes joueurs pour qu'ils prennent de la masse musculaire, autant le mélange des genres, entre débat sans fond et promotion de produits dérivés, est d'un goût douteux. En tout cas, ce « Stade 2 » tombait à pic pour alimenter en images ma défense. La vidéo de l'émission est une pièce supplémentaire pour montrer le risque sur la santé des sportifs que représentent les pratiques d'accompagnement médicalisé de la performance. Et donc, pour prouver aux juges qu'il est important de porter sur la place publique un tel sujet...

Une défense qui commence à prendre tournure

Ma défense commence maintenant à comporter un nombre de pièces important. Entre les tableaux, l'accumulation d'articles de presse qui constituent autant de preuves de ce qui se passe dans le rugby, permettant aussi de faire le décompte, à travers les ans, du nombre de joueurs déclarés positifs mais pas toujours sanctionnés, des pièces scientifiques telle la lettre signée par trois professeurs de la faculté de médecine sur les risques encourus par la chute du taux de cortisol pour un sportif en compétition, ou encore la galerie de photographies montrant, pour une quinzaine de joueurs, des évolutions morphologiques que l'on peut juger extraordinaires car ayant eu lieu hors de la période de croissance naturelle de l'individu, j'ai de quoi composer une thèse universitaire.

En ce qui concerne les témoignages qui seront physiquement délivrés devant les juges, une sélection se fait progressivement. Maître Ader préfère en limiter le nombre de manière à passer plus de temps avec chacun et pouvoir s'arrêter sur les points importants. Ils seront donc quatre, parfaitement complémentaires : du côté scientifique et médical, le professeur Michel Rieu, afin de crédibiliser mon discours et prouver ma bonne foi, le docteur Armand Mégret, qui amène son savoir-faire sur le terrain et m'aide à démontrer les limites du suivi longitudinal ; de l'autre côté, Damien Ressiot, pour son excellente connaissance des pratiques autour du dopage, notamment l'omerta qui l'entoure, et le capitaine du GIGN Jacques Servat pour raconter la manière dont l'équipe d'Angleterre de 2007 a construit ses performances physiques.

Le témoin qui est essentiel et central pour moi, c'est Michel Rieu. J'ai été traité d'affabulateur et de fantaisiste par mes détracteurs. Le fait d'avoir, à mes côtés, un scientifique reconnu, qui a longtemps œuvré dans le cadre de la lutte antidopage, est essentiel. Ses connaissances en la matière permettront d'éclairer les juges sur un certain nombre de points qui ne sont jamais faciles à comprendre et il pourra, aussi, pointer du doigt certaines pratiques.

Ensuite, je souhaite jouer la carte du cyclisme. Ce sport est présenté comme la lie du dopage dans le sport. Pourtant, il en fait actuellement beaucoup plus que les autres disciplines pour encadrer ses coureurs et surtout les protéger sanitairement. Si le docteur Armand Mégret explique ce qui a été mis en place par la FFC et le MPCC, décrit bien les courbes et études de leur suivi longitudinal autrement sophistiqué que celui du rugby et explique comment se déroule le contrôle du taux de cortisol le matin des courses et ses conséquences, il permettra de contrer la rhétorique du rugby sur la supposée arme absolue contre le dopage.

Ces quatre témoins suffisent-ils vraiment ou doivent-ils être appuyés par d'autres ? Jusqu'au dernier moment, et même après le procès, la question demeure. Le choix de ne pas faire venir à la barre Vincent Clément, le joueur professionnel qui soutient ma démarche, et de se contenter de son témoignage écrit est-il le bon ? Avec le recul, je pense que sa présence aurait été un plus même si, lors de mon passage devant les juges, j'ai bien évoqué son soutien. Autre témoignage écrit à ajouter au dossier, celui du professeur Jean-Paul Escande qui met son soutien et sa plume au service de ma défense, acceptant d'être un témoin de moralité de la plus haute intégrité.

Au moment de finaliser la préparation de ma défense avec maître Ader, il me semble que notre approche est structurée, relativement exhaustive quant à la collecte des pièces et aux sujets traités, suffisamment précise dans les angles d'attaque et les témoignages que nous apportons aux juges. Le sujet est vaste et complexe. La principale erreur serait de se laisser déborder et de partir dans toutes les directions. Il est important de choisir un cap et de le tenir. La complexité du problème sert mes adversaires. À moi de rendre les choses simples. À moi d'aider mon avocat pour qu'il se consacre uniquement à développer des points précis du dossier et qu'il prouve ma bonne foi. À moi de renvoyer la partie adverse à ses contradictions et ses compromissions.

Je reste encore à la recherche du témoignage parfait. Celui qui viendrait d'un joueur ayant pris des produits dopants et qui accepterait d'en parler. J'ai tendance à penser que le profil idéal de ce type de témoin est un joueur qui se serait fait peur, par exemple en tombant gravement malade, et qui, du coup, aurait pris conscience de la gravité et des conséquences de telles pratiques, acceptant alors de témoigner, de faire que son cas serve d'exemple. Il y a, actuellement, de plus en plus de joueurs victimes de cancer pendant leur carrière. Bien sûr, tous ces cas, et même peut-être pas un seul, ne sont obligatoirement dus à la prise de produits censés améliorer la performance qui, par les réactions chimiques et les déséquilibres qu'ils provoquent dans le corps, créeraient des cellules malades, point de départ de la pathologie. Non. Mais, en même temps, plus il y aura de cas de joueurs en activité victimes de cancer, plus la probabilité que l'un de ces joueurs le soit à cause de l'accompagnement médicalisé de la performance qu'il a subi augmentera. Néanmoins, il est difficile d'imaginer que les joueurs qui ont vaincu le cancer et continuent à jouer dans le Top 14 soient prêts, à ce moment de leur vie et alors qu'ils réussissent leur carrière sportive, à m'apporter un témoignage qui pourrait leur nuire sportivement et humainement. Non. Le profil de mon témoin idéal est un joueur dont la maladie aurait aussi entraîné des problèmes dans sa carrière sportive et qui, du coup, serait suffisamment détaché du rugby pour avoir une vision globale du problème et prendrait conscience de l'importance du message qu'il peut porter auprès de jeunes joueurs. Ce profil d'individu paraît déjà compliqué à décrire, autant dire qu'il est encore plus compliqué à trouver et à convaincre. J'ai bien exploré deux ou trois pistes mais chacune se révélera un cul-de-sac dans lequel je perdrai le peu de temps dont je dispose pour une telle enquête. Je savais, dès le départ, que cette recherche avait peu de chance d'aboutir et, plus le temps passe, plus je me fais à l'idée qu'elle doit être abandonnée.

Le témoignage de dernière minute

Un coup du destin va, pourtant, réactiver cette piste à quelques heures du procès. La semaine même du procès, une personne, qui se présente comme un père de joueur en déshérence, contacte mon avocat et lui propose de témoigner sur l'état de son fils et les pratiques qui l'ont amené à connaître une telle situation. Maître Ader, prudent, me passe ses coordonnées de manière à vérifier la véracité des propos et l'intérêt du témoignage. Ce joueur, c'est Anthony Martrette. Celui-là même qui, pendant sa carrière, a été soumis à un nombre important d'infiltrations à la cortisone au niveau des genoux de manière à pouvoir jouer malgré des blessures et des douleurs récurrentes, et qui, aujourd'hui, est considéré comme invalide à 80 %, risquant, à 36 ans, une double pose de prothèses et souffrant, en plus, d'une addiction à la cocaïne qu'il aurait développée selon son père dans le cadre de la pratique du rugby[1].

Ce témoignage arrive tard mais il est intéressant dans ce qu'il révèle de l'association corticoïdes-cocaïne telle que l'a décrite le docteur Christian Bagate. D'un côté, il est tentant d'en faire un coup magistral en le portant devant les juges. Sauf que ce n'est pas le joueur lui-même qui témoignerait, étant alors interné dans un centre de soins à la suite des opérations subies pour soigner ses genoux, mais son père. En plus, ce dernier ne connaît pas tous les élé-

1. Voir chapitre 6.

ments de l'histoire. Même s'il communique beaucoup avec son fils, il manque de détails sur des faits précis – quel médecin, quelle équipe, quel match – et sur les raisons justifiant une addiction à la cocaïne, que l'avocat de la partie adverse dénoncera immédiatement comme festive et sociétale et non liée à la pratique sportive. Par ailleurs, il exprime une colère certaine face à la situation et celle-ci peut, dans le cadre d'un témoignage face à des juges, se révéler contre-productive. La mort dans l'âme mais raisonné par mon avocat, j'accepte que ce témoignage ne soit qu'écrit. Ce que je ne sais pas à ce moment-là, par contre, c'est que maître Ader a prévu, malgré tout, de se servir de cette opportunité de dernière minute pour faire de cette dénonciation d'un père en colère face au drame que connaît son fils un moment fort et poignant de sa plaidoirie.

11

Le procès

À quelques jours du procès Provale, ma vie n'est plus rythmée que par les préparatifs qui précèdent mon passage devant les juges. D'abord, je dois rédiger des fiches de renseignements pour mon avocat. Une fiche par témoin. Ce qui en fait quatre pour mes témoins et une seule pour celui de l'accusation. En effet, l'avocat de Provale a communiqué un seul nom à maître Basile Ader. Le docteur Jean-Claude Peyrin, médecin et élu de la Fédération française de rugby, qui a longtemps été en charge de la commission médicale de la Ligue nationale de rugby. Un seul témoin. C'est dommage. J'avais espéré que les docteurs Christian Bagate ou Gérard Dine viendraient nous éclairer sur ce qui se passe vraiment dans le rugby professionnel, eux qui semblent en savoir tellement mais en dire si peu.

Ces fiches de renseignements sont destinées à faciliter le travail de mon avocat en présentant toutes les informations essentielles sur chaque personne, ainsi que les points et les questions importantes à mettre en avant au moment de leur passage à la barre. Histoire de faire que chaque témoignage soit le plus clair et précis possible, aussi bien dans les questions posées que par les réponses apportées.

En plus des cinq fiches de témoin, il m'en reste une dernière à préparer. Celle de Serge Simon. En tant qu'accusateur, il est censé s'exprimer devant les juges et mon avocat peut, ensuite, lui poser des questions. Cela va être intéressant. Il a tellement dit tout et son contraire sur le sujet que le simple fait de le mettre devant ses contradictions doit aussi être un moyen, pour moi, de crédibiliser mon action. Je possède, en plus, une arme secrète. Le témoignage de Damien Ressiot sur le fait qu'il a été un patient du docteur Hervé Stoïcheff. Du coup, mon avocat va le questionner sur son éventuel statut de patient, lui, le médecin. Soit il reconnaît naturellement les faits et maître Ader va chercher à savoir pourquoi quelqu'un qui est docteur de formation a besoin de voir, en tant que patient, un spécialiste de la médecine sportive et du rééquilibrage hormonal. Soit il répond par la négative et le témoignage de Damien Ressiot, qui viendra ensuite dans le déroulé du procès, le confondra et jouera, en retour, en faveur de ma bonne foi.

Dernières répétitions

Je dois aussi préparer ma propre intervention. Celle-ci joue un rôle essentiel dans le procès car je serai la première personne à prendre la parole. Je dois justifier mes déclarations et exposer à la fois pourquoi je suis une personne de bonne foi qui n'est pas animée par un sentiment de revanche, par intérêt ou par opportunisme, et ce qui m'autorise à tenir un tel discours. Une fois que j'aurai parlé, je disparaîtrai de ce procès. Je ne serai plus que témoin des débats qui se dérouleront sous mes yeux, n'ayant plus d'emprise sur eux. Ou très peu. Le juge me demandera bien si j'ai quelque chose à ajouter après le passage de l'ensemble des témoins ainsi qu'à la fin des plaidoiries, et je pourrai aussi faire passer des petits mots à mon avocat pendant les débats, mais l'impression d'ensemble que je pourrai donner dépendra quasi exclusivement de ma prise de parole initiale. Plus que cela, même. La tendance générale du procès sera liée à mon intervention. Si je me contente de quelques mots pour me défendre et que je reste sur une certaine réserve, je laisserai les débats prendre la forme que les avocats et les témoins voudront bien leur donner. En revanche, si je suis incisif, j'ai la possibilité d'imprimer une tonalité forte qui peut influer sur tout ce qui s'ensuivra. C'est ce que je souhaite faire. Être offensif. Ne pas me contenter de me justifier. Renvoyer le rugby français devant ses responsabilités. Transformer ce procès pour en faire celui de l'incapacité des instances de ce sport à traiter avec suffisamment de sérieux un problème qu'elles préfèrent cacher. Si j'arrive à faire cela, j'aurai déplacé le curseur et obligé tout le monde, dont les juges, à regarder dans une autre direction que celle qui pointe uniquement vers moi.

Une fois que c'est dit, il reste encore à le faire. Non seulement à définir précisément le contenu de mon intervention, qui doit être le plus complet et concis possible, mais aussi, et surtout, à me rendre capable de le restituer devant les juges. Mes propres juges. Trois en l'occurrence. Le pire examen qui soit. Événement jamais anodin. Sensation d'injustice à l'idée d'être là. Poids de la sanction qui pèse sur mes épaules. Est-ce que je vais tenir le choc ? Est-ce que mon corps ne va pas me trahir au moment où j'aurai le plus besoin de lui ? Mon cerveau manquer d'oxygène ? Ma voix de force ? Mon attitude ne va-t-elle pas révéler ma nervosité, là où un certain relâchement m'aiderait à créer une plus grande proximité avec mes interlocuteurs ? Je dois les considérer comme des amis avec lesquels je discuterais d'une manière décontractée et ouverte. Les juges, des amis ??? C'est là où l'exercice est compliqué. Où rien ne garantit que tout ce que j'ai préparé va sortir de ma bouche comme je le désire. Dans le bon ordre. Au moment opportun. Dans une suite logique. D'une manière claire et audible. Avec la limpidité qui assure toute sa force à l'argumentation. Maître Ader sera à mes côtés. Capable de me relancer si nécessaire. De m'épauler si je manque d'assurance. Mais il ne pourra rien faire si je passe à côté de mon sujet. Si je suis mauvais.

J'ai intérêt à bien préparer le discours que j'aurai mis sur le papier. Qu'il soit le plus pertinent possible. Qu'il puisse me retenir dans ma chute. M'aider à limiter la casse si je passe physiquement à côté de mon grand oral. Son contenu doit être simple ou, plus exactement, il doit rendre les choses simples. Dissiper tous les écrans de fumée installés par les tenants de l'obscurantisme. Éviter de plonger dans les complexités scientifiques qui servent surtout de repoussoir aux non-initiés. Revenir aux sources de la problématique et mettre le doigt sur les anomalies qui sont incontestables. Comment le corps fabrique les fibres musculaires et quelles sont ses limites naturelles. De quelle manière celles-ci peuvent exploser uniquement du fait d'apports exogènes comme les stéroïdes anabolisants. Pourquoi le monde sportif oppose dopage et entraînement intensif alors que c'est la combinaison des deux qui assure le succès de la méthode. Comment une pathologie, l'acromégalie, est parfaitement expliquée par le monde médical alors qu'une prise exogène d'hormone de croissance qui répond, pourtant, exactement aux mêmes mécaniques physiologiques et cellulaires devient une *terra incognita* aux frontières de laquelle la médecine sportive prétend que la science s'arrête. Il me faut insister sur le nombre de cas de cancers et d'arrêts cardiaques qui ne cesse de croître dans le rugby professionnel comme autant de raisons du bien-fondé de ma démarche. Rendre simple. Évident. Jouer un rôle de pédagogue pour justifier ma prise de parole. Ma bonne foi.

Je dois commencer par dire qui je suis. Rassurer sur le fait que je ne suis pas juste à la recherche de notoriété ou d'une simple présence dans les médias. Que ma prise de parole répond à une démarche plus profonde et réfléchie. Me justifier. Juste ce qu'il faut. Pour passer ensuite à l'essentiel. Qu'est-ce qu'il y a dans mes propos. Qu'est-ce que je dénonce. Pourquoi. Expliquer qu'il y a matière à s'inquiéter. Et que, surtout, rien n'est fait pour enrayer une fuite en avant de plus en plus dangereuse. La conclusion maintenant. Dire que, oui, je suis devant mes juges. Oui, j'assume d'être à la barre. Mais que si l'on veut faire de ce procès un moment utile, il faut aussi, alors, faire le procès du rugby français. De son irresponsabilité. De sa volonté d'occulter plutôt que d'affronter la réalité. Si j'arrive à faire cela, alors cette journée sera peut-être utile en vue de relayer mon message. Pour crédibiliser mon combat. Et faire que, au travers du verdict, je reçoive une sorte de satisfecit. Le soutien d'une institution. Un peu de crédibilité. Ce sera déjà beaucoup.

27 juin 2014, le moment de vérité

La dix-septième chambre du tribunal de grande instance de Paris est réservée aux affaires de diffamation et son rôle est de définir quelles sont les limites de la liberté d'expression. Savoir que Gustave Flaubert, pour *Madame Bovary*, a été poursuivi devant cette cour, ou que Charles Baudelaire y a été condamné pour *Les Fleurs du mal*, n'est pas fait pour me rassurer. La liberté d'expression est un concept que la loi sait défendre. Malgré tout, je suis confiant, entouré de mes témoins, au moment de pénétrer dans le palais de justice. Tous les quatre sont là. Michel Rieu. Armand Mégret. Jacques Servat. Damien Ressiot. Je profite d'une garde rapprochée de choix. Basile Ader nous ouvre la voie, en maître des lieux qui connaît les moindres arcades de l'immense bâtiment, ce palais, situé sur l'île de la Cité, où la justice a pris ses aises du temps des rois de France, alors que ceux-ci exerçaient leur droit divin depuis ce qui n'était que leur lieu de résidence.

Le bâtiment est immense. Il a la grandeur royale d'une époque où il n'était pas nécessaire de vivre les uns sur les autres et où les plafonds touchaient le ciel, laissant les hommes se prendre pour des géants. Nous le traversons. Voyageant entre les époques et les styles. Passant des marbres romains aux boiseries du Second Empire pour se retrouver, aujourd'hui, dans un mélange de styles rococo et anachronique qui, finalement, se marie parfaitement avec ce cérémonial de cours de justice où des messieurs en robe d'apparat se drapent de formules d'un autre temps pour rendre des sentences à effet immédiat. Le droit est un seigneur auquel tout individu doit déférence. Moi comme les autres.

Nous avançons dans le dédale de couloirs, pénétrons dans un univers à nul autre pareil où des grappes d'individus se croisent sans se voir, mélange de robes et d'uniformes, de costumes du dimanche et de vestes jetées à la va-vite sur une paire de jeans propre. Nous longeons des colonnes sans fin qui s'élèvent dans les airs pour nous toiser de leur indifférence polie. Croisons des escaliers restés de marbre, trônant majestueusement au centre de vestibules ouverts aux quatre vents. Parcourons d'interminables couloirs rythmés par une succession de bancs et de portes dont la répétitive monotonie donne l'impression visuelle d'un surplace sans fin.

Chaque porte semble refermer un monde mystérieux et interdit. Ces grands panneaux de bois, dont le seul rôle est de cacher la justice aux yeux des non-initiés, imposent leur solennité à ceux qui ne savent où aller, donnant envie de passer son chemin de peur qu'une fois entré ils ne se referment à jamais. Seul, un hublot de verre, placé à hauteur des yeux, invite à un regard, et plus si affinité. Mais, attention, n'oubliez pas votre avocat. Au-delà de cette limite, vous n'êtes plus rien ! Juste un innocent en sursis ou un témoin.

Nous arrivons au niveau de la dix-septième chambre. Maître Ader ouvre la porte de son bureau. C'est marrant comme le port de la robe vous change un homme. Il paraît déjà plus grand. Sa stature en est modifiée. Comme si ses bras s'étaient allongés, son torse bombé. Je vois briller dans son œil l'excitation du combat qui s'annonce. Tant mieux. Moi, de mon côté, j'essaie plutôt de me calmer. Mon corps, habitué à se préparer avant un affrontement, réagit au quart de tour. Un peu trop à mon goût. Comme la bataille se fera avec des mots et non des poings, je n'ai pas besoin d'autant d'adrénaline. Surtout pas maintenant. Plutôt des endomorphines. Pour me calmer et ralentir les battements de mon cœur. L'après-midi va être longue. Avant de se consacrer à mon procès, les juges doivent déjà expédier les affaires courantes. Rendre des délibérés. Fixer des dates de plaidoirie. Vérifier la recevabilité d'une demande. Même si elle consacre une après-midi entière à mon affaire, la justice ne peut s'arrêter de fonctionner pour toutes les autres. Il va donc s'écouler un peu de temps avant que je ne sois invité à parler. Autant ne pas monter trop vite en pression. J'essaie de me relâcher. Me concentrer sur ma respiration. Ne pas laisser mon corps et mon cœur s'emballer et risquer de me retrouver en apnée au moment de parler.

En même temps, mes yeux partent dans tous les sens. S'approprient les lieux. Cherchent les adversaires. Je ne vois pas Serge Simon. Je reconnais quelques journalistes, assis ici ou là. Le docteur Jean-Claude Peyrin, qui était déjà à la FFR du temps où j'étais joueur. L'avocat de Provale. Romuald Palao. Je l'avais déjà croisé, il y a quelques années. La séance n'a pas encore commencé. Seul l'huissier s'est installé. Les juges se font attendre. Et toujours pas de Serge Simon. Pas de joueurs non plus, mais ça, c'était prévu. Ils auraient pu amener François Carillo pour tenter d'attendrir les juges sur sa situation. Mais l'arme pouvait se révéler à double tranchant.

Maître Ader revient vers moi après avoir échangé avec son confrère et néanmoins adversaire. Il m'annonce que Serge Simon ne viendra pas. Moment de flottement. L'idée de le mettre devant ses contradictions tombe à l'eau. Dommage. En même temps, cela nous laisse le champ libre pour occuper le terrain et marteler nos affirmations jusqu'à en faire des vérités. Maître Palao aura du mal, tout seul, à nous contrer sur le terrain médical et scientifique. Et puis la stratégie du banc vide n'est jamais la bonne. C'est un manque de respect pour la cour qui démontre peu d'implication dans une procédure annoncée comme nécessaire pour laver un immense affront. Belle contradiction que mon avocat va se faire un plaisir de relever. Ils partirent cent trente-cinq mais point de prompt renfort au moment d'arriver au port. N'est pas le Cid qui veut.

Une telle absence tombe parfaitement pour moi qui

cherche à démontrer le manque de sérieux du rugby français. Elle est à l'image de ce monde qui ne se déplace que s'il y a la promesse d'un banquet. Je me demande si, le plus déçu, ce n'est pas maître Ader. Il s'était préparé à porter la contradiction face à un adversaire que je lui avais présenté comme retors. La promesse d'un beau combat l'avait émoustillé. Il aura quand même de quoi s'occuper. Entre mes témoins, celui de la partie adverse et sa plaidoirie, c'est lui le grand animateur de ce long après-midi.

Moi, je suis juste l'accusé. Les juges sont surtout là pour écouter. Le procureur pour requérir en tant qu'officier du droit. À maître Ader de prendre le contrôle des débats et surtout de son confrère. Pour le moment, le rapport de force joue en notre faveur. Mais attention à ne pas faire preuve d'un trop-plein de confiance.

Alea jacta est

Ça y est. Les juges pénètrent dans la salle d'audience. Nous nous levons à leur entrée. Ils s'installent. L'huissier commence à faire l'appel. Première affaire. Les avocats s'approchent. Négociation sur une date de plaidoirie. Au suivant. Deuxième affaire. Je suis assis au fond de la salle. À côté de mes témoins. Sur un simple banc de bois. Attendant d'être appelé par l'huissier. Pendant ce temps, les différents journalistes, venus assister à mon procès, se sont tous installés sur les bancs prévus à cet effet, côté plaignant, dans la continuité de la place occupée par le procureur. Je reconnais Dominique Issartel pour *L'Équipe*, David Opoczynski du *Parisien* et Arnaud Beurdeley de *Midi Olympique*. Je ne connais pas les autres mais je sais que *Libération* a envoyé un journaliste, que la correspondante de l'AFP est présente et j'apprendrai, plus tard, que *Sud-Ouest* avait aussi dépêché quelqu'un. Enfin, Nicolas Geay est lui aussi venu assister aux débats. Je l'ai prévenu que son reportage sera peut-être projeté devant la cour, histoire de rappeler certains enjeux. Il est, lui, venu en curieux. Et en soutien.

Quelques visiteurs parsèment les bancs, ici ou là, mais progressivement la salle est en train de se vider au rythme des affaires qui s'égrènent. Avocats et clients, pour ceux qui sont venus, quittent les lieux de manière saccadée, par petites grappes. Le soleil de fin juin pénètre, en ce début d'après-midi, par les grandes fenêtres et chauffe la salle, créant une atmosphère émolliente. Le bruit d'un outil de chantier, ponceuse ou bien perceuse, vient, par intervalle, nous bercer de sa lancinante plainte, sonnant à mes oreilles comme une complainte du condamné criant à l'injustice devant ses juges. Scène ordinaire de la vie au palais.

Ce n'est pas le moment de s'endormir. L'huissier prononce justement le nom de mon affaire. Je me rapproche. Il fait l'appel des témoins. Vérifie leur identité. Les envoie dans une salle attenante, pour qu'ils ne puissent être influencés par les débats avant de venir à la barre. Je m'installe là où est ma place pendant tout le temps du procès. Au premier rang. Devant les juges. Sur le côté gauche. Assis sur une banquette de moleskine dont le dossier est, en fait, le pupitre de mon avocat. Mes avocats, devrais-je dire, puisque maître Ader a été rejoint par maître Sophie Malet Cassegrain, dont l'accent toulousain ne laisse planer aucun doute sur l'identité de son client, et maître Catherine Cohen-Richelet, pour *Le Monde*.

Une fois tous les témoins partis, le procès peut débuter. Le président du tribunal commence par lire les chefs d'accusation, griefs retenus par la partie adverse, et reprend les différentes déclarations que j'ai faites dans *Le Monde* et *Midi Olympique*. L'énumération prend d'autant plus de temps que je sais mon heure approcher. Pour l'assistance, qui est au fait des tenants et aboutissants de l'affaire, obligée d'attendre que les débats commencent. Pour moi, qui bouille de passer à l'action. Véritable supplice.

Le président m'appelle enfin à la barre. Je passe derrière le morceau de métal au contact froid et à l'aspect usé, placé, de manière presque incongrue, au milieu de l'allée, passant presque inaperçu si ce n'était le point d'ancrage si important permettant de se maintenir droit et debout, même lorsque vos jambes flageolent et vous trahissent. Je commence à indiquer mon identité et mes revenus avant de démarrer ma grande explication. J'ai à peine commencé que je suis interrompu par le procureur. La procureure. C'est une femme, plutôt jeune et jolie, ce qui paraît remarquable à un poste où austérité et expérience sont les uniques qualités requises. Celle-ci, donc, veut aborder les points de droit énoncés dans les conclusions de mon avocat sur la recevabilité des plaignants. Dans ses conclusions, maître Ader rejette la plainte de Provale, arguant qu'un syndicat n'est pas en droit de représenter ses membres dans une procédure judiciaire, ainsi que celle de cent trente-trois joueurs, sur cent trente-quatre, pour lesquels il démontre qu'ils ne peuvent se sentir visés par mes propos, le nombre total de joueurs professionnels étant suffisamment important pour que chacun, individuellement, ne puisse pas se sentir directement attaqué. Tout cela, bien sûr, agrémenté par la jurisprudence adéquate.

L'enjeu est de taille. Si la cour donne raison aux exceptions procédurales demandées par mon avocat, il ne resterait plus comme plaignant que François Carillo qui, lui, peut se sentir visé par mes propos par l'évocation que je fais de son accident. D'un coup, je me retrouverais débarrassé de la si importante menace financière qui pèse sur mes épaules. Il s'agit, à ce moment du procès, d'examiner le problème de droit et de recevabilité de la plainte soulevé par maître Ader. Pas question pour autant, pour les juges, de prendre une décision immédiatement. Le procès doit se dérouler dans son intégralité. Ce n'est qu'ensuite que ceux-ci décideront si je peux être poursuivi par Provale et plus de cent joueurs ou pas. Pas avant.

En tout cas, maintenant, les débats sont lancés. Les avocats font étalage d'arguties et de jurisprudence, histoire de prendre position. En plus de vouloir exclure Provale du procès, mon avocat doute du bon fonctionnement de cette institution, car la décision de porter plainte aurait dû être prise par vote de son comité directeur et non par son seul président. Échange autour d'un compte rendu relatif à un comité directeur ayant eu lieu par conférence téléphonique et seulement signé par Serge Simon, ce qui laisse planer le doute sur le fait qu'il ait pu être réalisé *a posteriori*, dans l'urgence de ces derniers jours. Histoire d'en rajouter, maître Malet Cassegrain demande à son confrère les statuts de Provale. Il semblerait que ceux-ci n'aient pas été déposés à la mairie de Toulouse depuis l'élection à la présidence de Serge Simon, il y a maintenant déjà deux ans. Embêtant. Lorsque l'on dépose plainte, il vaut mieux être, soi-même, en bon ordre sur le plan juridique. Et notamment être représenté par un président qui a un statut légal reconnu et validé. Petit moment de flottement. Maître Palao essaie, par quelques effets de manche et autres balbutiements, de se sortir de ce traquenard administratif. Le démarrage n'est pas idéal pour lui mais il s'en tire avec quelques promesses sur l'existence d'un tel document et la régularité de la démarche.

À quitte ou double

C'est à mon tour. À nouveau. Je retourne là où j'avais commencé à m'exprimer. Derrière la barre. La saisissant à pleines mains. Au cas où. Je reprends là où j'avais été coupé. Me présente. Mets en avant mon état d'ancien joueur. De consultant rugby dans les médias. Justifie de ma capacité d'analyse. Avance ma formation universitaire en économie, qui m'a appris à construire une argumentation. Mon avocat a bien insisté sur le fait que je dois me présenter et donner aux juges des raisons de penser que je suis non seulement compétent pour dire ce que j'ai dit, mais que je l'ai aussi fait d'une manière honnête et désintéressée. Je dois parler de moi. Ce que j'essaie de faire. Mais je vais vite. Un peu trop vite. Ce n'est pas ce que je fais de mieux. Parler de moi. J'ai plutôt envie de parler de la situation. De ce que je dénonce. Du pourquoi.

J'attaque les différents sujets préparés. Je commence comme prévu à expliquer la distinction entre fabrication de masse musculaire naturelle et par l'intermédiaire d'une aide chimique. Je continue en mettant en avant l'expression « accompagnement médicalisé de la performance ». Je dis pourquoi je ne sais pas ce que veut dire le mot « dopage ». Je prends l'exemple des corticoïdes, quasiment légalisés en début de semaine, interdits le week-end. J'enchaîne sur les variations de poids importantes que j'ai pu constater. Je prends l'exemple de ces vingt kilos pris en quelques mois par ce jeune joueur de l'ASM Clermont, Paul Jedrasiak. Je fais référence aux tableaux fournis dans les pièces à conviction. Je parle de mon étonnement lorsque je croise les joueurs du Stade Français et du club de Clermont. De ma conviction quant à la prise d'hormone de croissance.

C'est le moment de parler de l'acromégalie. D'insister sur la volonté du monde sportif de faire comme si cela n'existait pas. Nouvelle référence au dossier remis en tant que pièce à conviction. Une présentation de cette pathologie complétée de photographies de joueurs où certaines évolutions physiques au niveau du visage posent question.

Je continue sur l'accumulation, au fil des ans, de cas de cancers. Cinq au CA Brive depuis 1995. Plus quelques autres, ici ou là. Des problèmes cardiaques aussi. François Carillo en 2013. Un jeune joueur du Racing Métro 92 décédé pas plus tard qu'à la fin du mois précédent. Autant de raisons de s'inquiéter et de demander une remise en cause d'un système attentiste et passéiste. Reprendre cette déclaration d'un expert, au procès Festina – « Au-delà de trois molécules... » –, faite devant des sportifs qui en prenaient dix différentes par jour, point de départ de mon inquiétude par rapport à des pratiques qui se font sous le manteau. Sans contrôle.

C'est le moment de passer à l'offensive. Ne pas avoir peur de me servir de mon procès pour demander aux juges de m'accompagner plutôt que de chercher à me condamner : « J'accepte, contraint, que ce soit mon procès, mais j'aimerais que ce soit aussi le procès de l'irresponsabilité du rugby. Que l'on arrête cette fuite en avant vers la recherche absolue de performance qui laisse des apprentis sorciers faire ce qu'ils veulent dans leur coin alors qu'ils ne maîtrisent rien, qu'ils croient savoir mais qu'ils ne savent rien des conséquences de ce qu'ils font sur la santé des joueurs. »

J'en ai terminé. Tout n'a pas été parfait mais je pense avoir été cohérent dans les parties les plus importantes de ma prise de parole. Le message que je veux faire passer a été énoncé plutôt clairement. Les tenants et aboutissants de l'accompagnement médicalisé, présentés de manière simplifiée, ce qui était l'objectif. Est-ce que j'ai été suffisamment structuré dans mon propos ? Je le pense. Est-ce que les juges ont écouté ce que j'avais à dire ? Je l'espère. Est-ce qu'ils m'auront entendu ? Je le souhaite. Mais rien n'est moins évident. La manière ils vont conduire les débats durant le reste du procès va être intéressante. Justement, le président me pose une première question :

– Quelles ont été les réactions à vos propos ? Dans votre entourage ? Parmi les joueurs ?

– Il se trouve que j'ai été invité par Provale à venir m'expliquer devant quatre-vingts joueurs professionnels actuels. Malgré le fait que le président de Provale, Serge Simon, avait scénarisé les échanges et qu'il a été difficile d'avoir un véritable débat, l'expérience a quand même été instructive. Le message que les joueurs m'ont envoyé était assez clair. Il était : « Ne nous emmerde pas, nous, la situation nous va très bien comme cela. » Bien sûr, ils ne me l'ont pas dit de cette manière mais pour moi le message était très clair.

– Et il n'a pas été question de risques sur la santé ? Cela n'a pas été évoqué ?

– Si. Bien sûr. Comme je savais où je mettais les pieds, j'avais négocié le fait de pouvoir prendre la parole au début, sans être interrompu, avant d'écouter les reproches des joueurs. Et mon discours n'a porté que sur une seule chose, mes inquiétudes sur la santé des joueurs. Alors, je les ai déstabilisés un petit peu mais, malheureusement, comme Serge Simon avait scénarisé les débats, que des listes de questions avaient été préparées, il ne m'a pas été possible de vraiment échanger avec les joueurs. Il faut savoir que la question la plus importante – ils me l'ont quand même posée cinq fois –, c'était de savoir ce que j'avais pris comme produit lorsque je jouais. Comme si c'était une obligation de prendre des produits pour pouvoir jouer en équipe de France !

Mon avocat rentre alors dans le débat, voulant m'encourager à aller encore plus loin dans mes propos :

– Expliquez au tribunal pourquoi ils vous avaient fait venir. Qu'est-ce qu'ils voulaient arriver à vous faire dire ?

– Ah, oui ! Effectivement ! Le but de ma venue, c'était d'arriver à me faire dire que je regrettais mes propos, que ceux-ci avaient dépassé ma pensée. Pour cela, ils ont cherché à me mettre la pression, alors qu'ils étaient quatre-vingt et que j'étais tout seul, face à eux. Ça a duré une heure et demie et, à la fin, Serge Simon a essayé de me faire dire que je regrettais ce que j'avais dit pour, ensuite, m'amener devant les journalistes qui attendaient derrière les portes.

Le juge le plus à ma droite m'interpelle :

– Mais comment vous expliquez que plus d'une centaine de joueurs ait porté plainte contre vous ?

– Vous voulez que je vous dise ce que je pense vraiment ? Quand je vois que certains joueurs qui sont signataires ne parlent même pas français, je me doute que la démarche s'est faite de manière plus ou moins expliquée – en leur demandant de signer un papier, à la sortie de l'entraînement, quasiment sur le capot de la voiture.

Après une ou deux questions de plus qui me sont posées, le président du tribunal se tourne vers l'avocat de la partie adverse :

– Maître Palao, est-ce que vous avez des questions ?

– Non, pas de question, monsieur le président.

Je ne sais pas si les juges ont entendu ma requête mais, en tout cas, je n'ai pas senti, dans les questions du président et de ses assesseurs, un brin de reproche ou de scepticisme. Espérons que c'est bon signe. Je vais maintenant me rasseoir, devant le pupitre où se trouve maître Ader, faisant face aux juges, dans l'espace vide qui sépare leur position dominante du reste de la salle. Soulagé que mon intervention se soit plutôt correctement passée. Maintenant, c'est au tour des témoins de défiler à la barre.

Témoignages

Le premier à passer est le professeur Michel Rieu prenant ma suite à la barre. Après avoir décliné son identité, sa qualité et avoir prêté serment, il commence, lancé par une première question plutôt générale de maître Ader, par faire un état des lieux du dopage dans le sport, précisant bien que toutes les disciplines sont touchées. Il fait aussi référence à l'affaire Armstrong et au fait que le sextuple vainqueur du Tour de France a été convaincu de dopage et puni sans que cela ne provienne d'un contrôle antidopage positif, rappelant au passage la difficulté d'un exercice pour lequel les sports ont souvent un temps d'avance sur les contrôles.

Il décrit ensuite les différentes formes de dopage et l'intérêt de chacune, allant jusqu'à se mettre, sur la demande de maître Ader, dans la peau d'un dopeur dans le monde du rugby. On sent Michel Rieu quelque peu réticent à endosser le costume de ceux qu'il a combattus pendant des années, mais il finit par se plier à l'exercice, démontrant ainsi que l'argument qui est régulièrement avancé, la dimension technique du rugby qui ferait de tout dopage une aide inopérante, ne tient pas la route.

Il évoque, ensuite, le suivi longitudinal. Sa valeur sanitaire mais, en aucun cas, sa capacité à révéler des cas de dopage. Il parle aussi de l'hormone de croissance et de la possibilité qu'il y aurait à surveiller les athlètes si, dès la fin de leur période de croissance, des mesures anthropométriques étaient réalisées, notamment au niveau du visage et plus particulièrement de la mâchoire. Un traitement à l'hormone de croissance suffisamment conséquent pour entraîner des effets secondaires comme des excroissances osseuses serait alors facilement repérable.

Peut-être que, à ce moment-là, il aurait fallu, pour bien insister sur ce point, lui faire dire que le monde du sport limite l'action de la lutte antidopage car il n'est pas question de complètement éradiquer l'utilisation de produits d'aide à la performance, au risque, sinon, de tuer la poule aux œufs d'or. Et que, du coup, si la surveillance n'est pas aussi efficace et pertinente qu'elle devrait l'être, c'est aussi par la volonté commune de l'ensemble des parties.

Il m'est difficile d'ajuster les questions posées par maître Ader en fonction des réponses du témoin. Je vais, tout au long de l'après-midi, l'abreuver de notes et nouvelles questions pour l'aider à s'adapter aux réponses précédentes, mais je n'ai pas toujours le temps de réagir et essaie aussi, même s'il m'est difficile de ne pas me laisser emporter par l'émotion, de limiter mes interventions pour ne pas systématiquement perturber le travail de mon avocat.

Malgré cet échange entre mon avocat et moi, nous allons, tous les deux, oublier de poser à Michel Rieu une question qui était pourtant essentielle pour ensuite confondre le docteur Jean-Claude Peyrin et pointer du doigt l'inaction de la FFR. Il était ainsi prévu de faire parler le scientifique sur les résultats des prélèvements capillaires, réalisés en 2008 alors qu'il était l'expert de l'Agence française de lutte contre le dopage. Résultats qui avaient révélé la présence de stéroïdes chez certains joueurs du Top 14. Et aussi de lui faire dire que, suite à cette étude et à la communication des résultats à la FFR, rien n'avait vraiment été entrepris par cette dernière, qui s'était contentée d'en prendre acte. Le but étant de pouvoir, ensuite, poser le même type de question au témoin de la partie adverse et d'essayer de le mettre face à certaines contradictions. Maître Ader n'a pas repris cette question dans la liste que je lui avais préparée et, sur le moment, je n'ai pas réagi. Dommage.

Au tour de maître Palao d'intervenir. À la surprise générale, il tente de faire un cours magistral à Michel Rieu sur l'affaire Armstrong et le fait que le coureur américain a bien été contrôlé positif de manière rétroactive et puni pour cela. Son propos est pour le moins déplacé alors qu'il s'adresse à celui qui a été un des principaux adversaires de l'Américain sur le territoire français, qui a longtemps souffert des limites que lui imposait le cadre de la lutte antidopage édictée par l'Agence mondiale antidopage et des protections dont bénéficiait l'Américain auprès de l'Union cycliste internationale et qui, enfin et surtout, a été en contact direct avec les membres de l'US Anti-Doping Agency au moment où ceux-ci ont fait tomber l'ancien septuple vainqueur du Tour de France. S'il est un sujet que maîtrise parfaitement Michel Rieu et sur lequel il n'a de leçon à recevoir de personne, c'est bien l'affaire Armstrong. Je me sens désolé pour mon témoin qui est presque obligé de se défendre. Finalement, après une réponse suffisamment ferme de sa part pour ne pas appeler de repartie, le sujet est évacué et, après quelques questions supplémentaires, sans grand intérêt, le président remercie le scientifique et appelle le témoin suivant.

C'est au tour du docteur Armand Mégret de venir à la barre. En tant que médecin référent de la Fédération française de cyclisme, il explique ce qui a été mis en place dans son sport pour mieux contrôler la santé des coureurs. Dans ses propos, Armand Mégret ne peut pas juger lui-même des pratiques du rugby mais, par ses questions, maître Ader doit l'amener à mettre en lumière les différences qualitatives entre les deux approches. Pour cela, il était prévu qu'un extrait du suivi longitudinal de Vincent Clément, pour le rugby, et un document fourni par le médecin de la FFC lui-même, présentant la manière dont sont étudiés et utilisés les profils hormonaux des coureurs dans le cyclisme, soient produits devant la cour.

Nouveau raté de ma part et de celle de mon avocat. Impossible de retrouver ces deux documents dans la liste des cent quatre-vingts pièces qui accompagnent notre défense. Apparemment, il y a eu un oubli au moment de leur envoi. La volonté d'accumuler un maximum d'éléments de preuve en notre faveur a aussi quelque peu joué en notre défaveur. Après quelques minutes de confusion, lors desquelles je transmets un nouvel extrait du suivi longitudinal à maître Ader pour qu'il le montre à Armand Mégret et lui demande de le commenter, maître Palao s'empresse de contester la démarche, n'ayant pas eu accès à cette pièce avant l'audience. C'est de bonne guerre. Nous sommes obligés de réduire la voilure sur ce point et de passer au suivant.

J'ai peut-être été un peu trop ambitieux quant à la possibilité de faire une telle démonstration, en quelques minutes, au milieu d'un procès, avec un témoin, Armand Mégret, qui ne peut directement critiquer le travail d'une autre fédération que la sienne. L'exercice demandait de la précision et des éléments de comparaison présentés sous forme écrite, ce qui n'était pas pratique dans le cadre d'un procès. J'ai aussi été mauvais dans mon approche car je n'ai pas, sur le moment, pensé à poser une question qui, avec le recul, apparaît essentielle pour éclairer les juges. Cette question, c'était de savoir pourquoi le docteur Mégret était là, à la barre ? Pourquoi les instances du cyclisme avaient accepté que leur médecin vienne témoigner dans un procès qui ne concernait que le rugby ? La réponse, que n'aurait pas manqué de faire le médecin de la FFC, aurait permis d'insister sur l'opacité et le déni des autres sports comme le rugby, préférant vilipender le cyclisme qui, pourtant, en fait beaucoup plus aujourd'hui que les autres. Malheureusement, la pertinence de cette question ne m'est apparue qu'ensuite. Dommage. D'autant plus que, déstabilisés par les pièces manquantes, maître Ader et moi-même abrégeons le passage de témoin sans avoir développé la partie prévue sur les corticoïdes et les dangers d'un taux de cortisol effondré. Dommage à nouveau. Malgré ces scories et autres manqués, le témoignage d'Armand Mégret a été positif en ce qu'il a bien insisté sur le rôle du suivi longitudinal dans un cadre uniquement médical et son manque d'efficacité en termes de lutte antidopage.

Au tour du capitaine du GIGN Jacques Servat maintenant. Son témoignage est plus simple à gérer. Il a une histoire à raconter, celle de l'équipe d'Angleterre en 2007 et des conséquences de la prise de compléments alimentaires sur l'accroissement de masse musculaire. Il doit juste être précis dans ses propos. Maître Ader est là pour l'accompagner, l'aider à être clair et concis, garantir qu'il n'y a pas de risque de confusion ou d'incompréhension. Charge à lui, aussi, de protéger notre témoin en cas d'attaques trop virulentes de la part de maître Palao, si celui-ci tente de démonter l'histoire et de mettre en doute le lien entre compléments alimentaires et prise de masse musculaire.

Il n'en sera rien. En bon militaire, Jacques Servat décline les faits sans chercher à en rajouter. Maître Palao n'a pas de question. Tout se passe bien. Il faut dire que l'histoire est suffisamment significative pour marquer les esprits.

Où je me mets à « juger » mes juges

Je profite, dans ces quelques minutes de calme, de la position de l'observateur de mon propre procès pour tenter de scruter les personnalités de chacun. Le sport n'est pas un sujet neutre. Le rapport passionnel que certains peuvent avoir avec lui présente, inconsciemment, le risque de fausser légèrement leur objectivité.

Les cas les plus flagrants en ce sens concernent, pour moi, ceux qui ont eu à choisir, à la fin de l'adolescence, entre des études brillantes et une progression sportive qui s'annonçait excitante. Sacrifier une passion pour le sport afin de réussir son entrée dans la vie professionnelle laisse, parfois, ouverte une fenêtre sur l'enfance, poussant, pendant les décennies suivantes, à vivre sa passion par procuration. Le problème, dans ces cas-là, c'est que quand arrive l'homme qui bafoue les idoles et remet en cause la magie du sport, moi en l'occurrence, la passion peut aveugler les capacités d'analyse et d'écoute.

Je ne peux être qu'angoissé à l'idée d'être jugé par des inconnus dont je ne sais rien. Le président qui me fait face peut-il être un ancien joueur obligé de sacrifier sa passion au moment de consacrer toute son énergie à l'école de la magistrature ? Difficile de répondre au premier coup d'œil. La robe de magistrat n'est pas une tenue qui valorise la silhouette et fait ressortir la musculature de l'athlète. À y regarder de plus près, il présente plutôt la stature d'un coureur de fond. Mais un coureur de fond qui le ferait plus par souci de son hygiène de vie que par amour exacerbé de la discipline. Jeune quadragénaire. L'air rigoureux voire ascète. Le profil du haut fonctionnaire d'État qui poursuit une carrière brillante, posé sur le camp de base de la dix-septième chambre avant de continuer son ascension vers les sommets de la hiérarchie. C'est sûr qu'il traitera mon dossier avec sérieux. Froidement même. Comme tous les autres, d'ailleurs. Ça m'arrange. C'est quand la passion s'en mêle que mon discours objectif et pragmatique pose problème. Je me sens un peu rassuré.

Plus rapidement, je pose mon regard sur les deux autres juges. Le plus proche de moi semble plus en retrait et pas particulièrement passionné par des débats portant sur les arrière-cuisines du rugby. Celui qui est le plus sur ma droite est, lui, le plus difficile à déchiffrer. Il participe aux débats, pose des questions dont certaines laissent penser qu'il est beaucoup plus intéressé par le sport qu'il ne veut bien le laisser paraître. Peut-être un passionné. De rugby ? Pas sûr. Mais c'est possible. De carrure un peu plus marquée que ses condisciples, il a le profil de ces avants de devoir qui ne lâchent jamais l'affaire. Ni très grand ni très costaud, mais dur au mal et pénible à jouer. En plus, il a l'âge d'être nostalgique d'une certaine époque. Roger Couderc. *Le Grand Chelem. Tournoi des cinq nations* 77. Là, il y a un risque d'amour du rugby. Ou du sport. Même si ses questions vont plutôt dans mon sens, c'est quand même lui, peut-être, qui, des trois, est le plus intéressé par le sujet. Et qui peut penser que j'exagère. Méfiance. La diffamation est une mécanique de précision dans laquelle un simple détail est capable de mettre à mal tout l'édifice. Prudence. Ne rien lâcher surtout.

Des faits, rien que des faits

Je reprends le cours du procès alors que Damien Ressiot vient de s'installer à la barre. Je le sens un peu nerveux mais aussi tout en contrôle. Il doit quand même avoir l'habitude des prétoires. De celui-là en particulier. Lui qui a souvent été à ma place, attaqué pour ses articles. L'un d'eux avait même été jusqu'à provoquer des perquisitions dans les locaux de *L'Équipe* et à son domicile, en 2005, à la suite de l'affaire Cofidis, la justice recherchant alors de soi-disant éléments couverts par le secret de l'instruction.

Effectivement, le journaliste semble plutôt à l'aise ou, au moins, prolixe. Maître Ader n'aura pas beaucoup à relancer celui qu'il a l'habitude de défendre. Damien Ressiot attaque le rugby en se servant du cyclisme comme élément de comparaison. Il parle de véritable omerta et d'un refus total de communiquer sur le sujet. Il stigmatise : « Le suivi des joueurs est laxiste, il est fait à la bonne franquette », dénonçant un suivi longitudinal qui ne peut être un moyen de lutte antidopage comme aime à le proclamer le rugby.

Il évoque la déclaration de Christian Bagate sur l'utilisation de corticoïdes et de cocaïne par les joueurs et parle aussi de son enquête sur le docteur Hervé Stoïcheff, en révélant, au passage, que les joueurs brivistes n'étaient pas les seuls rugbymen à fréquenter ce spécialiste du rééquilibrage hormonal. Certains joueurs du Stade Français figuraient, eux aussi, parmi ses patients. Et parmi ceux-là, un certain Serge Simon. Cette déclaration vaudra d'ailleurs une question de la part du juge positionné le plus à ma droite, celui qui, des trois, me paraît le plus intéressé par le sujet, pour savoir si Serge Simon avait consulté en tant que médecin, donc dans le but de tester scientifiquement les méthodes de son confrère, ou en tant que simple joueur de rugby. Intéressant comme question. Dommage que le principal concerné n'ait pas été là pour y répondre.

Damien Ressiot semble intarissable. Notamment sur Serge Simon. Il insiste sur les contradictions dans les déclarations du président de Provale au sujet du dopage et sur le manque d'implication du syndicat. Le journaliste avait proposé d'animer des conférences pour expliquer aux joueurs les différentes problématiques liées à la géolocalisation. Il n'a jamais reçu de réponse alors que, quelque temps plus tard, un joueur de l'équipe de France, Yoann Huget, suspendu pour son absence lors de trois contrôles, s'était plaint de ne pas avoir été bien informé sur la géolocalisation.

Le témoignage est complet et sans ambiguïté quant au rôle des instances du rugby. C'est maintenant à maître Palao de poser les questions. Celui-ci tente de déstabiliser le témoin en lui demandant de citer des cas de contrôle positif qui auraient été cachés par les autorités. Le journaliste n'a pas de réponse qui lui vient à l'esprit immédiatement. Dommage. J'en ai quelques-uns en tête, notamment le cas d'Anton Oliver, le talonneur néo-zélandais[1]. L'avocat pose une ou deux questions de plus, mais rien de bien significatif.

Fin de la série de mes témoins. Place à celui de l'accusation. Jean-Claude Peyrin. Médecin et élu de la FFR, présent dans les instances dirigeantes depuis une trentaine d'années. Autant dire qu'il a vu le rugby grandir. Mais, apparemment, pas suffisamment pour se rendre compte d'une explosion des physiques qui, lui, en tant que méde-

1. Voir chapitre 1.

cin, aurait pu le surprendre. Maître Palao demande à son témoin de décrire les dispositifs mis en place par la FFR et la LNR au niveau du suivi des joueurs. Retour sur le suivi longitudinal. Le discours est rassurant. Le ton correspond à celui d'une brochure commerciale qui vous présente un appartement témoin. Tout fonctionne pour le mieux et a été fait dans les règles de l'art. Vous pouvez acheter les yeux fermés.

L'avocat l'amène ensuite sur le terrain de mes accusations. Qu'il s'agisse du cas de Paul Jedrasiak, qui est passé par la filière fédérale, de l'accident de François Carillo ou de la suspicion d'un dopage organisé, le docteur se déclare scandalisé par mes propos. Il veut bien admettre que, peut-être, quelques comportements déviants existent : « Je ne dis pas qu'il n'y a pas de dopage dans le rugby. » Mais il précise bien qu'« il n'y a pas de dopage organisé dans le championnat professionnel ».

C'est au tour de mon avocat de poser les questions. Le but est de casser le discours rassurant et général qui vient d'être prononcé pour rentrer dans les détails, là où se trouvent les zones d'ombre. Histoire de souligner l'absence de véritable lutte contre l'accompagnement médicalisé.

Premier angle d'attaque, le suivi longitudinal et le temps qui s'écoule entre le moment où le joueur est prévenu et celui où la prise de sang est effectuée. Réponse : « Jusqu'à deux semaines. » Putain ! c'est même pire que je ne le pensais (sic) !

« Est-ce que le docteur Peyrin pense que cette période de temps peut permettre à un joueur de rééquilibrer ses paramètres et de présenter ainsi des tests sanguins "normaux" ? » Réponse pas très claire mais qui semble bien admettre, finalement, que c'est possible.

Question, maintenant, sur la réaction des instances du

rugby français et les mesures mises en place après que l'AFLD les a avertis de la présence de stéroïdes chez des joueurs, suite aux tests capillaires réalisés en 2008 :

– La fédération a fait beaucoup plus attention et a surveillé les paramètres stéroïdiens sur le suivi longitudinal.

– C'est tout ?

– Cela nous a semblé suffisant.

– Quand vous voyez les évolutions de poids telles que décrites par monsieur Bénézech, que celles-ci se font sur des temps très courts, quelle est la réaction du médecin que vous êtes ?

– Les résultats récents de l'équipe de France, que ce soit en Australie ou lors de la Coupe du monde des moins de 20 ans, ont montré que les joueurs français ne sont pas au même niveau physique que les Anglo-Saxons. Eux, ils font commencer la musculation dès 14 ans alors qu'en France, c'est beaucoup plus tard. Il faut que, nous aussi, en France, les jeunes joueurs commencent à faire de la musculation dès l'âge de 14 ans. On est obligés de suivre pour se mettre au niveau physique des autres nations.

Pour résumer son propos : c'est la faute des étrangers et on n'a pas le choix, il faut bien suivre. C'est une déclaration d'une surprenante candeur pour évoquer l'existence ou pas d'un système d'accompagnement médicalisé de la performance, d'autant plus qu'elle est faite dans le cadre d'un tribunal de justice. Apparemment, l'augmentation sans fin des performances est une fatalité contre laquelle la fédération ne peut rien, sauf prétendre qu'elle est naturelle et normale.

Le docteur Peyrin a fini de témoigner. Je ne sais pas quelle impression celui-ci a laissé aux juges. Ce qui est intéressant dans sa déclaration, c'est ce qui n'y est pas dit. Le manque de précision quand il explique les mesures prises.

Est-ce que les juges auront perçu cela ? Difficile d'avoir ici des certitudes.

Où j'en remets une couche

La première partie du procès touche à sa fin. Le président me demande si j'ai quelque chose à ajouter. Affirmatif. Je reviens à la barre. En même temps, j'apostrophe le docteur Peyrin qui s'en allait reprendre son train. Je lui demande de rester quelques minutes de plus, histoire de ne pas laisser planer le moindre doute sur cette fantasmagorie qui permettrait de transformer des enfants en force de la nature, juste parce qu'on leur fait commencer la musculation dès l'âge de 14 ans. Je témoigne de ma propre expérience. Ayant moi-même pratiqué un entraînement à base de musculation dès 16 ans, je pense que je peux m'exprimer en tant qu'expert sur le sujet. Même si 16, ce n'est pas 14. Même si je n'ai peut-être pas eu le meilleur entraînement du monde. En tout cas, ce qui est sûr, c'est que jamais je n'ai été en mesure de prendre vingt kilos de muscle par le simple fait d'avoir commencé jeune la musculation. Pour prendre autant de kilos de muscle, il faut ajouter d'autres ingrédients.

Voilà pour la réponse à Jean-Claude Peyrin. Au tour de maître Palao, maintenant. Il veut un exemple de cas de joueur de rugby contrôlé positif ? Anton Oliver. 1999. Positif avant la Coupe du monde. Et blanchi par l'International Rugby Board pour pouvoir disputer l'ensemble de la compétition avec son équipe, les All Blacks. Difficile de faire plus significatif, pour moi, de la volonté des autorités du rugby de laisser l'accompagnement médicalisé se développer.

Enfin. Pour finir. Essayer de marquer l'esprit des juges. En remettre une couche sur l'inconscience des instances du rugby. La déclaration de Christian Bagate. Qui parle de cocaïne comme si c'était de l'aspirine. Qui annonce que les joueurs de rugby fraient, donc, avec des réseaux mafieux pour s'approvisionner, sans s'émouvoir outre mesure de la situation. Qui fait d'une telle pratique un simple incident de parcours auquel il ne faut pas donner plus d'importance que cela. N'est-ce pas la preuve d'une totale inconscience ? De l'incapacité du rugby à prendre la mesure de l'importance du phénomène et des conséquences qu'il peut avoir, notamment, sur la santé des joueurs ?

Je m'arrête. Je n'ai plus rien à ajouter, monsieur le président.

Séance levée. Pour quelques minutes.

Fin de la première partie du procès.

Où maître Palao ouvre la boîte de Pandore

Le moment des plaidoiries des avocats est venu. D'abord celui de l'accusation. Maître Romuald Palao. La défense aura le dernier mot. Maître Basile Ader. Ils vont se succéder devant la cour. Mais ils vont surtout s'affronter à coup d'arguments. Comme s'ils pouvaient se répondre du tac au tac. En face-à-face. Simple bagarre de chiffonniers. Les règles du débat judiciaire les obligent au monologue, mais eux sont là pour se battre. Débattre ? Que nenni. C'est le plus violent qui l'emportera. Il faut attaquer. Toucher la partie adverse. La blesser au flanc de la critique. Mettre à mal ses arguments. Abattre le château de cartes qu'elle vient de construire. Décrédibiliser ses pièces les plus solides. Transformer ce qui semblait or en plomb.

Ramener le probable dans le champ des impossibles. Le factuel en présupposé. Rendre caduc ce qui était évidence. Balayer les certitudes pour en faire des platitudes. Pour que le souffle de la plaidoirie adverse retombe. Sans laisser de trace...

Maître Palao va s'employer à me décrédibiliser. Il a un plan pour cela. Et deux angles d'attaque. Donner de moi l'image d'un ringard qui serait complètement à la ramasse. Capable d'inventer des pièces à conviction pour transformer son fantasme en pseudo-réalité. Premier angle d'attaque. Les AUT. Logique. Je m'y attendais. Il fait résonner les chiffres à la baisse de ces dernières années comme la marque de la chute de toute mon argumentation. Sa démonstration est bien construite. Autant sur le fond que sur la forme. Les nombres parlent d'eux-mêmes et constituent des arguments indiscutables. Deuxième angle d'attaque. Le manque de sérieux de tout mon dossier. Je ne serais qu'un alerteur pas éclairé. Un Snowden du pauvre qui a quarante ans de retard et qui, pour essayer de se prouver qu'il a raison, a réalisé des tableaux de chiffres en veux-tu en voilà, et va même jusqu'à constituer une sorte de galerie de portraits qui serait, à ses yeux, celle des horreurs du dopage. Voilà que maître Palao se saisit d'une des photos qui font partie des pièces remises aux juges. Une photo qui est, pour lui, la démonstration même de ma folie. Celle de Thierry Dusautoir. Le capitaine de l'équipe de France. Maître Palao prend maintenant un ton outragé. Après avoir évoqué, tout en essayant de faire croire qu'il ne le fait pas, une éventuelle manipulation graphique des visuels, il s'indigne du fait que j'aie pu toucher à l'icône du rugby français. Que je tente de déstabiliser l'ensemble des joueurs en m'attaquant à celui qui est à leur tête. Et qu'après avoir souillé l'honneur et les valeurs du rugby, c'est sur le capitaine de l'équipe de France que je déverse ma boue. Impensable. Inconcevable. Les mots lui manquent pour exprimer son dégoût. Enfin, si les mots lui manquent, sa parole ne s'arrête pas pour autant. Convaincu qu'il est en train de m'accabler. Persuadé qu'un tel crime de lèse-majesté est la preuve ultime de ma culpabilité. Et qu'en insistant bien sur le cas exemplaire du capitaine de l'équipe de France, icône du rugby français à laquelle il est interdit de toucher, il finit de m'enfoncer. Pour lui, c'est clair. En ayant touché à l'intouchable, j'ai franchi la limite qui cause ma perte. Alors, il tend bien la photo au bout de son bras. Pour être certain que les juges ont bien pris conscience du sacrilège. Que les journalistes ont bien mesuré le niveau de mon crime. Mon manque de valeurs. Mon irresponsabilité.

En faisant cela, en brandissant, sous leur nez, un air outragé et une photo de Thierry Dusautoir, maître Palao pense convaincre mes juges que je suis allé trop loin. Que j'ai bravé un interdit. Qu'il n'est pas possible d'attaquer, comme cela, de manière aussi lâche, celui qui représente le rugby français. En d'autres mots, que le statut de capitaine de l'équipe de France protège celui qui le possède et l'absout de toute mise en accusation. Le rend intouchable. Au-dessus de toute accusation. Au-dessus des lois, donc.

Intéressante théorie qui ferait qu'un individu, par son statut et sa fonction, ne pourrait être mis en accusation. Je crois qu'effectivement le droit français prévoit quelques rares cas de cet ordre, tout en les limitant à un cadre temporel et à un champ d'intervention bien précis. Le président de la République française en fait partie. Est-ce que le capitaine de l'équipe de France de rugby rentre dans ce cadre légal ? Apparemment, au vu du droit tel qu'il est interprété par maître Palao, il faut croire que oui, puisque c'est la théorie qu'il est en train de défendre devant les juges de la dix-septième chambre de justice du tribunal de grande instance de Paris. Une théorie d'autant plus intéressante à défendre, aujourd'hui, en 2014, qu'il existe déjà un cas de grand sportif qui s'était lui-même attribué ce statut d'intouchable, il est vrai soutenu par la fédération internationale de sa discipline. Ce sportif, c'était Lance Armstrong et, depuis que ses sept titres de vainqueur du Tour de France lui ont été retirés, l'histoire a montré qu'aucun statut de sportif intouchable n'est prévu par la loi.

Je ne saurai jamais vraiment totalement ce que les juges ont pensé d'un tel élément de plaidoirie et de quelle manière celui-ci aura pesé, ou pas, dans leur réflexion au moment de décider du verdict. En tout cas, en choisissant de brandir la photo de Thierry Dusautoir contenue dans un dossier dont les seuls vrais destinataires étaient les juges et en la brandissant au nez des journalistes, maître Palao a ouvert une boîte de Pandore qui ne peut plus maintenant se refermer. Il oblige mon avocat à contre-attaquer sur ce terrain-là et, pour expliquer le bien-fondé de ma démarche, à révéler d'autres visuels qui feront autant de coupables dont les noms seront jetés à la face du monde.

Une procureure qui fait plaisir à entendre

La seconde partie du procès est donc réservée aux avocats mais aussi au réquisitoire de la procureure. Celle-ci joue un véritable rôle d'arbitre aussi bien en droit que dans les faits, puisque son intervention interrompt la continuité des plaidoiries.

La diffamation demande une précision d'orfèvre aussi

bien dans la lecture que dans l'interprétation de loi et des situations, visant à toujours mettre en lumière et en perspective les déclarations de l'accusé et de l'accusation. Il s'agit donc, pour elle, de se positionner au regard de la loi sur la liberté de la presse et de se prononcer, notamment, sur les questions de droit soulevées par mon avocat. Est-ce qu'un syndicat est habilité à représenter ses membres ? Est-ce que cent trente-trois joueurs parmi neuf cents peuvent se considérer comme visés individuellement ? Est-ce que François Carillo a été diffamé ? Est-ce que ma bonne foi peut être mise en cause ? Voilà un ensemble de questions auxquelles le réquisitoire de la procureure ne va pas donner de réponses directes, c'est aux juges de le faire, mais va, indéniablement, imprimer une tendance forte, très forte même, quant à l'interprétation de la loi qui doit être faite au vu de la situation. Si elle me déclare de mauvaise foi, il sera ensuite difficile pour mon avocat de remonter la pente. Si elle déclare qu'au vu du droit certaines plaintes ne sont pas recevables, il serait surprenant que les juges en décident différemment. En l'état, le procureur est le gardien des livres de la loi. Ou du moins de son esprit.

Autant dire que je l'écoute quand elle prend la parole même si, dans un premier temps, je me retrouve noyé sous une accumulation de références aux lois, jugements et autre jurisprudence. Le cours de droit est magistral. Il n'appelle pas à la discussion. Ça tombe bien, parce qu'il est plutôt en ma faveur. D'un effet de manche, elle balaie Provale et son président. Celui-ci n'étant ni cité ni visé par mes propos et un syndicat n'étant pas fondé à agir en diffamation pour la défense de ses membres, les poursuites ne sont pas fondées en droit. Quant à Serge Simon, s'il s'est senti diffamé en tant que personne, il n'est pas habilité à engager des poursuites dans le cadre de ses fonctions de président du syndicat. Allez, circulez ! Il n'y a rien à voir !

Nouvel effet de manche. Cent trente-trois joueurs au tapis, cette fois. Le nombre total de joueurs, neuf cents, n'est pas suffisamment restreint pour que chacun d'eux puisse se considérer comme désigné avec certitude et que des actions individuelles soient autorisées. Que le bruit de la chute simultanée de cent trente-trois joueurs est doux à mes oreilles. L'épée de Damoclès qui, financièrement, pesait sur ma tête vient, d'un coup, de fortement s'alléger. Même si les juges ne sont jamais obligés de suivre le réquisitoire d'un procureur, je sens tout de même la menace d'une condamnation pécuniaire lourde s'éloigner.

Il reste François Carillo. Là, par contre, la plainte est fondée. L'ancien joueur bayonnais a la capacité de se reconnaître, et d'être reconnu, dans la situation que je décris dans mes propos. Pour la procureure, l'imputation par voie d'insinuation est manifeste et la plainte recevable. Par contre, et c'est là la bonne nouvelle, elle reconnaît à mes propos un caractère d'enquête sérieuse selon les termes de la Cour européenne des droits de l'homme et m'accorde la bonne foi à l'égard de ceux que j'ai tenus à l'encontre de monsieur Carillo. Ça, ça fait du bien à entendre. Le procès n'est pas encore gagné mais, en ce moment, la balance de la justice penche sacrément en ma faveur.

La procureure termine son réquisitoire en évoquant les plaintes visant les organes de presse, *Le Monde* et *Midi Olympique*. Cette fois, même pas d'arme rhétorique pour renvoyer les plaintes *illico presto*. Ayant, dans les deux situations, affaire à des interviews pour lesquels je n'ai pas contesté le sens général des propos rapportés par les journalistes sur l'état général du rugby français, il n'y a pas lieu de poursuivre des organes de presse qui n'ont été que des relais d'information. Le droit et les jugements rendus jusque-là sont clairs en la matière. Fin des réquisitions.

Un problème de santé publique

Maître Ader possède l'avantage de plaider après son confrère. De pouvoir rendre les coups. D'avoir le temps de préparer l'esquive et de tenter l'estocade sans risque de contre. Ce qui lui donne un sacré avantage. Mais, si le combat va vite se révéler déséquilibré entre les deux avocats, cela est dû, surtout, à la différence de qualité des combattants. Maître Ader est habitué à ce genre de joute. Il est là en terrain connu. Maître Palao, lui, sa spécialité, c'est le droit social. Il arrive d'Avignon et expérimente pour la première fois la dix-septième chambre, ses spécificités et toute la subtilité de la notion de diffamation et du droit concerné. Or justement, ici, tout se joue sur les subtilités. Celles du droit bien sûr. Et celles des mots aussi. De leur emploi. Aussi bien à l'instant précis où telle phrase jugée diffamatoire est prononcée. Le moment où tout commence. Que lors des plaidoiries. Le moment où tout prend fin. Dernier passage où il est encore possible d'influer le cours de la justice et où le droit n'est plus l'unique recours. Tout se joue sur des détails. Sur la forme employée. Sur la capacité de l'avocat à attirer les juges dans sa direction. À les faire tomber dans la logique de son propre raisonnement. Au moment même de soupeser une bonne foi qui reste pourtant immatérielle.

Maître Ader connaît tout cela. C'est son quotidien. Il sait l'importance de bien insister sur certains détails sans oublier, pour autant, de prendre de la hauteur. De répondre point par point aux attaques de la partie adverse, en étant précis sur les faits tout en redonnant aussi du souffle et de la grandeur à la situation jugée. C'est ainsi qu'il va commencer sa plaidoirie. Bien resituer le contexte et le sortir du cadre limité d'un simple sport. Il s'agit d'un problème de santé publique. Pas seulement de quelques cas de comportements déviants, ici ou là, limités à un monde de l'ovalie qui ne représente pas la France dans sa totalité. Au contraire. Le rugby est un sport de plus en plus médiatisé. Ses joueurs sont des gladiateurs des temps modernes. Le risque existe donc de voir leurs comportements adoptés par le grand public, en particulier les enfants qui cherchent à imiter leurs idoles. De faire d'une logique de la performance sans limite un modèle sociétal auquel il est difficile d'échapper. De renforcer le mythe de la pilule miracle dans une société qui est, depuis longtemps, obsédée par ses médicaments. Tout cela, bien sûr, en cachant l'envers du décor. La salle des machines. C'est là où le rôle d'un Laurent Bénézech est important. Quelqu'un qui dénonce les risques et s'inquiète pour la santé des nouvelles générations de joueurs doit être écouté. Et accepté. Plutôt que dénigrer sa personne. L'accuser de tous les maux. Et tenter de le lapider judiciairement.

Sans trop en faire, maître Ader a recentré les débats. Mis les juges devant leurs responsabilités. Il peut maintenant plonger au cœur du combat. Lancer une première attaque sur le point faible de l'adversaire. L'absence physique du moindre accusateur. Ils étaient pourtant cent trente-cinq au départ. Et plus personne à l'arrivée. Que de regrets ! Quelle frustration de ne pas pouvoir leur poser des questions ! Comprendre leurs motivations. Serge Simon surtout. Lui. Président de Provale. Médecin. Ancien joueur. Représentant du syndicat auprès de la LNR et de la FFR. Plaignant numéro un. Qui a dit, une fois, que « les conditions sont réunies pour l'arrivée du dopage » et qui, aujourd'hui, est en lutte contre l'AFLD pour que celle-ci ne puisse suivre au plus près les joueurs de rugby. Qui a juré ses grands dieux à Damien Ressiot ne s'être jamais dopé mais qui a été vu alors qu'il rendait visite au docteur Hervé Stoïcheff, chantre du rééquilibrage hormonal. Serge Simon, toujours prêt à communiquer dans les médias qui, là, se montre cependant bien silencieux. Dommage. Et ça l'est d'autant plus qu'il aurait été intéressant de connaître la raison pour laquelle un syndicat de joueurs attaque en diffamation quelqu'un qui s'inquiète pour la santé de ces mêmes joueurs alors que ceux qu'il a accusés de la mettre en danger, les clubs, les instances du rugby, ne se sont jamais manifestés et n'ont jamais considéré les paroles de Laurent Bénézech comme inappropriées et diffamatoires. Dommage et étrange.

Une action défensive maintenant. Les AUT. Répéter ce qui a déjà été expliqué. La libéralisation de l'utilisation des corticoïdes en période hors compétition. Faire simple et rapide pour aller maintenant à l'essentiel. La fameuse galerie de portraits. Pendant que maître Palao déroulait sa plaidoirie, mon avocat a adapté la sienne, sélectionnant au débotté quelques photos de joueurs qui lui semblaient significatives. Soit par leur notoriété, Michalak, Fofana. Soit par l'évidence des transformations des visages. Mas, Servat. Il les amène, maintenant. Directement sur l'estrade. Les place sous le regard des juges. Explique la logique qui impose un questionnement naturel quand ni la médecine ni les sciences ne peuvent avancer pour explication aucune pathologie reconnue. Le fait qu'il ne s'agit pas d'accuser mais d'interroger. De se poser la question de la possible prise exogène d'hormone de croissance. Et de s'inquiéter de pratiques dont la généralisation et la répétition pourraient avoir des incidences sur la santé. Rien de malhonnête dans cette démarche qui répond à l'obligation de défense dans laquelle la procédure a placé l'accusé. Pas besoin de crier au crime de lèse-majesté. Pas besoin de s'indigner. De prétendre que seul un esprit scélérat peut s'attaquer à l'honneur du capitaine de l'équipe de France. Le crapaud à la blanche colombe. Un moins que rien qui mérite d'être condamné. Juste pour ce geste. Non. Que ce soit le capitaine de l'équipe de France ou un simple joueur de second rang, la démarche peut et doit s'appliquer de la même manière. Il n'y a pas de passe-droit. Encore moins d'intouchable. Surtout devant une cour de justice. Alors, cher confrère, calmez votre indignation et faites taire cette petite colère. Elles n'ont pas de sens devant ce tribunal.

C'est le moment de reprendre de la hauteur. De s'éloigner des soubresauts et des faux sanglots de la partie adversaire. De montrer la puissance de la défense. Cet ensemble de pièces constitué pour le procès. Le sérieux du travail. La profondeur des enquêtes. La minutie des recherches. Laurent Bénézech n'est, certes, pas journaliste de profession mais son travail va plus loin qu'une simple investigation. Et même si certaines pièces n'ont pas de valeur scientifique, elles ne sont pas moins la preuve de son sérieux et de sa bonne foi. Difficile de ne pas s'interroger comme il l'a fait lorsque l'on parcourt ses dossiers. Difficile de ne pas être suspicieux après avoir pris connaissance de certains chiffres, de tous ces tableaux. L'ensemble du travail démontre le sérieux de l'enquêteur. Et par là même, la bonne foi de l'accusé. Ceci est une évidence, monsieur le président.

Zoom avant à nouveau. Plongée dans le détail. Dans les faits. Mais, cette fois, pas question de batailler avec l'adversaire. Plutôt de porter le coup fatal. D'achever le travail. La lettre de ce père de joueur qui est au plus mal. Qui a subi le régime corticoïdes-cocaïne, réalité d'un certain quotidien. Lire cette lettre. Insister sur son côté tragique. Bien laisser percer la colère du père. Son indignation. Insister encore une fois. Une dernière fois. Une situation qui est bien telle que l'accusé l'a décrite et non comme le milieu du rugby tente de la travestir. Bien marquer un temps d'arrêt après les phrases les plus significatives. Monter le ton pour signifier la colère. Être, l'espace d'un instant, ce père dont le désespoir perce sous les mots. Obliger l'auditoire à imaginer ce jeune joueur dont le corps est déjà vieux, usé par les abus imposés par le milieu. Et faire que cette plaidoirie se finisse sur un ton tragique. Imprime sa marque dans l'esprit des juges. Crée un sentiment d'empathie pour le cas de ce garçon. Et donc pour l'accusé qui est, d'une certaine façon, à ses côtés. Histoire de signifier, par l'émotion, ce que le droit ne peut pas toujours traduire. Et de faire que Laurent Bénézech prenne les traits d'un innocent. Ce qu'il est. Évidemment.

Un combat déséquilibré

Je suis aux premières loges. Même si j'ai mon favori, je me retrouve à arbitrer. À jauger de leurs effets de manche. De la puissance de leurs arguments. De leur performance. Ma bonne foi est en jeu. Elle est l'unique enjeu du combat. Maître Ader a-t-il pu asséner ses arguments tels des coups puissants ? A-t-il pris l'ascendant ? Renvoyé dans les cordes son opposant ? Je le crois. J'en suis même convaincu. À mes yeux, les deux avocats ne boxent pas les mots dans la même catégorie et le combat était à sens unique. Pour me défendre, j'avais le descendant de Molière, homme de lettres et de théâtre, capable de mettre en scène la moindre de ses tirades. De l'autre côté, c'était plutôt Pagnol. Oh, pas Marcel. Non. Plutôt son cousin. Celui qui habite Avignon et qui aime bien faire rire ses copains, le soir, au Bar des amis, enchaînant les bons mots pendant que les autres gobent les cacahuètes. Plus habitué à amuser la galerie qu'à se faire le serviteur de la langue française. Là-bas, où la cour lui est conquise, quelques effets de manche suffisent. Un ou deux traits d'esprit, si possible, et la cause est entendue, la tournée remise.

Molière travaille ses textes. Recherche ses effets. C'est tellement maîtrisé que l'improvisation fait partie du jeu. Capable de s'adapter au contexte, de répondre coup pour coup aux attaques adverses, les désamorçant comme de vulgaires pétards mouillés. C'est la structure du texte qui fait la puissance des arguments. Le travail en amont, la précision des détails. La plaidoirie est un travail d'architecte auquel il faut donner une touche artistique, histoire de séduire les juges. Molière a su s'en faire le maître. Quand il reprend la lettre de ce père de joueur qui souffre dans sa chair, il sait incarner la douleur, faire passer la colère. Les mots que cet homme a écrits se révèlent maladroits ? Peu importe. Il va les transformer en force de conviction. Au service d'une cause. Faisant d'un simple courrier un poignant témoignage.

Pagnol le cousin, lui, c'est plutôt la formule à l'emporte-pièce qui ferait office de vérité indiscutable. C'est des « Mon bon monsieur, mais vous n'y pensez pas » ou des « Je vous l'avais bien dit qu'il n'y avait rien », lancés comme de petits uppercuts qui se balanceraient dans l'espace, espérant que la cible que je suis soit suffisamment tête en l'air pour venir s'y cogner. C'est une plaidoirie de quincaillier qu'il nous offre, fourre-tout patraque dans lequel le juge doit faire lui-même son marché, obligé de plonger, tête la première, dans ce capharnaüm pour trouver une rustine d'argutie, un début de vérité et, pourquoi pas, un fond de sauce juridique pour faire, lui-même, sa cuisine.

Molière, lui, c'est la forme au service du fond. La beauté d'une mise en scène qui sait mettre en valeur un texte écrit et réfléchi. La précision d'une formule déclamée au moment opportun. La justesse du placement de la voix au niveau de l'effet recherché. Pas besoin de monter très haut quand le propos est un simple rappel des faits. Nécessité, par contre, d'élever la voix pour contrer l'attaque de la partie plaignante. Ne pas manquer, surtout, de finir la phrase en laissant tomber la tonalité, comme pour mieux accompagner la chute des arguments adverses. Enfin, bien penser à amplifier toute attaque par ce silence dont l'assourdissante puissance va étourdir l'assemblée.

Pagnol le cousin, lui, c'est plutôt la position décontractée du gars à qui on ne la fait pas. En appui sur un coude au-dessus de son pupitre, il se tient, là, comme il est au coin du bar. Chez lui. Il prend ses aises. Il fait partie du spectacle. Les projecteurs sont braqués sur lui au moment de la plaidoirie. Il se sent bien. Il en profite. Eh ! Peuchère ! On n'est pas bien là, entre hommes de robe, à juger le manant ?! Moi, foi de Pagnol, je vous le dis, il est coupable ! Vous avez beau me la raconter comme vous voulez, il est coupable ! Y'a pas à discuter...

Molière ne discute pas, lui. Il argumente. Il manie le verbe. Bannit les approximations. Brandit les preuves. Assomme les contre-vérités. Démontre et démonte. Cite et compare. Argue et commente. Déroule et déclame. Démonte et dément. Ce n'est plus une plaidoirie, c'est un jeu où les mots composent une architecture parfaite.

Pagnol le cousin manie, lui aussi, le jeu de mots. *Snowden du pauvre*, c'est de lui. Mais question de pauvreté, c'est surtout la rime qui est en souffrance. Et l'effet qui s'essouffle avant même de décoller. Une tirade ne fait pas une plaidoirie, Maître. Il faut un peu de fond aussi. *Moi, je dis qu'il est coupable. Moi, je dis qu'il n'a pas de preuve.* Changez de ton, mon ami ! Mettez-y un peu de conviction. Levez les bras. Faites au moins un effet de robe à défaut d'un effet bœuf. Montez dans les aigus. Indignez-vous ! Oui, c'est vrai. Vous l'avez fait. La photo de Dusautoir. Le crime de lèse-majesté. Je vous l'accorde. Mais ce n'était pas assez ! Il fallait finir de la brandir, cette photo. Aller la mettre sous le nez des juges. Leur montrer que cela ressemble beaucoup à du trucage via Photoshop, comme vous l'avez vaguement évoqué. Il fallait se déplacer vers les journalistes. La leur tendre comme un morceau de viande pour molosses affamés. Quitte à ouvrir la boîte de Pandore, à déchaîner les furies de l'ovalie, vous auriez au moins pu faire montre de talent. Alors que, là, vous contenter de lever le bras comme un simple écolier. Quand même... En brandissant cette photo devant la presse, vous saviez bien que vous déclenchiez un scandale. C'était votre but. Alors mettez-y de l'entrain, au moins. Regardez comment a fait Molière. Vous sortez une photo ? Il est obligé, alors, de faire de même. Il adapte sa plaidoirie. Mais lui s'approche des juges. Leur murmure presque à l'oreille. Explique ce travail qui, s'il n'est pas scientifique, n'en est pas moins sérieux et rigoureux. Regardez, monsieur le président. Le doute est permis. La question doit être posée. En soignant sa mise en scène, Molière a fait de ces photos, qui auraient pu rester dans les dossiers mais que vous avez préféré montrer, un atout. Alors que vous, en exigeant un statut d'intouchable pour le capitaine de l'équipe de

France, vous avez raté votre cible. Pire, même. Décrédibilisé votre propos.

L'alerteur peu éclairé, maintenant. Votre meilleure pique ? Comment vous dire. La formule manque de souffle. Ce n'est même pas appétissant. Oui, c'est vrai, ça a été repris par la presse. Mais, franchement, vous croyez que cela a marqué les juges ? Je ne sais pas, moi. Vous auriez pu essayer... L'éclaireur peu éclairant. C'est déjà un peu plus brillant, par certains aspects. À défaut d'être lumineux.

IL A QUARANTE ANS DE RETARD ! Une autre de vos saillies. Pourquoi quarante ? Vous croyez que, plus le chiffre est gros, plus les gens seront impressionnés ??? Quel manque de finesse. Si vous aviez voulu faire douter les juges, il fallait justement faire le contraire. Dix ans. Cinq ans. Là, oui, j'aurais pu passer pour un *has been*. Pour le gars qui a vraiment un temps de retard. Mais quarante ans ! Allons, Maître ! soyons sérieux. Même vos copains du Bar des amis auront du mal à vous croire. Quarante ans, tout de même. Oui, il faisait chaud dans la salle. C'était la fin de la journée. Vous vous étiez levé tôt pour prendre le train. Mais quand même ! Vous aviez pourtant bien commencé. Les AUT. Ça, c'était bien joué ! Des chiffres. Du factuel. Il n'y a rien de plus vrai pour assommer l'adversaire. J'avais une faiblesse, vous vous êtes engouffré. Là, au moins, il y avait du style. Une bonne argumentation. Même une mise en scène. *Combien croyez-vous qu'il y avait d'AUT en 2012 ?* Le public retient son souffle. *Cinq cents ? Mille ? Mille cinq cents ?* Le suspense est à son comble. *Trente dont seulement quatorze ont été acceptées.* Belle chute ! Là, vous étiez au service de votre texte. Là, oui, vous me mettiez en difficulté. Mais, là aussi, s'est arrêtée votre plaidoirie pour, très vite, retourner au coin du bar. C'est dommage pour vous, Maître, mais je ne vais pas me plaindre. J'ai eu droit à du Molière, placé aux premières loges. À défaut d'être un accusé relaxé, j'étais, ce 27 juin, un spectateur comblé.

Rendez-vous en septembre

Il ne reste plus maintenant qu'aux avocates respectives des organes de presse de boucler la ronde des plaidoiries. Chacune, à son tour, exprime sa frustration de ne plus avoir à plaider, aux vues des réquisitions du procureur, mais fait, quand même, pendant quelques minutes, semblant de le faire, histoire de participer.

Le président me demande maintenant si j'ai quelque chose à ajouter. Maître Ader m'a prévenu qu'il ne fallait surtout pas le faire, au risque de noyer sa plaidoirie et d'être hors sujet, à un moment où la cour en a déjà beaucoup entendu.

Je décline donc l'offre qui m'est faite même s'il paraît tentant, à ce moment-là du procès, de vouloir en rajouter, d'essayer de rattraper un raté. Je me retiens. La journée a été bien longue pour moi aussi et, de toute façon, j'ai de quoi être satisfait de mon entrée en matière et de l'ensemble des débats tels qu'ils se sont globalement déroulés.

Fin de l'audience. Jugement renvoyé en septembre.

Il ne me reste maintenant plus qu'à attendre.

Jugement rendu le 26 septembre 2014 par la 17e Chambre correctionnelle

Extraits tirés des dix pages que comporte le jugement :

« (...)

Sur la bonne foi :

Les imputations diffamatoires sont réputées, de droit, faites avec intention de nuire, mais elles peuvent être justifiées lorsque leur auteur établit sa bonne foi, en prouvant qu'il a poursuivi un but légitime, étranger à toute animosité personnelle, et qu'il s'est conformé à un certain nombre d'exigences, en particulier de sérieux de l'enquête, ainsi que de prudence dans l'expression, étant précisé que la bonne foi ne peut être déduite de faits postérieurs à la diffusion des propos.

(...)

En l'espèce, il n'est pas contesté que les propos de Laurent BENEZECH s'inscrivent dans le cadre d'un sujet d'intérêt général, à savoir le dopage dans le sport, puisqu'il met en doute la sincérité des performances sportives et met en danger la santé, voire la vie, des sportifs. Il n'est pas davantage contesté que les journalistes qui ont rendu compte des propos tenus par Laurent BENEZECH dans le cadre des deux interviews en cause, l'ont fait fidèlement, sans dénaturer ses propos, ni les reprendre à leur compte.

(...)

Dans ce contexte, indépendamment des pièces produites faisant état de faits survenus postérieurement à la tenue des propos jugés diffamatoires, ceux-ci ne visaient manifestement pas à stigmatiser François CARILLO, mais à illustrer à l'extrême ses préoccupations dans deux interviews qui se sont succédées dans un bref laps de temps, afin de dénoncer l'inaction du monde de rugby à l'égard de la santé des joueurs d'un sport qu'il a lui-même pratiqué avec passion, joueurs d'autant plus exposés qu'il s'agit de jeunes sportifs pouvant mettre leur vie en danger en ayant recours à des produits ou des pratiques qui ne sont pas forcément illicites.

Dès lors, Laurent BENEZECH est fondé à bénéficier de la bonne foi et doit être relaxé des fins de la poursuite.

Sur l'action civile :

(...)

Le syndicat Provale était donc recevable à agir en justice.

En revanche n'étant pas visé par les propos jugés diffamatoires, pour les motifs évoqués ci-dessus, il ne peut qu'être déclaré irrecevable en sa constitution de partie civile.

Il en est de même des cent trente trois joueurs non visés par les propos jugés diffamatoires.

François CARILLO est recevable en sa constitution de partie civile, mais il doit être débouté de l'ensemble de ses demandes en raison de la relaxe prononcée.

PAR CES MOTIFS

(...)

Déclare le syndicat Provale Union des Joueurs de Rugby Professionnels recevable à agir.

Déclare les cent trente-trois joueurs désignés dans la citation et le syndicat Provale Union des Joueurs de Rugby Professionnels irrecevables en leur constitution de parties civiles.

Renvoie Laurent BENEZECH, Louis DREYFUS et Jean-Michel BAYLET des fins de la poursuite,

Déclare François CARILLO recevable en sa constitution de partie civile,

Le déboute de ses demandes en raison de la relaxe prononcée. »

Conclusion

> « Quand il y a quelque chose de nouveau, les gens pensent que vous vous trompez de chemin, que vous faites mal. Je ne peux pas contrôler les pensées de ceux qui estiment que vous êtes stupide, fou ou dangereux. Je ne me préoccupe pas d'eux.
> Les résultats parlent tout seuls. »
>
> ALBERTO SALAZAR, entraîneur de Mo Farah[1]

L'accompagnement médicalisé de la performance est un sujet qui dépasse largement le cadre du sport. Il s'inscrit dans le cadre de l'idée universelle selon laquelle le progrès n'aurait pas de limite. D'une fuite en avant vers le toujours mieux où n'est jamais posée la question de savoir si le mieux est toujours possible. Plus haut. Plus fort. Plus loin. Le sport incarne parfaitement la progression sans fin. Sans cesse. Et ce, d'autant plus que, maintenant, il faut se placer dans une logique économique qui ne peut accepter que son outil de production ait des limites. Le spectacle doit toujours être plus beau. Les performances

1. Mo Farah, coureur de fond britannique, est devenu champion olympique des 5 000 et 10 000 m en 2012, et champion du monde du 10 000 m en 2013. Cette citation fait référence à l'utilisation de levothyroxine, hormone thyroïdienne qu'il utilise pour compenser un supposé déficit hormonal, l'hypothyroïdie, dans l'accompagnement médicalisé de son athlète.

systématiquement améliorées. Le problème, c'est que l'outil de production est humain. Simplement humain. Et que la science et la médecine ont fait la preuve de leurs limites. Que faire alors ? Prétendre, comme le font beaucoup d'instances sportives, notamment celles du rugby, que des performances qui deviennent de plus en plus surhumaines sont naturelles ? Qu'elles ne présentent aucun danger ou risque pour la santé à court ou à long terme ? Que tout va pour le mieux dans le meilleur des mondes, comme dirait un Candide des temps modernes ? Le problème n'est pas simple. C'est vrai. Mais la pire manière de l'aborder, c'est de refuser de l'affronter. De l'appréhender. Il est toujours possible de se dire que le mieux peut être le véritable ennemi du bien. Et qu'un peu moins de quarante minutes de temps de jeu effectif en rugby, c'est déjà une performance de haut niveau. Il n'est pas trop tard. Il n'est jamais trop tard. À condition de vouloir changer les choses pour qu'une prise de conscience soit enfin possible.

Un accompagnement médicalisé symbole d'une logique sociétale

L'accompagnement médicalisé de la performance et son omniprésence correspondent parfaitement à une société française qui sort de décennies au cours desquelles ses médecins ont été habitués à prescrire des médicaments présentés par les firmes pharmaceutiques comme des produits miracles capables de tout guérir, quitte à créer des maladies, l'hyperactivité de l'enfant, ou surévaluer des pandémies, la grippe aviaire, pour encourager leur consommation. Il ne faut donc pas s'étonner que cette épidémie des prescriptions à tout-va touche l'univers de la médecine sportive. Que des docteurs qui, du haut de leurs huit années d'étude, croyant détenir le savoir, tous les savoirs, se mettent à jouer aux apprentis sorciers au nom de l'intérêt supérieur de la performance. Oui. C'est vrai que les corticoïdes permettent de repousser les limites de la fatigue. Mais à quel prix ? Je n'ai pas la réponse. Eux encore moins. Tout médecin qu'ils sont. Pour avoir des certitudes à ce sujet, il faudrait faire des études épidémiologiques qui suivraient des sportifs pendant et après leur carrière. Des études qui chercheraient à faire des parallèles entre les traitements et les incidences dans les dix, vingt, trente années qui suivent. Bien sûr, de telles études ne donneraient pas une information claire, simple à traiter, qui permettrait de dire pour chaque produit, chaque molécule, associé à une posologie bien spécifiée, dans une durée de temps bien délimitée, quel est le niveau de risque et jusqu'où il est possible de l'accepter. Non. Ce serait trop facile. Mais, au moins, une telle évolution représenterait quand même une belle avancée qui permettrait, progressivement, par tâtonnements, de sortir de la fatalité qui frappe l'univers du sport de haut niveau et qui fait que, au nom de la sacro-sainte performance, les sportifs laissent leur encadrement jouer avec leur santé, sans aucune garantie sur leur avenir. S'il y a quelque chose qui me gêne dans la logique de l'accompagnement médicalisé de la performance, c'est uniquement cela. Cette absence de préoccupation sur le long terme. Aussi bien de l'encadrement médical que des sportifs eux-mêmes, d'ailleurs. Qui, au nom d'une certaine passion, de la réussite sportive et, quelques fois aussi, de l'appât du gain, ne voient pas plus loin que le bout de leur nez...

La douleur, l'ennemi à éliminer

L'accompagnement médicalisé de la performance pose la question de notre rapport au médicament. La place que celui-ci a prise dans nos sociétés modernes où son utilisation est devenue si addictive que, même quand tout va bien, il est rassurant, quand même, de prendre quelque chose. Au cas où. Pour être simplement heureux. Chimiquement heureux. Le médicament est bon pour la santé puisqu'il est là pour l'améliorer. Le problème de cette antienne, c'est lorsqu'on l'applique à la douleur. Le médicament est bon pour la santé puisqu'il supprime la douleur. Ce qui tend à dire que la douleur n'est pas bonne pour la santé. Et donc qu'il faut la supprimer. Que le problème soit physique. Psychologique. Articulaire. Mémoriel. Musculaire. Gastrique. Tendineux. Aucune douleur n'est plus tolérable, ni tolérée. Elles doivent toutes être éliminées.

Mais la douleur est-elle vraiment un ennemi à combattre ? N'est-ce pas, plutôt, cet ami qui nous dit que quelque chose ne va pas ? Qu'il faut s'arrêter et trouver sa cause plutôt que de l'éteindre, elle qui n'est qu'un signe de communication du corps vers le cerveau ? Que ce genou douloureux doit être soigné pour ses problèmes de cartilage ou de tendons plutôt qu'éteindre, à coup de corticoïdes, le signal et se donner l'impression que tout va bien ? Pour continuer encore un peu, jusqu'à ce qu'il n'y ait plus de cartilage ou de tendon et que l'articulation ne fonctionne plus. Parce que, là, il est trop tard. La douleur nous avait prévenus, pourtant. Mais pourquoi ne l'avions-nous pas écoutée, plutôt que de suivre les directives de ces bons conseils qui assuraient qu'avec une piqûre, quelques cachets, tout irait pour le mieux ? Ces mêmes conseillers qui maintenant entourent notre successeur, lui dont le genou est encore entier et auquel ils font croire aux mêmes chimères.

La douleur, dans le sport au niveau professionnel où la répétition de l'effort est quotidienne, c'est l'adversaire qu'il faut plaquer pour pouvoir continuer. Même les champions ne peuvent plus tenir. Tous les jours. Plusieurs fois par jour. La performance est à ce prix. Mais cette souffrance que les meilleurs ont appris à maîtriser, dans les grands moments, au cœur de la compétition, devient vite insupportable dans ce rapport quotidien, dans sa répétitivité maladive qui fait que vous vivez avec elle, matin, midi et soir. Vous ne pouvez plus accepter ces cadences sans fin qui font que tout n'est plus que succession de douleurs plus ou moins lancinantes. C'est là que les progrès de la médecine trouvent leur utilité pour les sportifs professionnels. Non seulement les médicaments peuvent éteindre cette souffrance mais, en plus, ils peuvent rendre encore plus légers les efforts à accomplir. Faire que, là où c'était long et laborieux, cela devient facile et efficace. La médecine propose un tour de magie qu'il est difficile de refuser. Même pour les champions.

La douleur dans le sport, c'est normalement le véritable juge de paix. C'est elle qui permet de faire la différence entre le vainqueur et les autres. C'est le signe de la progression. De ses propres limites qui ont accepté de céder sous le coup de sa détermination. Permettant ainsi d'être fier de l'exploit accompli. La douleur saine du dépassement de soi. Pas celle qui signale la blessure. Ou qui annonce la maladie. Non. Celle-là est différente. Elle nous donne l'impression que nos poumons vont exploser alors que l'effort est intense. Que nos muscles vont se déchirer sous la contrainte de la charge. Que notre tête brûle d'une concentration trop intense au moment de reproduire des mouvements avec la technique la plus parfaite. Ces formes de douleur sont différentes, mais elles fonctionnent de la même manière. Si on en éteint une, on les éteint toutes. Pas de distinction. Non. Plus moyen, alors, de faire la différence entre le champion et les autres. Entre un genou qui use son cartilage et une articulation en pleine forme. Avec les corticoïdes, tout le monde est capable de ne plus ressentir la fatigue. De se sentir pousser des ailes. Pourquoi croyez-vous que l'EPO avait transformé le vélo ? Facile, avec un taux d'hématocrite de plus de 50 %, de monter aux arbres. L'oxygène irrigue les muscles à flots tellement nourris que ceux-ci n'ont même plus le temps de durcir. Le plus difficile, par contre, c'est de rester en vie. Mais quelle illusion, quand même, que celle de ne plus avoir de limite. De ne plus ressentir la douleur. D'un muscle qui, jamais, ne connaît l'acide lactique et la fatigue. Une performance sans fin. Le rêve. Une pratique physique où tout devient facile. Où plus on répète les entraînements, moins on souffre. Si notre société a réussi à créer une telle chimère, c'est qu'elle a complètement perdu le sens des réalités. Celles du corps notamment, où de telles promesses devraient se heurter aux vérités de l'apesanteur. Alors ??? Le bonheur à tout prix ? Le plaisir sans souffrir ? Le corps parfait sans efforts ? Je sens que cela va encore une fois être à moi d'annoncer la mauvaise nouvelle. De rappeler la réalité des faits. De répéter ce que tout le monde sait mais refuse de voir. Préférant s'enivrer de fantasmes. Se bourrer de cachets. Se prétendre heureux. Quel qu'en soit le prix.

La douleur est cet important signe de communication dont se sert le corps pour alerter le cerveau. Pour l'obliger à ralentir et, si possible, à réparer. Mais notre société, dans sa soif inextinguible de progrès, n'a pas le temps d'attendre. Elle a des solutions. Et un objectif : le bien-être absolu. Au sein duquel la douleur n'a pas sa place. Mieux même. Les limites naturelles du corps peuvent se briser à coup de médicaments. Créant cette sensation de performance sans fin. Attention quand même. On ne peut pas demander à un corps de dépasser outre mesure ses capacités génétiques sans risquer d'avoir, un jour, à en payer le prix. Ce n'est pas systématique. C'est même plutôt une loterie. Mais, avec ce hasard-là, il n'y a pas vraiment de gagnant. Surtout des perdants...

Alors, n'oubliez pas. En supprimant la douleur, on ne supprime que la conséquence des maux. Jamais leur cause. Du coup, le mal reste présent. Ne fait qu'accentuer sa terrible action et oblige, progressivement, à augmenter la dose d'antidouleur pour combattre l'accoutumance à la drogue. C'est sans fin. Ou plutôt si. Il y a une fin. Il y a toujours une fin. Elle est tragique.

Une dernière info pour la route

Une brève de *Midi Olympique* tombe le 21 juillet 2014, qui a pour titre « Le rugby, sport collectif le plus épinglé » : « D'après les derniers résultats de l'Agence mondiale antidopage, le rugby à XV s'avère le sport collectif présentant le taux le plus élevé de cas de dopage. Sur 6 126 échantillons analysés, contre 22 252 en cyclisme ou 11 582 en athlétisme, 1,3 % présentaient un taux anormal de substance prohibée. Seuls l'haltérophilie (3,4 %) et le catch (2,3 %) sont plus épinglés, loin devant le football (0,5 %). La moyenne des contrôles mondiale s'élève à 0,97 %. »

Voilà une information qui, au cœur de l'été 2014, n'a

pas amené l'ensemble de la grande famille du rugby français a, une nouvelle fois, pousser de grands cris d'orfraie et en appeler à l'honneur et aux valeurs du rugby. Seuls l'haltérophilie et le catch font pire. Cela laisse songeur. Et me laisse penser que la situation ne fait que se dégrader. Qu'un an après ma prise de parole, l'escalade continue. Quand on voit que, en 2007, des compléments alimentaires qui permettaient de prendre quatorze kilos de muscle en dix semaines, autrement dit des compléments alimentaires que l'on peut fortement suspecter de contenir des stéroïdes anabolisants ou des concentrés thyroïdiens, passaient les barrières des contrôles antidopage sans problème aucun. Alors, aujourd'hui, le nombre de contrôles positifs dans le rugby qui augmente sensiblement, sans qu'il y ait d'évolution notable dans les autres sports, est bien la preuve que la situation ne cesse de se dégrader. Et le pire, c'est que cela ne semble aucunement soucier les autorités de ce sport. La seule réaction[1] à ce jour, qui provient du porte-parole de l'International Rugby Board, en dit long sur le refus de prendre conscience de la gravité de la situation : « Cela ne signifie pas que le rugby est moins propre que les autres sports. On ne peut pas déduire ça. » Eh bien, si, mon vieux. On peut le déduire. Et à juste raison. Dans le style « feignons d'avoir le contrôle de la situation », il continue en précisant : « Cela montre en revanche qu'un judicieux programme de lutte contre le dopage permet d'attraper ceux qui utilisent des substances illégales. La majorité des contrôles sont ciblés. On se concentre notamment sur les moins de 20 ans. » Ah bon, parce que les autres disciplines, elles, n'ont pas de « judicieux programme » de lutte contre le dopage ? Elles, pour leur part, ne font rien ?

1. *Irish Times*, juillet 2014.

Seul le rugby est « judicieux » dans son approche ? Et surtout l'IRB, comme n'importe quelle instance sportive, ne dépend-elle pas de l'AMA et de ses programmes et protocoles de contrôle ? Ni plus ni moins ???

Comme d'habitude, les responsables du rugby mondial ne voient pas de problème à ce que leur sport soit le plus épinglé juste derrière l'haltérophilie et le catch. La meilleure solution pour régler un problème, c'est de nier qu'il existe. C'est bien connu. Néanmoins, à la lecture de cet interview, on apprend quand même quelque chose d'important. Malheureusement. Car, malgré ce que prétend ce porte-parole, il annonce tout de même une concentration des contrôles sur les joueurs de moins de 20 ans. Ce qui, déjà, est la preuve qu'ils ont bien conscience que quelque chose ne va pas et qu'il faut, quand même, tenter de ne pas totalement subir les événements. Et ce quelque chose correspond, d'une certaine manière, à ce que j'ai pu constater lors de mon travail d'enquête où une explosion des physiques et des masses musculaires s'est révélée notable chez les jeunes joueurs. Par contre, moi, ce que j'ai stigmatisé, à l'échelle française, c'est que les sportifs concernés ont plutôt entre 20 et 24 ans. Alors qu'apparemment, au niveau mondial, la même situation porte sur des joueurs beaucoup plus jeunes, les moins de 20 ans. Il est vrai que, en regardant notamment la Coupe du monde junior qui, en juin 2014, s'est déroulée en Nouvelle-Zélande, avec la victoire de l'Angleterre sur l'Afrique du Sud en finale, tous les observateurs ont été impressionnés par les physiques des joueurs présents qui, tout en étant encore de jeunes hommes, présentaient déjà des musculatures largement au niveau de leurs aînés. Au vu de l'approche de l'IRB et des constats faits ici ou là, il semblerait que la construction de la masse musculaire commence de plus en plus tôt et que, de par les spectaculaires évolutions physiques constatées, la question se pose évidemment de l'accompagnement médicalisé qui peut être mis en place chez ces très jeunes hommes pour parvenir à de tels résultats. Plus les semaines passent, plus les performances physiques au cours des rencontres augmentent. Plus les nouvelles générations arrivent dans le circuit professionnel et plus les standards musculaires explosent. Presque à vue d'œil. À tel point qu'actuellement les deuxièmes lignes, en plus de dépasser les deux mètres de hauteur, pèsent souvent plus de 140 kilos. Deuxièmes lignes qui, par leur taille, sont censés dominer le secteur aérien et apporter un certain nombre de ballons d'attaque pour leur équipe lors de la phase de remise en jeu. Sauf qu'avec un tel poids aucun joueur ne peut plus assurer ce soutien et se maintenir dans les airs le temps d'attraper le ballon. Il faut encore attendre un peu que la génération des piliers de 160 kilos et plus arrivent sur le marché. Mais cela ne saurait tarder. Je fais confiance aux progrès de la science et de la préparation physique...

Table

RÉALISATION NORD COMPO À VILLENEUVE D'ASCQ
NORMANDIE ROTO IMPRESSION S.A.S À LONRAI
DÉPÔT LÉGAL : OCTOBRE 2014 N° 115493 (1404058)
IMPRIMÉ EN FRANCE